양용근 목사의 생애와 목회 그리고 순교

예수 나를
오라 하네

| 양향모 지음 |

쿰란출판사

일본대학 법학과 재학 시절

평양신학교 졸업 사진

일본대학 법학과 재학 시절(앞줄 맨 오른쪽 사각모 쓰신 분)

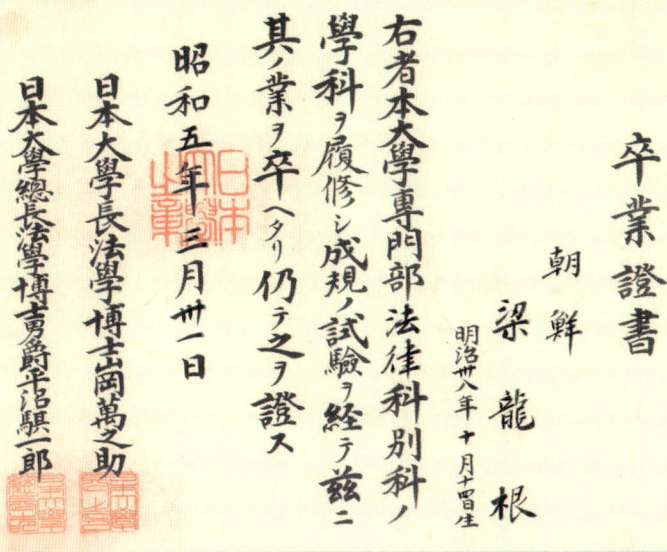

일본대학 졸업장

평양신학교 졸업장

광양읍교회 시무 시절(1936년)

구례중앙교회 시무 시절 제8회 구례유치원 보육증서 수여식 기념
(1942년, 맨 윗줄 오른쪽에 서신 분)

고흥 지방 연합사경회 기념(맨 앞줄 4인 중 왼쪽에서 세 번째)(1939년에도 같은 집회를 인도함.)

양용근 목사의 생애와 목회 그리고 순교

예수 나를
오라 하네

추천의 글

순교자는 가장 영광스러운 이이다. 주님의 재림 후 영광의 보좌 앞에 구원받은 성도들이 모였다. 그중에서 맨 먼저 소개된 이들이 순교자들이다. 인류의 역사와 교회의 역사는 동일하다. 그 긴 역사 속에는 유명한 성직자들과 유명한 성도들이 헤아릴 수 없이 많다. 이들 중 성경은 "예수를 증언함과 하나님의 말씀 때문에 목 베임을 당한 영혼들"(계 20:4)을 맨 먼저 소개한다. 예수님을 전하고 하나님의 말씀에 순종하다가 순교를 당한 이들보다 더 자랑스럽고 우선될 수 있는 이는 없기 때문이다.

순교자들은 주리고 목마르고 헐벗고 매 맞고 정처 없이 끌려 다니고 죽이기로 작정된 자로 끄트머리에 있었다. 고통을 극대화하는 악형의 방법으로 죽임을 당하기에 순교자들의 죽음은 언제나 사람들에게 구경거리가 되었다. 그들의 시체는 쓰레기처럼 아무렇게나 처리되어 진멸되었다. 순교자들의 유족들은 세상에서 내쫓긴 모습으로 고난이 극대화되는 순생의 삶을 살아야 했다.

수많은 순교자들이 있다. 전쟁터에서 죽어간 전사자들의 수 못지않게 순교자들의 수가 많다고 한다. 그러나 우리가 기억하는 순교자들은 극소수에 불과하다. 그 많은 순교자들의 이름이나 순교 현장의 역사를 거의 알지 못한다.

그중 한 분이 양용근 목사이시다. 목회자의 길을 걷지 않았다면 출세 가도를 달려갔을 분이다. 일제 강점기 시절 그는 일본에 유학 가서 최고의 학력을 갖추었다. 그러나 그는 목회자의 길로 부름 받았다. 온갖 시련과 고난을 겪으면서 목회자의 길을 걸었다.

양 목사님은 일본의 신사참배 강요에 맞서 항거하다가 투옥되었다. 그리고 자신의 생명을 주님께 순교의 제물로 드렸다. 그의 이름이나 순교의 역사가 잊혀진 지 오래되었다. 이를 안타까이 여기던 양향모 목사가 그를 깊이 연구하였다. 그리고 그의 신앙과 삶, 그리고 투옥과 순교의 귀한 역사를 자세히 밝혀내었다. 순교자의 고귀한 삶을 알려 한국교회가 새롭게 갱신되기를 원하는 간절한 마음에서다. 이를 대하는 모든 이들에게 깊은 신앙의 각성이 일어나게 될 줄 믿는다.

2018년 2월 10일
박병식
(송파제일교회 원로, 합신 교단 제13, 14대 총회장)

추천의 글

저는 이미 양향모 목사님의 첫 번 저서인 《위대한 믿음 진실한 고백》을 추천하면서 그의 글을 읽은 적이 있습니다. 믿음을 담아내고 있는 그의 글을 통해 참으로 단순하면서 바르게 살아가려는 의지를 읽었습니다. 그런데 이번에 다시 《예수 나를 오라 하네》를 읽고 이를 한 권의 책으로 출간하는 일에 대해 추천하면서 대를 이은 바른 믿음의 삶을 사셨던 종조부와 그 믿음을 본받아 살고 있는 종손자의 모습을 너무나도 선명하게 볼 수 있었습니다.

식물에게는 뿌리가 중요하고 사람에게도 근본이 중요하듯 신앙에도 바른 바탕이 참으로 중요합니다. 신앙의 토대가 바르지 못하면 바른 신앙생활을 할 수 없으며 좋은 결실도 기대할 수 없습니다. 그래서 바른 바탕의 신앙을 되돌아보는 일이 필요합니다. 하나님께서 사도행전에 초대교회의 신앙과 삶을 기록으로 남겨 놓으신 이유도 뒤이어 계속될 교회와 성도들이 바른 바탕의 신앙을 되돌아보게 하신 뜻이 담긴 것이었습니다.

사도행전의 초대교회뿐만 아니라 일본의 압제 아래 있었을 때 깨어 있었던 신앙인들의 삶 또한 오늘의 교회가 되돌아보면서 신앙생활의 좌표를 발견하게 되는 요소가 아닐 수 없습니다. 양향모 목사님의 이번 저서는 오늘의 한국교회 전체는 물론 신앙인들 한 사람 한 사람의 신앙을 재고 조사하는 데 다음과 같은 면에서 큰 도움을 주고 있습니다.

먼저, 본서는 저자가 순교자이셨던 종조부 양용근 목사님에 대한 연구로써 박사학위를 받은 저술이라는 점에서 독특함을 지니고 있습니다. 본 추천사를 쓰는 자신이 학자로서 많은 저서들을 접해왔지만 종손자가 순교자이셨던 종조부에 대한 연구로 학위를 받는 경우를 처음으로 접하게 되었습니다. 신앙의 아름다운 대를 이어가는 귀한 가정의 모습 자체가 이미 읽는 이들에게 감동으로 다가오는 독특함을 담아내고 있는 연구입니다.

둘째, 본서는 저자가 순교자이신 종조부의 신앙적인 생애를 한국교회의 수난사 속에 담아내는 독특함을 지니고 있습니다. 종조부이신 양용근 목사님은 당시 일본에서 법대를 졸업한 엘리트로 세상적인 출세 가도를 달려가실 수 있는 분이었지만 극적으로 예수님을 영접하고 믿음의 길에 들어서게 되셨습니다. 평양의 장로회신학교를 다니는 중에 이미 교회를 돕는 조사로서 교회를 섬기며, 졸업 후에는 목사로 안수를 받고 전체적으로 8년의 짧은 기간에 교회를 섬기다가 일본의 신사참배에 항거하는 일로 순교하셨습니다. 이런 연유로 한국교회의 역사에 순교자로 명단만 남아 있을 뿐 신앙적인 삶과 순교에 이르게 된 사료들이 제대로 남아 있지 않았습니다. 저자는 복음을 위한 종조부의 순교적인 삶을 소중하게 여기며 객관적인 자료를 남긴 것입니다. 분명히 세상적인 출세의 길을 걸을 수 있는 분이었으나 복음을 위하여 생명을 바친 38년의 생애를 객관적인 기록으로 남김으로써 오늘의 한국교회와 성도들이 지난날 아름다운 신앙의 표상을 되돌아보게 하고 있습니다.

셋째, 본서는 저자가 자신의 삶에 대한 내용들은 구체적으로 밝히고 있지 않지만 종조부의 믿음을 바르게 이어가려는 아름다운 의지를 담아낸 특징이 있습니다. 저자는 종조부께서 비교적 젊은 시절에 순교함으로 그 가문 속에서 이루 말할 수 없는 고통과 어려움들 가운데서 자라나야만 했습니다. 그러한 성장의 과정을 겪으면서도 종조부의 믿음을 따라 믿음을 지켜 왔을 뿐만 아니라 목사로서의 길을 걸어 왔고, 이러한 연구를 통하여 한국교회와 성도들에게 도움을 주는 사람으로 우뚝 서는 모습을 보여줌으로써 아름다운 믿음의 계승을 감동적으로 느끼게 하고 있습니다.

넷째, 본서는 한국교회의 일제 수난기에 대한 역사를 알게 하는 데 도움을 줄 뿐만 아니라 특별히 순천을 중심한 전남 지역의 교회 역사에 대한 내용들을 세밀하게 밝혀 주는 특징이 있습니다.

저자의 종조부가 짧은 기간이긴 하지만 주로 목회활동을 하셨던 지역은 순천을 중심한 전남 지역의 기독교 학교와 교회들이었습니다. 따라서 자연스럽게 종조부와 관련된 내용들을 밝혀 나가는 일은 그 지역의 교회들을 중심으로 이루어져야만 했습니다. 이러한 연구의 결과로 본서는 그 지역의 지난 역사들을 더욱 자세하게 밝혀 주는 귀한 자료이기도 합니다.

저는 본서를 추천하는 일을 명예롭게 여기면서 목회자들과 신학생들, 그리고 성도들이 마음 기울여 읽음으로 한국교회와 성도들에게 신선한 감동과 새로운 변화가 일어나기를 기대합니다.

2018년 2월 7일
이복수
(전 고신대 부총장, 부산외대 이사, 대학교회 목사)

추천의 글

　양용근 목사의 삶과 신앙, 신사참배 거부, 그리고 순교의 여정을 기술한 양향모 박사의 《예수 나를 오라 하네》 출판을 진심으로 축하합니다.

　양용근 목사는 일본에서 고등교육을 받고 귀국하여 목회하던 중 신사참배를 거부하고 종래 순교의 길을 갔던 호남 지방 인물로서 참된 그리스도인이자 진실한 목회자였고, 올곧은 순교자였습니다. 그럼에도 불구하고 그분의 삶의 여정은 잊힌 가운데 반세기가 훌쩍 넘었고, 아무도 그의 거룩한 순례자의 여정을 주목하지 않았습니다.

　그러던 가운데 인천 광성교회에서 목회하시는 양향모 목사님이 분주한 목회생활 가운데서도 양용근 목사에 대한 연구를 시작하였습니다. 금광을 찾기 위해 깊은 광맥을 찾아 나서듯이 전국을 다니며 유관자료를 수집하고 살아 계신 후손들의 증언을 채집하는 등 각고의 노력 끝에 양용근 목사의 거룩한 여정을 확인하게 되었고, 이를 기초로 학위 논문을 작성하여 칼빈대학교에서 철학박사 학위를 취득하였습니다. 이렇게 연구한 결과를 이제 한 권의 책으로 출판하게 된 것을 축하드리고, 이 책을 통해 중간시대를 사는 우리의 삶을 뒤돌아보고 성찰해 보는 기회가 되었으면 합니다.

순교나 순교적 삶은 어느 시대나 소중한 가치를 지닙니다. 오늘날처럼 세속의 물결이 범람하고 기독교적 가치가 경시되는 사회에서는 더욱 그러합니다. 신앙의 자유를 누리고 사는 오늘 우리 시대에서 그 믿은 바 신앙을 지키기 위해 목숨을 버리는 일은 누구나 할 수 있는 일이 아닙니다. 이런 점에서 양용근 목사의 순교적 삶과 순교는 오늘 우리에게 도전과 자극을 줄 것입니다.

양향모 목사님은 이 책을 통해 오늘의 한국교회에 때 묻지 않은 경건한 목회자의 여정을 소개하고 순교적 삶을 사는 것이 무엇인가를 가르쳐 주고 있습니다. 이 가르침이 큰 파장을 일으키며 한국교회가 새롭게 변화되는 계기가 되기를 기대합니다. 무엇보다도 한 순교자의 삶을 깊이 연구하고 세심한 필치로 순교 영성을 소개해 준 저자에게 마음의 박수를 보냅니다. 이 책이 널리 읽혀서 도전의 기회가 되기를 바라면서 추천사를 대신합니다.

2018년 2월 3일

이상규

(신학박사, 전 고신대학교 부총장, 한국장로회 신학회장)

추천의 글

1884년에 알렌 선교사가 입국하기 전 1866년에 토마스 선교사의 순교는 교회 설립의 종자가 되었다. 그 후 입국한 선교사들의 열정 속에 한국교회는 자리를 잡아갔다. 그러나 한국교회가 제대로 정립되기 전에 일본의 침탈을 받았다. 이로 인해 교회는 고난의 역사를 무수히 기록했다. 신사참배와 같은 외부적인 박해가 있었고, 자유주의신학의 발현 등으로 내부적인 어려움도 대단했다. 해방 후 일어난 전쟁 시 공산당으로 인해 받은 교회의 고난도 컸다.

이런 일련의 과정을 통해 한국교회는 주기철, 손양원 목사와 같은 순교자를 배출했다. 필자는 교회사 학도로 살고 있다. 이런 연유에서 전기한 순교자들에 대해서는 나름대로 알고 도전을 받으며 성도들과 신학생들에게 가르쳐 왔다. 그 신앙의 정신은 계속하여 계승되어야 마땅하기 때문이다.

한국교회 역사 중에 무수한 순교자들이 있다. 그중에 양용근 목사는 잊혀져 버린 순교자였다.

양 목사는 일본대학 법학과를 졸업했다. 이런 학력으로 얼마든지 호가호위하고 살 수 있었다. 그러나 그는 민족을 구하는 방법은 복음 외에는 없다고 생각했다. 이것이 평양신학교를 34회로 졸업한 이유이다. 양 목사는 작은 교회를 섬기기로 결심하고 고향 교회인 광양읍교회에 최초로 부임했다. 그 후 여수 애양원교회에서도 시무했다. 손양원 목사는 평양신학교 33회 졸업생이지만 입학은 양 목사와 같이 했다. 양 목사는 애양원교회를 담임하다가 손 목사에게 물려주고 자신은 다시 전남 고흥군 길두면에 있는 당시 작은 교회였던 길두교회로 부임했다. 이곳에서 청소년들에게 성경을 열심히 가르치는 사역에 몰두했다. 고국의 장래는 이들을 바로 가르치는 것에 있다고 보아서이다.

이런 양용근 목사에게도 신사참배와 동방요배의 태풍이 비켜 가지 않았다. 결국 이를 맞서 신앙으로 항거하다가 순교의 제물이 되었다. 순교자 양용근 목사에게는 여러 특징이 있다. 그는 당시 최고의 학력을 가진 목사였다. 아울러 작은 교회만 고집하여 담임했다. 신사참배뿐만 아니라 동방요배도 굳건하게 반대했다. 2남 2녀의 어린 자녀들과 젊은 아내를 남기고 38세에 순교의 길로 갔다. 호남 지역의 순교자로 기록을 남긴 것도 그중 하나가 될 것이다.

역사가는 묻혀 버린 역사를 찾아 사실대로 기술할 책임이 있다. 그럼에도 한국교회는 양용근 목사의 연구에 소홀했다. 그의 후손인 양향모 목사는 진실한 목회자이다. 이런 그가 교회 역사에 관심을 가지면서 순교와 순교자들에 대해 관심을 가지고 연구를 시작했다. 그는 주기철, 손양원 목사를 존경한다. 그러면서 양용근 목사의 순교에 대해 못지않은 존경심을 가지게 된다. 종조부이기에 다른 학자가 연구해 주기를 바라는 순수한 마음도 있었다. 그러나 시간이 지나면서 자신이 이를 감당해야 한다는 사명감을 가졌다. 이를 위해 교회사학을 연구하여 석사와 박사 학위까지 받게 된다.

그의 연구는 순탄하지 않았다. 양용근 목사가 한국교회사 책에 순교자로 이름만 올라 있는 정도여서 자료를 찾는 것이 쉬운 일이 아니었기 때문이다. 그가 발품을 파는 연구를 시작한 이유가 된다. 많은 학자들과 증언자들을 만났다. 이미 노인이 된 친척과 친지들을 찾아 자료를 수집했다. 이를 곁에서 지켜보며 필자는 많은 감동을 받았다. 교회사학자인 이상규 교수는 "양향모 목사님이 숨겨진 순교자를 찾아 연구하여 그 역사를 정립해 주는 것은 참으로 귀한 일입니다. 교회사학도로 살면서 양용근 목사님의 순교사화를 깊이 연구하지 못해 마음의 짐이 있었는데 이를 양 목사님이 해내시니 감사가 넘칩니다"라고 평가했다.

양향모 목사가 이번에 이 연구물을 한 권의 책으로 출판하는 것은 한국교회에 큰 선물이 된다고 확신한다. 이 책을 통해 순교와 순교자에 대한 새로운 조명이 되고, 초기 교회의 신앙을 상실해 가는 교회와 성도들에게 많은 감동과 도전을 줄 것이기 때문이다.

이 책을 대하며 많은 독자들이 순교자 양용근 목사를 만나기를 기대한다. 그리고 양용근 목사의 신앙을 계승하여 한국교회의 영적인 수준을 상향시키는 기회가 되기를 소망하며 기쁜 마음으로 추천하는 바이다.

2018년 2월 15일

신재철

(초원교회 담임목사, 부산외대 외래교수, 한국교회송사연구소장)

추천의 글

　양향모 목사님은 많은 목회자들에게 귀감이 되는 분입니다. 굳이 어려운 지역을 택해 교회를 개척하여 25년을 섬기고 있습니다. 이 기간 중에 청소년들을 양육하는 데 사랑의 수고가 컸고, 이는 고스란히 아름다운 열매로 나타났습니다. 양 목사님은 지금도 한국교회의 미래를 생각하며 이 일을 자신의 사명으로 생각하고 희생하고 있습니다.

　양 목사님은 60세를 전후하여 새로운 도전을 했습니다. 바로 신학석사와 철학박사 학위를 취득하신 것입니다. 주변의 목회자들은 모두 도중하차를 생각했지만 그는 이에 완주를 했습니다. 철학박사 학위 과정에서 양 목사님은 아무도 시도한 바가 없는 순교자 양용근 목사님에 대한 연구를 시작했습니다. 그리고 마침내 〈일제신사참배 강요와 양용근 목사의 순교사에 관한 고찰〉로 학위를 취득했습니다. 양 목사님의 연구 과정을 지켜본 저로서는 존경과 더불어 감사를 표하지 않을 수 없습니다. 한국교회 사가들이 미처 살피지 못한 순교자를 연구하느라 들인 피와 땀을 알기에 존경합니다. 이전에 알지 못했던 귀한 순교자를 만날 수 있도록 길을 열어 주셨기에 감사하는 것입니다.

　양 목사님은 2015년에 《위대한 믿음 진실한 고백》이라는 책을 출판했습니다. 이는 사도신경을 강해한 것입니다. 이어 이번에《예수 나를 오라 하네》출판도 진심으로 축하합니다.

양용근 목사님이 생전에 "예수 나를 오라 하네"라는 찬송을 애창하셨다고 들었습니다. 그는 찬송에 자신의 신앙과 서원을 담았고, 마침내 주님 곁으로 가셨습니다. 그 상급을 생각하니 부러움이 큽니다.

이런 순교자를 조명한 양향모 목사님이 그의 종손임을 알고 '역시'라는 생각을 했습니다. 양향모 목사님은 평소 개혁신앙에 충실했습니다. 개혁신학 사상에 투철하였고 역사의식이 강했습니다. 항상 바르게 살려고 애를 쓰셨고 영성과 실력을 갖춘 목회자로서도 본을 보이셨습니다. 삶도 그렇게 나타났습니다. 양 목사님은 개혁주의 목회자 훈련원 원장으로 교계를 위해 봉사하고 헌신하고 계십니다. 주변의 목사들은 그를 좋아합니다. 그리고 따릅니다. 돌이켜보니 양 목사님의 신앙과 삶의 배후에 순교자의 신앙 정신이 담겨 있었고 그 영향이 컸던 것입니다.

순교자 양용근 목사님은 위대한 믿음을 소유하신 분입니다. 그 믿음이 진실한 고백의 최고봉인 순교로 나타났습니다. 이런 신앙을 이어받은 양향모 목사님이 그 바쁜 목회 중에도 순교자 양용근 목사님을 연구하여 박사 학위를 취득하고 책으로 출간하는 일은 참으로 귀한 일입니다. 신앙의 아름다운 대를 이어가는 모습도 참 좋습니다.

이 책을 통해 다시 한 번 한국교회가 위대한 믿음과 진실한 고백을 소유하기를 원합니다. 순교는 어느 시대나 소중한 가치를 지닙니다. 어려운 시대일수록 순교의 삶은 더욱 가치가 있고, 순교자는 존경을 받아야 하며, 우리는 순교정신을 잘 이어가야 합니다.

그런 면에서 잘 알려지지 않고 하마터면 묻힐 뻔했던 한 순교자를 연구하여 학위를 받으신 것을 축하드립니다. 아울러 책으로 출판하여 저는 물론 성도들에게 새 힘을 주실 것을 확신하여 기쁜 마음으로 추천하는 바입니다.

2018년 2월 15일
추경호
(은성교회 담임목사, 신학박사, 개혁주의선교회장)

출간하면서

　서른여덟 젊은 나이, 사랑스러운 아내와 눈에 넣어도 아프지 않을 어린 사남매, 일본대 법대와 평양신학교 졸업장, 이제 막 임직 받은 목사라는 직분과 그를 기다리는 교회의 성도들, 그토록 갈망해 왔던 조국의 광복, 그 모든 것들을 기꺼이 내던져 버리고 총총히 가야만 했던 양용근 목사님의 그 마음이 무엇이었을까? 가정은 물론 사회적 지위나 하고 싶었던 일들보다 더 소중하게 여기며 목숨까지 기꺼이 버리셨던 그분의 믿음은 어떤 것이었을까?

　필자는 양용근 목사님의 종손(從孫)이자 집안의 종손(宗孫)으로, 양 목사님이 순교하신 38세의 바로 그 나이에 신학을 시작하여 양 목사님의 뒤를 이어 목사가 되었습니다. 목사로서 성경의 핵심인 예수 그리스도의 십자가 복음을 연구하고 설교하면서 우리가 가진 바른 믿음이 얼마나 위대한 것이지를 깨달았고, 그 위대한 믿음을 진실하게 고백하는 것 또한 더없이 고귀한 일이라는 것을 알게 되었습니다.

　그 위대한 믿음을 알고, 진실하게 고백하고, 지키기 위해서 순교하신 양 목사님의 삶이 가슴 저리도록 소중한 것인데, 세월은 흘러가고 역사 속에서 빛이 사라져가는 것이 안타까워서 양 목사님의 생애와 목회와 순교 과정들을 연구하여 논문을 발표하고 이제 책으로 내게 되었습니다.

　이 책 제목이 된 "예수 나를 오라 하네"라는 찬송은 양 목사님이 순교하기 전날 밤에 불렀으며, 그의 친구이자 기도의 동지였던 손양원 목사님이 순교의 길을 가면서 불렀던 찬송이기도 합니다. 자신을 불러 주신 그 예수님이 지극히 위대한 분이시며 그분이 부르셔서 가는 그 길이 얼마나 영광스러운 길인지를 알고 죽음의 길이라 할지라도 따르겠다는 진실한 신앙고백이 담긴 찬양입니다.

저는 이 순교의 역사를 먼저 양 목사님의 네 자녀들에게 바치고 싶습니다. 아버지가 가신 길이 자신에게는 영광의 길이었겠지만 아이러니하게도 어린 자녀들에게는 상처를 안겨 주는 길이었습니다. 아무도 그들을 돌봐 주지 않는 험한 인생길에서 때로는 자신들을 버려두고 가신 아버지를 원망하면서 살았을 것입니다.

양 목사님의 장녀 양영숙 권사님은 다섯 살에 아버지를 잃었을 뿐 아니라 그 어린 나이에 들었던 아버지의 유언에 따라 홀로된 어머니를 끝까지 모셨고, 그 와중에도 여러 교회들과 신학생들을 위해서 많은 헌신을 하면서 살았습니다. 아무도 흉내 낼 수 없는 이 거룩한 역사를 그 자녀들에게 깃발처럼 안겨드리고 싶습니다.

또한 양 목사님의 형제분들과 그의 자손들에게도 이 역사를 바칩니다. 가문의 친손이나 외손들은 태어날 때부터 자연스럽게 교회를 다녔고, 순교자의 후손이라는 자부심을 가지고 살았습니다. 그러나 아직도 우리가 가진 믿음이 얼마나 위대한지를 잘 모르는 후손들도 있습니다. 그들에게 이 순교의 피가 믿음을 더 굳건하게 하여서 주님을 향한 사랑으로 불타오르게 되기를 바랍니다.

그리고 진실한 믿음을 가진 모든 목회자들과 성도들에게 바칩니다. 교회 역사를 볼 때 눈에 보이는 외형적인 교회를 지키려고 하는 사람들과 교회의 근간이 되는 신앙을 지키려는 사람들의 다툼이 초대교회가 시작될 때부터 지금까지 이어져 오고 있습니다. 그런 가운데서 우리가 가진 영원한 생명을 향한 예수 그리스도의 십자가 복음을 믿는 이 믿음이 얼마나 소중한지를 알고, 그 믿음을 지키려고 애쓰는 참된 성도님들에게 큰 힘과 위로가 되기를 바랍니다.

묻혀 있던 이 순교의 역사를 재조명하여 밝히게 하신 분이 하나님이신 줄 믿고 감사를 드립니다. 이 글을 쓸 수 있도록 지도해 주신 유창혁 지도교수님과 칼빈대학교 대학원 여러 교수님들과 기쁜 마음으로 추천사를 써주신 박병식 목사님, 이복수 교수님, 이상규 교수님, 신재철 목사님, 추경호 목사님께 감사를 드립니다. 출판을 허락하신 쿰란출판사 대표 이형규 장로님과 교정과 편집 등을 위해 사랑의 수고를 아끼지 않으신 출판사 직원들에게 감사를 드립니다.

특별히 필자가 박사 학위 논문을 쓸 수 있도록 물질과 기도로 도와주신 양영숙 권사님과 기도와 격려로 함께한 아내(이영미), 아들 내외(양진수, 이은영)과 친척, 친구들과 광성교회 성도들과 동역자들에게 감사를 드립니다.

2018년 3월 15일
광성교회 서재에서
양향모 목사

목차

추천의 글 _ **박병식**(송파제일교회 원로, 합신 교단 제13, 14대 총회장) _ 06
       _ **이복수**(전 고신대 부총장, 부산외대 이사, 대학교회 목사) _ 08
       _ **이상규**(신학박사, 전 고신대학교 부총장, 한국장로회 신학회장) _ 12
       _ **신재철**(초원교회 담임목사, 부산외대 외래교수, 한국교회송사연구소장) _ 14
       _ **추경호**(신학박사, 은성교회 담임목사, 개혁주의선교회장) _ 18
출간하면서 _ 21

Ⅰ. 서론 _ 29

Ⅱ. 순교와 신사참배에 대한 고찰 _ 39

1. 순교에 관한 고찰 _ 40
    1) 순교에 관한 성경적 고찰 _ 41
    2) 순교에 관한 교회사적 고찰 _ 45

2. 신사참배에 관한 고찰 _ 55
    1) 신사참배에 관한 일반적 고찰 _ 55
    2) 신사참배에 관한 교회사적 고찰 _ 61
    3) 신사참배에 관한 성경적·신학적 고찰 _ 68

Ⅲ. 일제하 한국교회의 상황과 양용근 _ 79

1. 일제의 식민지 정책 _ 80

1) 무단(武斷)통치기(1910~1919년) _ 85
2) 문화통치기(1920~1930년) _ 90
3) 침략전쟁기(병참기지화 정책기, 1931~1945년) _ 91

2. 미국 남장로교의 한국 선교와 전남 순천 지방 선교 _ 97

1) 미국 남장로교의 신학 _ 97
2) 미국 남장로교 선교부 선교사의 한국 선교 _ 101
3) 미국 남장로교 선교부의 호남 지방 선교 _ 103
4) 미국 남장로교 선교부의 전남 순천 지방 선교 _ 105
5) 순천 매산학교 설립과 운영 _ 108
6) 신사참배에 관한 미국 남장로교 선교부 선교사들의 대응 _ 113

3. 양용근의 출생과 성장 _ 121

1) 양용근의 출생 _ 121
2) 양용근의 신앙입문 _ 122
3) 양용근의 학업 _ 124

Ⅳ. 양용근의 일본 유학과 관동대지진 _ 129

1. 양용근의 일본 유학 _ 130
  1) 고학으로 검정고시 _ 132
  2) 일본대 법대 입학과 졸업 _ 133

2. 관동대지진 사건(1923년) _ 134
  1) 관동대진재(關東大震災) _ 134
  2) 양용근 형제에게 임한 하나님의 은혜 _ 141

Ⅴ. 일제하의 평양신학교와 양용근의 귀국 후 활동 _ 147

1. 일제의 교육정책과 미국 장로회 선교부의 교육 선교 _ 148
  1) 조선에 대한 일제의 교육정책 _ 149
  2) 조선예수교장로회신학교(평양신학교) 설립과 발전 _ 151
  3) 조선예수교장로회신학교(평양신학교)의 신학사상 _ 153
  4) 신사참배 강요에 대한 장로회신학교(평양신학교)의 대응 _ 156
  5) 한국장로교회 조직과 발전 _ 159

2. 양용근의 귀국 후 활동 _ 163
  1) 오사육영학당 설립 _ 163
  2) 공무원 생활 _ 164
  3) 오사육영학당의 운영 _ 166

3. 조선예수교장로회신학교(평양신학교) 입학과 졸업 _ 168

Ⅵ. 일제의 기독교 탄압과 양용근 목사의 목회 _ 173

1. 일제강점기하의 한국교회(1930년대) _ 174

1) 1930년대 일제의 한국교회 탄압과 대응 _ 174
2) 보수신학과 신신학의 대립 _ 181
3) 한국교회의 시련과 신사참배 _ 188

　(1) 교회를 지키기 위해 신사참배에 동참하는 사람들(타협형) _ 190
　(2) 마지못해서 용인하거나 도피하는 사람들(도피형) _ 194
　(3) 신앙을 지키기 위해 신사참배를 반대하는 사람들(항거형) _ 198

2. 양용근 목사의 목회 _ 200

1) 광양읍교회 시무 _ 201
2) 신풍리교회(애양원교회) 시무 _ 202
3) 길두교회 시무 _ 207
4) 구례읍교회 시무 _ 214

Ⅶ. 순천노회 사건과 양용근 목사의 수감생활 _ 219

1. 순천노회 교역자 수난사건 _ 220

1) 순천노회 노회원이 구속된 원인 _ 224
2) 순천노회 교역자 수난사건으로 구속된 인물들 _ 234
3) 판결문을 통해서 본 이들의 신앙관 _ 242
4) 순천노회 교역자 수난사건으로 구속된 자들의 형량과 수감 _ 247
5) 순천노회 교역자 수난사건의 의미 _ 248

2. 양용근 목사의 수감생활 _ 250

　　1) 재판 _ 250
　　2) 수감생활 _ 261

3. 양용근 목사의 순교 _ 268

Ⅷ. 양용근 목사의 신사참배 반대와 그 영향 _ 277

1. 양용근 목사의 신사참배 반대 _ 278

　　1) 목회를 통해 본 신사참배 반대 _ 279
　　2) 설교를 통해 본 신사참배 반대 _ 280
　　3) 광주지방법원 판결문에 나타난 신사참배 반대 _ 282
　　4) 유훈을 통해 본 신사참배 반대정신 _ 282

2. 양용근 목사의 순교와 그 영향 _ 289

　　1) 한국교회 신앙의 역사 _ 289
　　2) 양용근 목사의 후손들 _ 290

Ⅸ. 결론 _ 295

참고문헌 _ 302

I.
서론

❀ .. 교회의 역사는 예수 그리스도를 믿는 신앙을 지키기 위해서 투쟁한 순교자들의 역사라고 해도 과언은 아닐 것이다. 신약교회가 시작될 때부터 예수님을 따르는 무리들은 유대교 지도자들로부터 심한 박해를 받았고, 스데반을 위시한 많은 사람들이 순교를 당하면서도 그리스도의 복음을 사수하였다. 로마시대에도 교황의 박해에 대항하여 가이사(Caesar)가 주님이 아니고 예수님이 주님이라고 외친 많은 순교자들이 있었다. 중세시대에 '오직 믿음으로'를 외치던 개혁자들이 있었다. 일제 강점기 때에 바른 신앙을 지키기 위해 신사참배에 항거한 많은 성도들이 있었다.

순교의 피가 흐른 이러한 역사가 있었기에 오늘날의 한국교회가 바른 신앙을 중심으로 서 있을 수 있었다. 현재 많은 신학적 자유주의자들이 교회를 점령하고 있는 가운데서도 개혁주의를 외치는 바른 교회들이 존재하는 것도 역사 가운데서 순수하고 바른 정통신앙을 지키려는 성도들의 노력이 있었기 때문에 가능한 것이다.

이런 상황에서 다시 한 번 순교자들의 신앙을 살펴봄으로써 외형적인 교회를 존중하면서도 거룩한 싸움을 싸우도록 부름 받은 전투하는 교회, 참된 신앙을 위해서 거룩한 싸움을 하는 것이 얼마나 소중한가를 살펴보는 것은 중요한 일이라고 생각한다.[1)]

양용근 목사는 일제의 야욕에 찬 을사늑약이[2)] 체결되던 1905

---

1) Louis Berkhof, *Systematic Theology*(1941), 권수경, 이상원 공역, 《(벌코프) 조직신학》(경기: 크리스챤다이제스트, 2009), 822. 벌코프는 유형의 교회 안에 유기체로서의 교회와 조직체로서의 교회가 있음을 지적하고 있다. 그리고 이 유형의 교회가 무형 교회에 그 영적인 배경을 가지고 있다고 지적하고 있다. 본서는 조직체로서의 교회를 '외형적인 교회'라고 표현했다. 또한 외형적인 교회보다는 유기체로서의 교회, 거룩함을 위해서 투쟁하는 교회라는 관점에서 서술했음을 밝힌다.
2) 을사조약(乙巳條約) 이후 일본 제국주의의 한일합방과 관련된 일본의 야욕의 과정에 대

년에 태어났다. 그리고 일본이 패망하기 직전에 이른바 '순천노회 교역자 수난사건'[3]으로 일경에 체포되어 재판을 받았고, 광주형무소에서 수감 중 일제의 모진 고문으로 인해서 1943년 순교한 순교자이다. 일제 강점기 때 수많은 성도들이 붙잡혀 가고 재판을 받고 형무소에서 수감생활을 했으나 옥중에서 순교를 한 목사는 그리 많지 않다.

주기철 목사는 신사참배를 반대하다가 순교한 순교자로 잘 알려져 있으나 그 외의 순교자들에 대해서는 잘 알려지지 않고 있다. 양용근 목사도 잘 알려지지 않은 사람들 중에 한 사람이다. 순교자의 명단에는 '양용근'이란 이름이 들어 있지만 그의 삶에 대해서는 잘 알려져 있지 않으며, 한국교회사에서도 '양용근'이란 인물은 잘 알려지지 않았다. 이렇게 잘 알려지지 않고 세월의 망각 속에 묻혀가는 소중한 순교자들을 연구하여 한국교회 역사 안에 그 의미와 가치를 밝히는 일은 매우 중요한 일이라고 생각한다.

본서는 이처럼 망각 속에 묻힌 역사적 사실을 밝히고자 한다. 또한 한국교회가 신사참배 문제에 있어서 일본 제국주의에 굴종함으로써 신앙의 노선이 변질되었음에도 불구하고 여전히 참된 신앙의 노선을 지킴으로 신사참배를 반대한 한국교회의 한 순교자의 역사를 재조명하고자 한다.

해서 한성민의 논문을 참조(한성민, "乙巳條約 이후 일본의 '韓國倂合' 과정 연구"(박사학위: 동국대학교, 2016). 한성민에 의하면 일본은 1909년 3월 이토 히로부미(伊藤博文)가 통감 사임을 표명한 이후 대한 정책을 통감에게 일임하던 기존 방식을 변경해서 일본 정부가 직접 주도하였다고 밝히고 있다(p. 154).
3) 순천노회 교역자 수난사건(순천노회 수난사건)은 1940년 11월에 순천노회에 속한 목사, 전도사(장로) 전원이 치안유지법 위반혐의로 구속되어 전원 실형을 선고받고 옥고를 치른 사건을 말한다. 김승태, 《식민 권력과 종교》(서울: 한국기독교역사연구소, 2012), 269.

'성경'을 하나님의 말씀으로 믿고 오직 거룩하신 삼위 하나님만 섬기는 보수주의신앙은 신사참배 사건을 기점으로 '성경'이 하나님의 말씀임을 부인하는 자유주의의 신앙으로 변질되었다고 말할 수 있을 것이다. 신사참배 반대자들이 체포되어 옥고를 치르거나 초야로 돌아가서 신앙을 지켰다. 그러는 동안에 자유주의자들이 교권을 잡고 자유주의 신학 사상을 확장하는 기반이 된 신학교를 세움으로 많은 교회들이 전통적인 보수주의에서 자유주의로 변질되었다.

많은 사람들이 일제와 타협하여 인간의 노력으로 외적인 교회를 지키려고 할 때 적지 않은 신자들과 목회자들은 참된 교회의 보수주의신앙을 지키기 위하여 투쟁하였다. 그리고 양용근 목사와 같은 이들이 신앙을 지키기 위해 투쟁하다가 죽음으로 순교하게 된다.

신앙의 순결을 지키며 하나님만 섬겨야 된다는 일념으로 헌신한 신자들과 순교자들을 찾아 역사 안에 그 정당한 위치를 확립시키는 것은 교회 역사의 사명이라고 말할 수 있을 것이다. 그리고 그들의 신앙수호 마음을 밝혀서 알림으로 오늘날 성도들의 삶에 귀감이 되게 하는 것이 본서의 동기다.

양용근 목사의 순교에 관한 역사는 오랜 세월이 지났고, 당시 일제의 압박과 통제로 인해 기록이 상실되었기 때문에 남아 있는 자료가 적다. 특히 일제 강점기 때의 순교는 자랑거리가 아니라 일본제국에 있어서 반역인 동시에 일제의 감시 대상이었기에 많은 순교자들에 대한 자료들도 상당수 상실된 상태다. 그와 유사하게 양용근 목사에 대한 기록도 거의 남아 있지 않다. 더욱이 해방 이후 6·25 전쟁으로 인하여 그나마 남아 있던 적은 기록마저도 소실되어 더욱 연구에 어려움이 가중되었다.

양용근 목사에 대한 가장 의미 있는 첫 기록은 양용근 목사의 부인인 유현덕 사모(1996년 9월 소천)의 증언을 기록한 양용근 목사의 평전인 《섬진강: 순교 목사 양용근 평전》이라는 책이다.[4]

진병도 장로는[5] 10여 년이 넘는 세월 동안 양용근 목사 사모의 증언을 토대로 전국을 돌면서 당시 생존해 있던 사람들의 증언을 종합하여 이 평전을 출간했다. 《섬진강》은 양용근 목사에 대한 첫 기록이라는 측면에서 가치를 가지고 있다. 하지만 그 서술에 있어서 증언록의 성격으로 본격적인 역사 연구라고 말하기에는 다소 부족한 점이 없지 않다. 그럼에도 불구하고 《섬진강》은 양용근 목사를 연구하는 데 중요한 자료이기에 본서는 《섬진강》을 적극적으로 활용할 것임을 밝힌다.

하지만 역사적 가치와 의미에 있어서는 아직까지 진지한 연구가 없는 것이 현실이기에, 본서는 양용근 목사 개인의 평전뿐만 아니라, 그가 걸어온 시대의 한국교회의 역사적 사실들을 연구함으로써 양 목사의 역사적 가치를 새롭게 조명하고자 한다.

일제 말기에 교회 탄압에 저항하는 여러 가지 유형의 사건들이 있었다. 많은 업적과 교훈을 남겨서 세상의 주목을 받고 사람들에게 잘 알려진 사건도 있다. 하지만 사람들에게 잘 알려지지 않은

---

4) 진병도, 《섬진강: 순교 목사 양용근 평전》(서울: 쿰란출판사, 2010) 참조.
5) 진병도는 한국문인협회 회원이며 한국문학비평가협회와 한국기독교문학비평가협회 회원으로 중암중앙교회 원로장로이며 개신대학원대학교 이사장을 역임한 분으로 현재 '순교자 양용근 목사 연구회'의 회장이다.

사건들도 많이 있다. 주목 받지 못한 사건 가운데 전남 순천노회 교역자 수난사건은 지방에서 일어난 일이기에 한국교회사의 주된 관심에서 벗어나 있었다. 게다가 이 사건에는 특별히 주목 받았던 중요한 인물이나 세상의 흥미를 얻을 만한 사건 전개도 없었다.

이런 이유들로 인해서 '전남 순천노회 교역자들이 받았던 신앙의 박해 사건'은 사람들의 주목을 받지 못했다. 그러나 최근 몇몇 연구에 의해서 그 사건의 실체가 드러나게 되었고 사람들에게 알려지기 시작했다.

김승태는 순천노회 사건의 판결문을 발견하여 공개하고 그의 책 《식민 권력과 종교》(2012)에 '장로회 전남 순천노회 수난사건'이라는 제목으로 사건의 경위를 기록하고 있다.[6]

이외에 전주대학교 인문대학 사회학 교수인 주명준의 "순천노회 박해사건의 역사적 의의",[7] 그리고 김수진의 《일제의 종교탄압과 한국교회의 저항-순천노회 수난사건을 중심으로》에서 이 사건에 대해 기록하고 있다.[8]

특히 양용근 목사와 관련해서 양 목사의 순교도 언급하고 있다는 점에서 중요한 연구서라고 말할 수 있다. 하지만 이 연구서에는 양 목사에 대한 내용이 피상적이기 때문에 많은 부분 보완이 요구

---

6) 김승태, 《식민 권력과 종교》 참조.
7) 주명준, "순천노회 박해사건의 역사적 의의", 〈전주사학〉 제3호(전주대학교 대학원, 1995). 주명준은 1940년 9월에 발생한 순천노회 사건을 일제의 기독교 말살정책의 표본적인 만행이라고 결론짓고 있다. 하지만 이 사건을 '신앙'운동으로 평가하기보다는 '기독교계 민족운동'으로 평가함으로 신사참배의 문제를 민족운동으로 이해하는 비신앙적 결론을 내리고 있는 아쉬움이 있다고 하겠다(p. 24).
8) 김수진, 《일제의 종교탄압과 한국교회의 저항-순천노회 수난사건을 중심으로》(서울: 쿰란출판사, 1996) 참조.

되는 아쉬움을 가지고 있다.

순천노회 사건을 평가함에 있어서 이 사건이 신사참배 거부를 포함한 일제의 탄압에 대항하는 사건으로 보는 견해가 있고, 이 사건이 일제에 의한 탄압으로 인한 수난사건이기는 하지만 조직적으로 신사참배 반대운동을 했다거나 혹은 개인적으로도 신사참배를 반대했다는 증거가 없기 때문에 신사참배 반대운동의 범주에 넣어서는 안 된다고 보는 견해도 있다.[9]

이렇게 견해가 다른 것은 역사적인 자료들이 많지 않는 데에서 기인한 것이기도 하겠지만 서로 다른 사관에 따른 것이다. 본서에서는 이러한 논쟁을 살펴보고 개혁주의 역사관에 따라서 순천노회 사건의 역사적 의의를 찾고자 한다.

본서의 범위는 양용근 목사의 생애와 신앙과 순교에 초점을 맞춘다. 이를 위해서 2장에서는 순교에 대한 성경적·교회사적인 고찰을 하고, 신사참배에 관한 일반적, 교회사적, 성경적·신학적 고찰을 한다.

3장에서는 일제의 식민지 정책과 양용근의 교회가 속했던 미국 남장로교의 신학과 남장로교 선교부의 호남 지방 선교, 특히 순천 지방의 선교를 살펴본다. 나아가서 양용근 목사가 다녔던 순천 매

---

9) 순천노회 사건을 기록한 김승태를 비롯한 대부분의 견해는 이 사건이 신사참배 또는 또 다른 형태의 일제의 기독교 탄압에 대항하는 사건으로 보지만 최덕성은 이 사건을 신사참배 범주에 넣어서는 안 된다고 주장한다. : 최덕성, "순천노회 교역자 수난사건 재평가", 〈한국기독교와 역사〉 10호(한국기독교역사연구소, 1999), 171~203. ; 최덕성, "'순천노회 교역자 수난사건 재평가'에 대한 김승태의 반론을 읽고", 〈한국기독교와 역사〉 20호(한국기독교역사연구소, 2004), 231~261, 참조. ; 김승태, "최덕성 교수의 '순천노회 교역자 수난사건 재평가'에 대한 반론", 〈한국기독교와 역사〉 13호(한국기독교역사연구소, 2000), 131~150.

산학교의 설립과 운영을 살펴보고, 신사참배에 관한 남장로교 선교부 선교사들의 대응을 살펴본다. 왜냐하면 이들의 반응이 양용근의 신사참배 거부와 밀접한 관계가 있기 때문이다. 또한 이런 상황에서 양용근의 출생과 남장로교 소속 교회인 오사교회에서의 신앙생활을 다루고 그의 학업생활을 살펴본다.

4장에서는 양용근의 일본 유학과 관동대지진을 살펴본다. 이는 직접적인 양용근의 생애와 관련이 있기 때문이고, 나중에 조선총독부가 귀국 후에 양용근의 사역에 협조적이었고, 양 목사의 신사참배 반대에도 불구하고 상대적인 호의를 베풀려고 한 근본적인 이유가 되기 때문이다. 또한 대지진에 대한 일본인들의 불만을 재일 한국인에게 돌리려고 한국인을 학살할 때 하나님의 도움으로 양용근이 살아난 것이 그의 신앙심을 더 북돋웠기 때문이다. 이런 것이 그를 순교자가 될 수 있게 하는 강한 믿음의 동기가 되었을 것이라고 논자는 판단한다.

5장에서는 일제하의 평양신학교의 설립과 발전과 신학사상을 다루고, 신사참배에 관한 평양신학교의 대처를 다룬다. 평양신학교와 양용근의 관계를 다루는 것은 양용근이 일본에서 귀국한 후에 평양신학교에 입학했기 때문이다. 또한 귀국 후에 오사육영재단을 설립하고 공무원 생활을 한 것과 오사육영재단을 운영하며 한글과 성경을 가르친 것을 다룬다.

6장에서는 일제의 기독교 탄압과 양용근의 목회를 다룬다. 일제의 탄압에 대해 한국교인들의 여러 반응을 형태별로 다루고, 신사참배를 반대하기 위해 순교를 각오한 사람들을 다룬다. 또한 이 시기에 양용근 목사의 목회를 그의 목회사역의 시기를 따라서 살펴본다.

7장에서는 순천노회 사건과 양용근 목사의 수감생활을 다룬다. 순천노회 노회원이 구속된 원인과 인물들, 판결문을 통한 목사들의 신앙관, 수난사건의 의미 등을 다루고, 양용근 목사의 재판과 수감생활과 순교를 다룬다. 이 장은 본서의 핵심에 해당한다.

8장에서는 양용근 목사의 신사참배 반대와 그 영향을 다룬다. 그의 목회와 설교를 통해 살펴보고, 광주지방법원 판결문, 유훈을 통해 신사참배 반대 정신을 살펴본다. 나아가서 그의 순교와 영향을 한국교회 신앙의 역사와 관련해서 살펴보고, 그의 후손들이 재건교회에 참여한 것을 살펴본다.

9장 결론에서는 본서의 전체적인 내용을 핵심적으로 요약하고 평가한다.

Ⅱ.
순교와
신사참배에 대한 고찰

1.
순교에 관한 고찰

　먼저 '순교'에 대한 용어를 정리할 필요가 있다고 사료된다. 학문적으로 용어를 정의하지 않을 경우에 그 의미의 확장이나 오해로 인해서 학문의 객관성이 손상될 수 있다. 그러므로 먼저 '순교'에 대한 정의를 내리고, 이를 성경적으로 역사적으로 재검토하는 방향으로 진행하고자 한다.

　어원적으로 '마르튀리온'(μαρτύριον)은 명사 '마르튀스'(μάρτυς)에서 파생한 형태로 보인다. 본래 어원적으로 '마르튀스'는 '잊지 않도록 마음속에 새겨 둠'(to bear in mind) 혹은 '기억하기'(to remember)라는 의미를 가지고 있다. 이는 무엇인가 심사숙고하기를 요구하는 것이다.[10] 이는 일반적으로 어떤 일이나 사건 곧 어떤 사실에 대한 확증된 증거를 의미하는 것으로 사용된다.

---

10) G. Kittel ed, *The Theological Dictionary of the New Testament*, vol. IV, trans. by G. W. Bromiley(Michigan: WM. B. Eerdmans Pub. Co., 1967), 475. 이하 TDNT로 약칭함.

1) 순교에 관한 성경적 고찰

'마르튀스'와 관련된 낱말들 곧 '마르튀스', '마르튀리아'(μαρτυρία), '마르튀리온'(μαρτύριον), 그리고 동사 '마르튀레오'(μαρτυρέω)를 사전적인 의미로 제한하는 것은 번역에 있어서 다소 원시적인 해석이라고 말할 수 있을 것이다.[11] 이제 본서는 '마르튀스'와 관련해서 보다 성경적·신학적 이해를 확인하고자 한다.

우선 앞에서 살펴보았지만 신약성경뿐만 아니라 구약성경(LXX) 안에서도 '마르튀스'는 일반적인 의미에서 '증거'(증인) 혹은 '증명'이라는 단어의 의미에 충실하고 있다. 그럼에도 불구하고 신약성경은 '마르튀스'를 단순히 '증거'라는 의미에 제한시키지 않고 있음을 읽을 수 있다. 바로 '마르튀스'와 관련된 단어들을 '순교'라는 더욱 전문적인 의미를 내포한 개념으로 사용하고 있다.

성경 안에서 '순교'와 관련해서 가장 직접적으로 읽는 것은 '주의 증인 스데반'(Στεφάνου τοῦ μάρτυρός σου)이다(행 22:20). 성경 본문에서 '증인'으로 읽은 헬라어 '마르튀로스'(μάρτυρός)는 '마르튀스'의 소유격이다. 이 '마르튀스'를 '순교자'(martyr, KJV, NIV) 혹은 '증인'(witness, ASV, RSV)으로 번역한다. 이 두 번역의 차이를 보면, 하나는 '마르튀스'를 일반적인 의미에서 접근하고 있고, 다른 하나는 '마르튀스'를 보다 전문적인 의미에서 번역을 시도하고 있다는 점이다.

여기서 이 두 번역의 차이점 곧 '마르튀스'를 '증인'(witness)이라고 읽을 것인가, 아니면 '순교'(martyr)로 읽을 것인가는 성경 주석에

---

11) *BDB*, 730.

서 중요한 문제가 될 수 있다. 왜냐하면 스데반 집사는 설교 곧 그리스도를 증거하다가 죽었으며, 그는 그 죽음을 의도하지도 혹은 그 죽음을 회피하지도 않았다. 뿐만 아니라 그는 마지막 순간에 주님을 뵘으로 그의 죽음으로 하나님의 뜻임을 입증하고 있기 때문이다. 여기서 사도행전의 본래 의미를 찾는 것이 주석의 의무가 될 것이다.

사도행전 22장은 사도 바울이 '황홀한 중에' 하나님의 음성을 들었음을 밝힌다(행 22:17). 이때 하나님께서는 "속히 예루살렘에서 나가라 그들은 네가 내게 대하여 증언하는 말을 듣지 아니하리라"(행 22:18)고 말씀하셨다. 여기서 '마르튀리아'(μαρτυρία) 곧 사도 바울이 하나님에 관하여 고백한 증언들이 무시되었다고 말씀하셨다. 본문은 '내게 관한 증언'(μαρτυρίαν περὶ ἐμοῦ)이라고 명시적으로 '마르튀리아'(μαρτυρία)를 쓰고 있으며 이는 분명히 일반적인 의미에서의 '증거'(증명)란 뜻으로 사용되었다.

사도 바울은 하나님께 자신의 증거들이 무시된 이유를 설명하는데 이 과정에서 "또 주의 증인 스데반이 피를 흘릴 때에 내가 곁에 서서 찬성하고 그 죽이는 사람들의 옷을 지킨 줄 그들도 아나이다"(행 22:20)라고 말하고 있다. 여기서 '주의 증인 스데반' 곧 원문 그대로 '당신의 증인 스데반'(Στεφάνου τοῦ μάρτυρός σου)에서 사도 바울은 그의 죽음을 동시에 염두에 두고 있다. 다시 말해서 스데반의 증거는 그가 '죽기까지' 그 증거를 멈추지 않았으며, 결국 그 증거로 인하여 스데반 집사의 죽음이라는 결과에 도달했음을 지시하고 있다.

다시 말해서 스데반 집사의 죽음에 있어서 직접적인 원인이 바로 그가 죽기까지 지켰던 그의 증언들에 있음을 말하고 있다. 이것은 분명 사도행전 안에서 '마르튀스', '마르튀리아'가 일반적인 의미에서의 '증거'를 넘어서서 보다 전문적인 의미에서 '순교'라는 뜻을 포함하게 되었음을 시사한 것이라고 할 수 있다. 사도 바울의 심성에는 '증인'이란 의미와 더불어 '순교자' 스데반에 대한 의식이 자리 잡고 있음을 알 수 있다.

사도 바울은 스데반 집사가 단순한 증인이 아니라 '피를 흘린 증인', 곧 죽기까지 자신이 믿는 참된 증언을 변경시키지도 않고, 멈추지도 않고 고백했음을 인식하고 있었음이 분명하다. 또한 이러한 개념은 '마르튀스'를 '증거'라는 개념 이상으로 '순교'로 읽도록 신자들을 이끌고 있다. 사도행전은 '순교'라는 의식을 가지고 있었다. 분명 사도행전은 스데반을 '순교자'로 지칭하고 있다.[12] 이런 의미에서 본문은 '순교자'라고 읽는 것이 더 적절한 번역으로 사료된다.

물론 이 본문의 중심적 주제는 예루살렘에서의 복음 증거보다 더 효과적인 증거를 위해서 사도 바울이 예루살렘을 떠나야만 하는 주님의 섭리를 증거하는 것에 있다.[13] 하지만 이 본문은 예루살렘에서 사람들이 순교자의 증언마저도 무시할 정도로 복음이 효과적으로 전파되지 못하고 있음을 동시에 언급하고 있는 것이기도 하다.

헬라어 '마르튀스'라는 낱말 자체에는 '죽기까지 증언'한다는 의미가 없는 것이 사실이다. 그렇기 때문에 사도행전의 본문에 등장

---

12) D. E. Haenchen, 《사도행전 II》(서울: 한국신학연구소, 1994), 324.
13) E. J. Schnabel, *Acts: Exegetical Commentary on the New Testament* (Michigan: Zondervan, 2012), 907.

하는 '마르튀스'를 문자적으로 읽는다면 '증거'로 읽는 것이 합당할 것이다. 그러나 내포된 의미로 읽는다면 '순교'로 읽는 것이 더 합당할 것이다.

우리는 이미 스데반과 바울의 예를 통해서 '마르튀스'가 '죽기까지' 증언을 한다는 것, 아니 참된 증언을 하다가 죽을 수 있다는 개념을 지닌다는 것을 살펴보았다. 이는 사전적인 의미를 파악하는 것이 아니라 성경적 의미를 파악하는 것으로, 보다 더 중요한 작업이라고 말할 수 있을 것이다.

정리하자면, 헬라어 '마르튀스'는 일반적으로나 사전적으로는 '사실에 대한 증거'란 의미를 가지고 있다(마 26:65; 히 10:28). 그러나 '마르튀스' 안에는 단순한 사실 관계의 증인이라는 의미 이상의 개념이 이미 신약성경 안에서 반영되고 있는 것도 사실이다. 이는 참된 증거가 변하지 않는 확정성을 갖고 있다는 것과 법정(심판) 안에서의 참된 증거를 의미한다. 비록 증인을 죽이고 증거를 숨기려고 하여도 확정적인 사실은 변하지 않으나 이런 의미에서 참된 증인들은 자신의 참된 증언에 대하여 육체적인 고통과 더불어 죽음까지 불사하면서 그 증언을 이어가게 된다. 이것이 '마르튀스'를 '순교'로 읽는 이유다.

2) 순교에 관한 교회사적 고찰

'마르튀스'(μάρτυς), '마르튀리아'(μαρτυρία), '마르튀리온'(μαρτύριον) 등은 일반적으로, 사전적으로 '증인'의 뜻으로 법정에서 진실을 판단하는 의미를 가지고 있다. 그리고 성경은 이 '증거'의 참된 증거 곧 변하지 않는 성격으로 참 신앙을 죽기까지 고백하여 증인의 삶을 살아가는 '순교'의 의미를 함의(含意)시키고 있다. 그러나 '마르튀스'를 '증거'의 의미보다 '순교'의 의미로 확정적으로 사용한 것은 교회의 역사 안에서 이루어진 것이 사실이다.

유세비우스(Eusebius, 260~340)는 그의 《교회사》(the Ecclesiastical History)를 보면 '마르튀스'를 '순교'의 의미로 사용하고 있음을 알 수 있다. 아래 인용문은 유세비우스의 《교회사》 내용을 인용한 것으로, 익나티우스(St. Ignatius, 35 or 50~98과 117년 사이)의 편지 내용이다.

> 나는 순교가 얼마나 큰 유익을 주는지 알고 있습니다. 이제 나는 제자로서의 첫걸음을 시작하게 되었습니다. 그리스도를 얻을 수만 있다면, 눈에 보이는 것이나 보이지 않는 것이나 그 어느 것도 나의 야망을 자극하지 못합니다. 내가 예수 그리스도를 얻게만 된다면, 화형이나 십자가나 사나운 짐승의 공격이나 또는 내 뼈를 찢고 사지를 부러뜨리며 온몸에 멍이 들도록 매를 맞는 것 등 어떤 마귀의 괴롭힘도 참고 견디겠습니다.[14]

익나티우스는 베드로의 제자 혹은 요한의 제자라고 알려졌으

---

14) Eusebius, *the Ecclesiastical History*, 엄성옥 역(서울: 은성, 2001), 162~163.

며, 안디옥 교회의 감독으로 '테오포루스'(Theophorus, '하나님을 모신 자')라는 별칭을 가지고 있는 인물이다. 그는 트라야누스 재위 제9년(107~108)에 안디옥에서 황제 앞에 끌려가 '그리스도인'이라는 죄목으로 사형을 언도 받았다. 이때 익나티우스가 박해로 인해서 죽음에 직면하자, 주변에서 순교를 하지 못하도록 권면하는 것에 대하여 순교의 의미를 밝혔다.

위에서 보는 바와 같이 익나티우스는 '순교'에 대한 유익함 곧 신앙과 구원의 유익함을 말하고 있다. 그러면서 이 '순교'를 '그리스도의 제자로서의 첫걸음'이라고 말하고 있다. 다시 말해서 '순교'는 제자의 마지막 삶이 아니라 실질적인 제자의 삶의 첫걸음, 곧 신앙을 지키는 것만이 신앙의 첫걸음이 됨을 말하고 있다. 여기서 '순교'는 일반적인 의미에서 '증거'의 개념이 아니라 '신앙을 죽기까지 지키는 것'이라는 개념으로 사용되고 있다. 다시 말해서 '말로 하는 증거'가 아니라 '삶으로 증명하는 증거'를 제시하고 있다.

'순교'는 초대교회와 로마시대에만 한정된 역사적·신학적 용어가 아니다. 이 용어는 보다 광범위한 의미에서 참된 진리와 참 하나님, 예수 그리스도에 대한 신앙과 인간의 의무, 곧 신앙(신념)을 지킬 의무를 지키려는 모든 신자들에게 적용되는 단어다. 그렇기 때문에 '순교'는 참된 신앙을 지켰는가의 문제가 더 중요하게 부각되어야 한다. 단순히 종교적인 죽음을 '순교'라고 하지 않는다. 이단의 죽음에 대하여 '마르튀스', '마르튀리아'를 사용하지 않는 이유가 있다.

존 칼빈(J. Calvin, 1509~1564)은 순교자들에 대해서 참된 성경의 교리들을 위하여 죽은 이들로 다음과 같이 말한다.

그렇게 많은 거룩한 사람들이 피를 흘려서 확증하고 증언하고 있으니 과연 얼마나 큰 확신을 갖고서 그 교리를 받아들여야 하겠는가? 그들은 일단 그 교리를 받아들인 후에는 용감하고도 대담하게, 심지어 큰 열정을 가지고, 그것을 위해서 죽기를 주저하지 않았다.[15]

칼빈은 성경의 교리를 지키기 위해서 죽기까지 신앙을 지킨 이들에게 "하나님을 향한 확고하고도 절실하며 진지한 열심을 갖고서, 죽음을 무릅쓰고 믿음을 증언했다는 사실"을 칭찬하고 있다.[16] 하지만 교황주의자들이 이 순교자들을 예배함으로 그들을 얼마나 모욕했는지를 아울러 언급하고 있다.

칼빈은 로마교회를 순교자들의 유해와 성인들의 유해, 영적인 은사들과 순교자들의 피로 거룩하게 구별된 교회라고 주장하는 교황주의자들을 신랄하게 비판한다.[17] 교회는 순교의 신앙이 요구되고, 순교의 신앙을 가진 순교자들에 대한 존중심을 가져야 하지만, 그렇다고 순교자들을 숭배하는 어리석은 타락에 빠지지 않아야 할 것이다.

순교의 신앙이 신자들이 그리스도의 제자가 되는 첫걸음이라는 견해는 로마시대의 교회에만 국한된 것은 아닐 것이다. 이는 이후 교회 역사 안에서 참된 신앙을 지키는 것이 지속적으로 중요한 의미를 갖고 있음을 의미한다. "한 알의 밀이 땅에 떨어져 죽지 아

---

15) J. Calvin, *The Institutes of the Christian religion*, I, 8, 13, 원광연 역, 《기독교강요. 상》 (고양: 크리스챤다이제스트, 2003), 106.
16) Ibid.
17) J. Calvin, *The Institutes of the Christian religion*, IV, 2, 2, 원광연 역, 《기독교강요. 하》 (고양: 크리스챤다이제스트, 2003), 46.

니하면 한 알 그대로 있고 죽으면 많은 열매를 맺느니라"(요 12:24)는 예수님의 말씀처럼, 순교는 교회 설립과 성장의 바탕이 되는 것이다. 실제로 교회의 터가 되었던 사도들과 선지자들은 대부분 복음을 전하면서 순교했다. 따라서 순교는 교회사의 어느 한 시기에 국한된 신앙의 형태가 아니라 모든 시기에 요구되는 신앙의 핵심적 요소라고 하겠다.

그리스도의 제자들이 있는 곳, 그리스도와 진리 그리고 인간의 신앙의 의무에 대한 증언이 있는 곳에서는 어디든지 순교의 신앙이 요구된다. 왜냐하면 순교는 적어도 초대교회의 신앙 안에서는 인간의 내재적인 의지의 문제를 넘어서 "오직 하나님에 의해 선택된 자들에게만 주어지는 특권"이라는 의식이 반영되어 있기 때문이다.[18]

중세기에 토마스 아퀴나스(Thomas Aquinas, 1225~1274)는 '마르튀리움' 곧 순교에 대해서 다음과 같이 지적하고 있다.

> 순교자들(martyrs)은 '증인'(witness)이라고 불린다. 왜냐하면 그들은 육체의 고통으로 말미암아 죽음에 이르기까지(unto death) 진리를 증언(witness to the truth)했기 때문이다. 그것은 다른 어떤 진리가 아닌 경건에 따르는(in accordance with godliness) 진리, 그리고 그리스도를 통해(by Christ) 우리에게 알려진 진리에 대한 것이다. 그리스도의 순교자들은 그분의 증언자들이다. 이 진리는 신앙의 진리(the truth of faith)이다. 모든 순교의 원인은 신앙의 진리다.[19]

---

18) J. L. Gonzalez, *The Story of Christianity*, 서영일 역,《초대교회사》(서울: 은성, 1987), 76.
19) Thomas Aquinas, *Summa Theologia*, II. Q124. art 5, ed by Benziger Bros(1947), trans. by Fathers of the English Dominican Province. http://dhspriory.org/thomas/summa/

토마스 아퀴나스에서 읽을 수 있는 것은 우선적으로, 첫째 '순교' 곧 '마르튀리움'(martyrium)을 '증언'(withness)으로 설명하고 있다는 점이다. 이미 중세 시기에 '마르튀리움'은 '증언'의 의미보다는 '순교'의 의미로 정착되었음을 알 수 있다. 그렇기 때문에 신학적으로 '증언'의 의미를 다시 부각시켜야 했던 것으로 보인다.

둘째는, 순교는 증언자들이며 이들의 증언은 반드시 진리에 관한 증언이어야 한다는 사실이다. 단순히 법정에서의 증인이 아니라 그리스도를 통한 진리, 그리스도를 통한 하나님에 대한 인간의 의무를 지키기 위해서 육체적 고통을 죽기까지 인내하는 증인을 말한다. 그리고 이 진리는 신앙의 경건에 의한 것을 의미한다.

끝으로 순교의 원인은 바로 이 신앙의 진리를 지키려는 실질적인 신자들의 행위를 말한다. 이것은 관념적이거나 추상적인 개념으로 고난을 의미하는 것이 아니라 육체가 직접 경험하는 고통과 죽음을 말한다. 다시 말해서 죽음에 이르는 모든 고통의 과정을 포함하는 것이며, 그 원인은 반드시 참된 교리에 따른 신앙의 진리여야만 한다.

비록 오리겐(Origen, 185~254년경)이 박해에 의한 고문의 결과로 죽었다고 하나[20] 그를 '순교자'라고 칭하지 않는 것은 죽음에 이르지 않았기 때문이다. 순교는 '죽기까지' 진리와 신앙의 의무를 다하는 가운데 실제로 죽어야만 한다는 조건을 가지고 있다.

'누가 순교자인가?'[21] 이상규 교수는 이 질문에 대해서 속사도

SS/SS124.html#SSQ124A5THEP1. 2016.9.10.
20) B. K. Kuiper, 《세계 기독교회사》, 김해연 역(서울: 성광문화사, 1980), 23. ; H. R. Drobner, 《교부학》, 하성수 역(경북: 분도출판사, 2003), 221.
21) 이상규, 《헬라 로마적 상황에서의 기독교》(서울: 한들출판사, 2006), 159.

교부들의 글 안에서 교회사적인 의미를 적절하게 정리하고 있다. 그 내용을 보면 아래와 같다.

> 첫째, 단지 '말 증인'이 아니라 자신들의 증언으로 고통을 감수한 '행위 증인'만이 진정한 순교자이다. 둘째, 순교는 하나님의 뜻에 부합해야 한다. 즉 하나님의 뜻이 순교를 정당화해야 하며, 하나님의 뜻과 자신의 뜻은 구분되어야 한다. 셋째, 순교를 피하는 것은 원칙적으로 가능하며 허용된다. 그러나 진정한 순교자는 자발적으로 순교하려 나서지 않으며, 그렇다고 순교를 적극적으로 피하지도 않는다.[22]

토마스 아퀴나스가 경건과 신앙을 부각시켜 순교를 이해했다면 이상규 교수는 '하나님의 뜻'이라는 문제를 부각시키고 있다. 중요한 것은 이 순교는 인위적으로 만들어진 것이 아니며, 참된 성경의 진리 안에 서 있어야 한다는 기본적인 관점은 공유하고 있다는 사실이다.

'순교'는 죽기까지 하나님의 진리와 신자의 의무를 다해야 하며 이는 구체적인 행위 곧 죽음이라는 실재적 사건이어야만 한다. 또한 이 죽음은 의도적으로 죽음을 선택하거나 혹은 의도적으로 죽음을 피하려는 인간의 노력을 허락하지 않음을 알 수 있다. 이런 의미에서 순교는 하나님의 뜻, 하나님의 섭리라는 중요한 문제를 안고 있다. 그리고 이것은 모든 교회 안에서 적용되는 신앙의 정신이다.

---

22) 같은 책, 160.

다시 말해서 고대와 중세에 국한된 신앙이 아니라 오늘날까지 지속되는 신앙의 모습이다. 이러한 의미에서 존 폭스(J. Foxe, 1517~1587)의 《세계 기독교 순교사》(Christian martyrs of the world, 1570)는 초대교회의 박해와 순교에 제한하지 않고 종교개혁 시기까지 그 영역을 확장해서 순교의 역사를 기록하고 있다.

이상의 내용을 정리하면, 교회의 역사는 교리의 역사인 동시에 그 교리를 지키는 참된 신자들의 역사다. 순교의 역사라고 말할 수 있다. 특히 이 순교가 인간의 의지가 아니라 하나님께서 주시는 특권이라는 초대교회의 신앙을 계승한다면 교회의 역사는 진정으로 하나님의 섭리의 역사임이 자명하다고 하겠다. 그리고 순교의 신앙은 그리스도의 제자로서 삶의 첫 발걸음이며 교회의 바탕이 된다. 이것은 현대 한국교회에서도 같은 순교의 신앙이 요구됨을 교회의 역사가 증명하고 있다고 하겠다.

'순교'는 '그리스도의 제자로서의 첫걸음'이며, '마귀의 괴롭힘' 속에서도 참된 신앙의 진리를 지키는 인내이자 영적인 씨름이다. 순교는 참된 진리와 참 하나님, 예수 그리스도에 대한 신앙과 인간의 의무를 지키려는 모든 신자들에게 적용되는 단어다. 이는 인위적인 것이 아니라 하나님의 뜻에 부합하는 것이며, 하나님의 섭리에 관한 것으로, 교회사의 가장 중요한 주제 가운데 하나라고 말할 수 있다. 교회는 이런 신앙을 지킨 이들에 대해서 언제나 존경을 표해야 할 것이다. 물론 어리석은 교황주의자들처럼 결코 순교자들을 모욕하는 영웅주의 신앙에 빠져서는 안 된다.

순교는 복음의 진리를 증거하다가 피 흘림의 죽음이 있어야 순교로 인정을 했지만 점차 그 개념이 확대되기 시작했다. 피 흘림의 죽음이 없는 경우에도 순교자로 인정을 하는 경우도 있다. 이상규 교수는 순교 개념의 확대에 대해서 다음과 같이 정리했다.

> 3세기를 거치면서 순교자는 피 흘림의 증거자일 뿐 아니라, 복음적인 삶, 곧 청빈, 순종, 정절 등 세상과 구별된 삶을 통해 그리스도를 증거하는 행위도 순교로 간주하는 영적 순교 개념이 대두되었다. 특히 박해의 시대가 종결되고 기독교에게 자유가 주어짐으로 피 흘림의 순교의 가능성이 상대적으로 소멸되자 이런 경향이 나타난 것으로 해석할 수 있다. [23]

실제로 순교를 당하지 않았지만 복음적인 삶을 살기 위하여서 고난을 당한 사람들까지도 순교자로 간주했다는 것이다. 그러나 엄격한 의미에서 순교자는 "항상 두 가지 요건, 곧 그리스도의 복음에 대한 공적인 증거와 그 증거로 인한 불가피한 죽음이라는 조건을 인정받아야 했다"[24]라고 한 것처럼 엄밀한 의미에서 순교라고 볼 수는 없다.

반대의 의미에서 피 흘림의 죽임을 당하였으나 복음 증거가 아닌 사회적 부조리나 자신의 신념을 위해서 투쟁하다가 죽임을 당한 사람들도 넓은 의미에서 순교자라고 할 수 있다. 이상규 교수는 그런 의미의 순교에 대해서 이렇게 정리한다.

---

23) 이상규, 『초기 기독교와 로마 사회』(서울: SFC출판부, 2016), 349.
24) 같은 책, 350.

과거의 순교자들은 종교적 불관용의 상황에서 자기가 믿는 바를 증거하고 수호하기 위해 순교자의 길을 갔으나, 이제는 사회적 부조리와 대항하여 싸우다가 희생자 혹은 순교자의 길을 갈 수 있다. 정치범으로 죽은 본회퍼나 흑인 해방운동을 위해 죽은 마틴 루터 킹의 경우가 그러하다. 이렇듯 오늘날에는 과거와 달리 다양한 형태의 희생자 혹은 순교자를 낼 수 있다. 따라서 순교 개념은 오늘의 상황에서 새롭게 정의될 수 있을 것이다.[25]

종교의 자유가 주어진 오늘날의 상황에서는 복음의 증거가 아닌 선한 일을 위해서 죽임을 당한 사람들도 일종의 순교자라고 정의할 수 있다고 순교를 넓은 의미에서 해석을 하고 있다.

피 흘림의 죽음은 없었다고 해도 복음을 위해서 살다가 고난을 당한 사람이나 복음의 증거는 없다고 할지라도 선한 일을 위해서 죽임을 당한 사람들까지도 넓은 의미에서 순교자로 간주할 수 있다는 것이다.

실제로 한국교회사에 있어서 순교자를 넓은 의미에서 해석하고 있다. 신앙을 위해서 고난을 당했으나 죽임은 당하지 않고 후일 그로 인해서 죽게 된 사람도 순교자라고 칭하고, 직접적으로 복음을 증거하고 사수하다가 죽임을 당한 것은 아니지만 목사로서의 임무를 담당하다가 불의의 사고로 죽음에 이르게 된 사람도 순교자라고 인정한다.

이들의 경우 다 하나님 나라를 위해서 복음을 위해서 고난을 당한 사람들이기 때문에 그들을 순교자라고 지칭하고 존경을 표

---

25) 같은 책, 358.

하는 것은 당연한 일이다. 다만 정확한 의미에서의 순교자는 예수 그리스도를 믿는 믿음을 수호하기 위해서 피 흘림의 죽음에까지 이른 사람이라고 해야 할 것이다.

양용근 목사는 넓은 의미의 순교자가 아니다. 그가 믿는 하나님 외에 다른 신을 숭배하는 것에 절대 반대하고 끝까지 신사참배는 물론 동방요배까지 거부함으로 죽음에 이른 순교자이다.

2. 신사참배에 관한 고찰

본서는 논리적인 순서에 따라서 먼저 '신사참배'와 관련된 일반적인 이해로부터 시작하려고 한다. 그리고 이 '신사참배' 문제가 한국교회 역사 안에서 일으킨 중대한 사실을 확인함으로 교회사적으로 '신사참배'에 대한 의의를 재확인하고자 한다. 끝으로 이 '신사참배'의 문제를 성경적으로 재고함으로 한국 교회사의 의의를 평가하고자 한다.

1) 신사참배에 관한 일반적 고찰

신사(神社)란 일본 종교 가운데 하나인 신도(神道)의 사원 혹은 신도 의식을 집행하기 위한 장소를 지칭한다.[26] 그렇기 때문에 신

---

26) 이상규,《한국교회 역사와 신학》(서울: 생명의 양식, 2007), 191.

사를 참배(參拜)²⁷⁾한다고 함은 그 신사에서 거행된 의식인 신도에 참여함을 의미한다. 그렇기 때문에 일반적인 고찰의 차원에서 신사에 대한 이해는 일본 종교인 신도에 대한 이해를 선행한다고 하겠다.

신도에 관해서는 일반적으로 일본의 토착적 종교로서 국가적 신들을 섬기는 것으로 본다.²⁸⁾ 중국의 불도(佛道)가 일본에 들어가면서 불도와 구별하기 위해서 생긴 명칭이 신도라고 한다. 하지만 일본의 기본적인 종교적 형태는 불도가 국가적인 지위를 얻었고, 신도는 일본의 토착적인 형태로 국가적인 지위를 얻지는 못했다.

신도에 대한 구체적인 기원은 분명치 않다. 단지 원시종교들이 흔히 하듯이 일본의 신도 역시 애니미즘(animism)²⁹⁾이나 토테미즘(totem-ism),³⁰⁾ 샤머니즘(shamanism),³¹⁾ 정령숭배,³²⁾ 자연숭배 등의 형태에서 기원했을 것으로 추론한다. 이러한 원시적인 종교 형태가 사라지지 않고 점차 일정한 의식을 구비하고 사상적인 측면을 주

---

27) 참배(參拜)의 국어사전적 의미는 '신 혹은 그에 준하는 대상에게 절하는 것'을 의미한다. 또 다른 의미에서는 '무덤이나 기념비 따위의 앞에서 경의나 추모의 뜻을 나타내는 것'을 말한다. 다시 말해서 종교적인 형태나 혹은 죽은 자들에 대한 추모의 뜻을 가지고 있다.
28) 김해연, 《한국 교회사》(서울: 성광문화사, 1997), 261.
29) 자연계의 모든 사물에는 생물이든 무생물이든 간에 특정한 생명의 힘(anima) 곧 '영혼'(anima)이나 '정신'에 해당하는 것이 있다고 생각되어 그를 신앙의 대상으로 삼는 종교 형태를 말한다.
30) 원시사회에서 부족 또는 씨족과 특별한 혈연관계(기원)가 있다고 믿어 동식물 또는 자연물을 신성시하는 종교 형태를 말한다.
31) 무속(巫俗)신앙을 말하며, 원시적 종교 형태의 하나다. 신령(神靈)이나 악령(惡靈) 등의 초자연적 존재와의 교류는 중간 매개적 존재인 무속(巫俗), 무당(巫堂)에 의해서 주술적, 마술적 행위를 믿는 신앙을 말한다.
32) 사람이나 동물에게 생명의 힘인 정령이 있다고 믿으며, 이런 자연물의 정령이 인간 생활에 중대한 영향을 끼친다고 믿는 종교적 형태를 말한다. 이 정령은 살아 있는 인간에게 영향을 미치기 때문에 그들에 대한 섬김이 요구되는 것을 믿는다.

변 사상에서 빌려옴으로써 발전한 형태로 보인다.[33] 이런 의미에서 《종교연감》(宗敎年鑑)에서는 일본의 신도를 일본 민족의 고유한 신 혹은 신령에 대한 신념을 기반으로 발생한 종교 전체를 총칭하는 것으로 본다.[34] 뿐만 아니라 신도는 종교적인 형태로 일본인 사이에서 전통적인 종교적 실천뿐만 아니라 널리 생활 속에 전승되어 온 태도나 사고방식까지를 함의한 것으로 본다.[35]

일본 신도는 불도와 구별된 개별적인 일본 토착종교로, 이후 유학(儒學) 곧 유도(儒道)가 일본에 들어옴에 따라서 이를 일본식으로 적극적으로 수용한다. 신도는 중국 송학(宋學)36)과 도교(道敎) 및 음양오행설(陰陽五行說)을 도입하여 신도의 체계를 설명하고 발전시키려는 노력을 이어왔다.[37] 하지만 일본의 제일 국교는 여전히 불도였다. 유도에 학문적으로 제한되게 이해되어 실천이 없는 유도에 머물렀다. 반면에 불도는 일본 전체에 깊은 영향력과 삶을 주도했다. 물론 이와 구별되는 신도(神道) 역시 일본의 민간에서 명맥을 이어왔으나 정치적으로는 여전히 불도(佛道)가 주도를 했다.

원시종교와 이후 종교철학이 접목된 신도(神道)가 급성장하게 된 것은 고잇신(御一新) 곧 메이지유신(明治維新)으로 알려진 일본의 개혁운동에서 비롯된다.

---

33) 国学院大学日本文化硏究所,《神道事典》(東京: 弘文堂, 1999), 2.
34) 文化庁,《宗敎年鑑》(1997), 우아미, "신도(神道) 문화와 연중행사에 관한 연구"(석사: 경희대학교 교육대학원, 2011), 8, 재인용.
35) Ibid.
36) 송학(宋學)은 중국 송나라 때의 학문으로 유가(儒家)를 불교의 가르침으로 재해석하는 과정에서 발생한 학문체계다. 이후 남송(南宋) 시기에 주자에 의해서 더욱 발전해서 이를 주자학(朱子學)이라고 한다.
37) 末木文美士,《일본 종교사》, 백승연 역(서울: 논형, 2009), 113.

사실상 일본의 천황은 명목상의 지위였고 에도 막부에 의해서 국정이 이루어졌다. 에도 막부는 쇄국을 단행하고 고립적 정책을 사용했으나 이미 중국은 서양 열국에 의해서 침탈당하고 있던 상황에 결국 일본 막부도 서구 열강에 의해서 1854년 미일화친조약을 맺었고, 이후 1858년에는 미국을 비롯하여 영국, 러시아, 네덜란드, 프랑스와 굴욕적인 통상조약인 안세이(安政) 5개국 조약을 체결하게 된다.

이로 인해서 300여 년이나 내려오던 도쿠가와 막부가 막을 내리고 일본 천황이 정권을 장악하고 명치천황(明治天皇)이 정국을 지배하게 된다. 이 과정에서 열국에 대한 개방을 통해서 자신의 정권을 안정시키는 동시에 막부가 신봉하던 불도(佛道)를 제거하고 신도를 새로운 정치이념으로 부각시켰다.

이 과정에서 신도는 새로운 사상인 서구의 기독교를 적극적으로 수용했다. 기본적으로 신도에는 원시적인 종교 형태만 있기 때문에 고차원적인 정신세계는 불도(佛道), 유도(儒道), 도교(道敎) 등에서 빌려왔었다. 이제 명치 황제 때에 강한 서구 열국의 종교인 기독교를 신도에 적극 수용함으로써 새로운 신도를 만들었다.

메이지유신은 기본적으로 유럽의 선진적이고 발전적인 체계를 일본으로 이식하려고 노력했으며, 이 과정에서 이토(伊藤博文, 1841~1909)는 에도 막부 시대 한계를 극복하는 것으로 유럽의 근대 사회를 지탱하고 있는 것이 바로 기독교라는 사실을 간파하게 된다.[38] 이에 유럽의 기독교와 일본 역사서인 《일본서기》(日本書紀)를

---

38) 小室直樹, 《日本人のための宗敎原論》(東京: 德間書店, 2000), 380.

바탕으로 천황을 신격화하여 일황(日皇)은 현인신(現人神)으로 신봉된다.

1868년 일본은 신지관(神祇官) 곧 신사를 관리하는 관리를 재흥한 이래 국가적 지위에 있던 불도를 배척하고 신도의 중심인 신사 중심을 확립했다.[39] 이는 1868년 메이지유신 때부터 제2차 세계대전이 끝날 때까지 일본의 정식 국교가 신도였음을 뜻하는 것이다.

1889년 일본 헌법에는 종교의 자유를 보장하고 있다. 하지만 신사에서 참배하는 것을 모든 일본인의 애국적인 임무로 간주했으며 이에 따라서 그리스도교, 불교 및 일본의 교파신도(敎派神道) 신자들 등도 예외 없이 신사에 참배할 것을 법으로 정했으며, 10만 개가 넘는 신사에 대한 행정은 정부가 맡았고 신도 수양을 가르치는 수신(修身) 과목은 학교의 필수과목으로 정해 일황의 신격화를 선전했다.

이는 일본이 대외적으로는 신앙의 자유를 허용하는 문명국가임을 보여주고, 대내적으로는 신도 이념을 근간으로 천황을 중심으로 한 신도 국가주의(Shinto Nationalism)를 형성하기 위한 조치였다.[40]

일본은 헌법상으로는 신앙의 자유나 정교분리(政敎分離)의 원칙을 명문화하지만 동시에 신도를 국가의 제사(祭祀)로 규정하여 현실적으로 헌법이 일황의 신격화에 근간이 된다. 동시에 교육제도를 통해서 그리스도교를 수용한 일황의 신격화인 현인신(現人神)을 국체(國體), 국민의 도덕의 중심에 놓는다. 이렇게 해서 이른바 헌법에서 규정한 정교분리의 비종교성 문제를 초종교(楚宗敎=非宗

---

39) 양낙홍,《한국장로교회사》(서울: 생명의 말씀사, 2008), 176.
40) 이상규,《한국교회 역사와 신학》, 191.

敎)로 만들었다.[41]

신사참배의 문제에 있어서 신사 곧 신도의 의식이 이행되는 장소는 단순히 고대의 신들과 자연의 세력을 신격화로 섬기거나, 태양신을 주신(主神)으로 하여 달이나 별과 같은 천체를 신격화한 것 이상의 의미가 있다. 이것은 정치적으로는 일본 근대화를 위한 작업인 동시에 종교적으로는 그리스도교 신앙을 타락시킨 것이다.

일본 천황권 강화와 관련한 신도(神道)는 천황 자신과 그의 조상들을 신격화하여 천조대신(天照大神) 곧 태양신으로 숭배하는 신앙 양태로 굳어지게 되었고,[42] 여기서 일황은 그리스도를 대신하는 현인신(現人神) 곧 현재하는 신이자 인간으로 믿어질 것을 교육하고 강요했다.

신도가 인간이시며 하나님이신 그리스도에 대한 신앙을 그대로 일황에게 적용하여 그를 현인신(現人神)으로 신앙의 대상으로 삼았고, 그 의식이 신사(神社)에서 거행되었다. 그리스도인들에게 이런 신사에 참배할 것을 요구하는 것은 그리스도와 적그리스도를 겸하여 섬기라고 하는 것이다. 따라서 신사참배는 우상숭배로서 적그리스도에 대한 참배와 다름이 없다.

---

41) 삿사 미츠아키(左左充昭), "한국 근대에 있어서 신종교와 국가 신도의 상극-식민지기의 공공권을 중심으로",《근대 한국과 일본의 공공성 구상 2》(경기: 한국중앙연구원 출판부, 2015), 160~161.
42) 허순길,《한국장로교회사》(서울: 대한예수교장로회(고신) 역사편찬위원회, 2002), 226.

2) 신사참배에 관한 교회사적 고찰

신사참배에 대한 것은 한국 교회사 학자들이 깊이 있는 연구와 진지한 탐구를 통해서 어느 정도 진실을 규명했다고 할 수 있다. 본서에서는 교회사적인 관점에서 신사참배에 대한 주요한 신학적인 논쟁을 찾아서 이를 고찰하고자 한다.

일본은 제국주의, 군국주의를 추구하여 조선을 식민지화하였다. 이 과정에서 일본은 조선 기독교에 대해서 적대적인 정책을 유지했다.[43] 이는 기독교가 신도(神道)를 바탕으로 한 일본 제국주의 정책에 방해가 될 것으로 예상했기 때문일 것이다. 사실 조선 교회의 많은 지도자들과 독립을 열망했던 사람들은 단순히 교회 내의 신앙생활뿐만 아니라 조선의 독립을 위한 여러 가지 운동에 관여하였다.[44]

일본 제국주의는 일본과 조선을 하나의 국가라고 강조하는 내선일체(內鮮一體)의 구호를 걸고, 일본 천황에게 절대 충성하는 황국(皇國)의 백성이란 황국신민(皇國臣民)을 주장함으로써 조선의 민족사상을 제거하려 하였다. 이를 위해서 일본 신도(神道)를 조선에 뿌리내리게 하는 것은 대단히 중요한 문제였다.

조선의 종교를 일본 신도(神道)로 바꿀 수 있다면 조선의 지배를 영속적으로 이끌 수 있다고 믿었다. 일본 제국주의에게 중요한 것은 조선의 개종이었다. 그것이 유교(儒敎)이든 혹은 불교(佛敎)이든 아니면 기독교이든 상관없이 모두 하나의 종교, 하나의 국가,

---

43) 김영재,《한국 교회사》, 157.
44) 김영재,《한국 교회사》, 157.

하나의 황제의 백성으로 만드는 것이 당면 문제였다.

일본의 오오야마(小山文雄)는 조선총독부의 위촉으로 《신사와 조선》(神社と朝鮮, 1934)에서 다음과 같이 신사참배의 의미를 밝히고 있다.

> 우리들의 조선은 신에 대한 열렬한 신앙을 그대로 황실 존중 위에 옮겼다. 씨족조신(氏族祖神)의 존중은 바로 황실 존중에 귀일된다. 이에 천왕은 현인신(現人神)이다. 이 국민적 감격, 국민적 신앙에 비로소 세계에 관련된 만세일계제제(萬歲一系帝制)를 확립할 수 있었다. 이 신념이야말로 금일 국운융흥의 기초를 열었다. 누가 선인(先人)의 유업을 추앙치 않고 누가 조상(祖先)의 위덕을 찬양치 않으랴. 이것이 종교라 칭할 수 있다면 참으로 세계에 비류 없는 위대한 종교가 되지 않으면 아니 된다.[45]

일본 정부가 일본 백성뿐만 아니라 조선 백성까지 신도(神道)라는 종교로 통합하고자 하였음을 알 수 있다. 특히 일황을 현인신(現人神)으로 신봉하게 하는 종교적 신념을 유도하는 것이 기본 목적임을 알 수 있다. 이는 일본인들은 한국 교인들에게 '하나님의 자녀임과 동시에 일본 천황의 신민(臣民)'임을 믿도록 하려는 것이었다.[46]

이는 분명히 "신도(神道)라는 일본 종교를 가지고 천황 중심주의의 이념적 통일을 꾀하려는 시도"였음을 보여주는 것이다.[47] 물론

---

45) 김해연, 264, 재인용.
46) 김영재, 《한국 교회사》, 163.
47) 이상규, 《한국교회의 역사적 흐름》(서울: 총회출판국, 1995), 61.

신사참배만이 문제가 되는 것은 아니다. 일본은 일황(日皇)이 있는 동쪽 곧 조선의 동쪽에 있기 때문에 동쪽을 향해 절(拜)하도록 요구하는 동방요배(東方遙拜)와 일본 국기를 게양할 것을 요구했다.[48]

일본 제국주의는 1919년 신도 종교의 조선 본산이 될 거대한 신사(神社) 건설을 남산에 착공했다. 이후 1925년 이를 준공하여 조센징구(朝鮮神宮)라고 이름 짓고, 태양신 '아마데라스 오미가미'(天照大神)와 일본 황실의 제조상과 명치천황(明治天皇)에게 헌당하였다. 총독부는 이로부터 조선의 방방곡곡에 신사를 건립하고 조선민들에게 이 신사를 참배(參拜)하도록 했다.[49] '절한다'(拜)는 뜻은 그것에 순복(順服)하여 복종한다는 뜻이다.[50] 다시 말해서 공경함이 지극한 것을 순복한다(服也)고 하고, 절하는 것(拜)이 바로 순복한다는 것이다. 순순히 복종하는 순복의 뜻으로 절을 하는 것이다.

참(參)이란 대상에 대한 덕망이나 인품을 사모해 우러러보고(景仰) 엄숙하게 알현하기 위해서 앞으로 나아가는 것(莊嚴進見)을 말한다. 그래서 참배(參拜)라고 하는 것은 그 대상에 대하여 엄숙하게 알현하기 위하여 자신이 우러러보고 순종한다는 의미에서 절을 하는 것을 뜻한다. 이는 일본 신도(神道)가 일황(日皇)에 대하여 순순히 순종할 것을 다짐하는 의미에서 절할 것을 요구하는 것을 드러낸다. 얼핏 보면 이것은 종교적인 우상숭배가 아닌 것같이 보인다. 그러나 일황이 단순히 통치자가 아니고 신적 존재라고 했기 때문에 우상숭배가 되는 것이다.

---

48) 같은 책, 62.
49) 김영재,《한국 교회사》, 203. ; 허순길,《한국장로교회사》(서울: 대한예수교장로회(고신) 역사편찬위원회, 2002), 226.
50) 敬之至也. 服也. 拜, 服也.《禮記》「郊特生」.

조선총독부는 1932년에 이르러 평양의 기독교 학교에 일본 천황과 만주사변(1931)에서 죽은 일본 장병을 참배하는 의식에 참여하도록 본격적으로 강요하기에 이른다.[51] 이에 평양의 학교 측에서는 이 의식이 순전히 애국적인 것이라고 설명하고 학생들에게 참배를 독려하였다.[52] 여기서 중요한 논점은 이 행위가 종교적인 의식이 아니라 국가적인 의식이라는 점을 강조하는 것이다.

　　그러나 죽은 영령들을 참배하는 것은 종교적인 의식이 아니라고 할 수 없을 것이다. 이러한 명분으로 일본 제국주의는 신사참배를 강요했고, 조선 개신교회는 1930년대 중엽부터 1945년 해방이 되기까지 일제의 신사참배(神社參拜)로 말미암아 혹독한 시련을 겪었다.[53]

　　1935년 12월 13일 조선에 주재하는 미국 북장로교 선교회 임원회에서는 신사참배를 반대하는 결의를 하였다.[54] 여기서 선교회는 신사참배가 단순한 국가의식의 문제가 아니라 종교적 의식임을 직시했다고 할 수 있다. 반면에 가톨릭 교황주의는 전혀 다른 결정을 내리게 된다.

　　1936년 6월 5일자로 교황 비오(Pius 12세, 재위: 1939~1958)는 칙령을 하달했는데 일본과 한국 및 만주에 있는 감독들에게 "가톨릭 신자들은 국가의식에 참여해도 무방하니 이는 기독교에 욕 돌리는 것이 아니다"라는 결정을 내렸다.[55] 이것은 순전히 일본의 주장

---

51) 김영재, 《한국 교회사》, 203. ; 김해연, 265.
52) 김영재, 《한국 교회사》, 203~204.
53) 김영재, 《한국 교회사》; 허순길, 225.
54) 김영재, 《한국 교회사》, 206.
55) 김영재, 《한국 교회사》, 207. ; 김해연, 268.

을 수용한 것으로 신사참배는 종교의식이 아니라 애국주의, 국가의식이라는 주장을 수용한 것이다. 사실상 한국에 주재한 가톨릭 신부들은 신사의 문제를 정치적으로 이해했음이 분명하다. 그들은 신사참배를 거부하는 가톨릭 교인들이 정치적으로 일본 정부에 저항하는 것으로 오해 받는 것을 걱정하고 있었고, 이로 인해서 선교의 길이 막히는 것을 걱정하고 있었다.[56]

이와 같이 가톨릭은 신사참배의 행위를 종교적으로 이해하지 않도록 천천히 교육할 것과 애국적인 행위에 동참할 것을 결정했다. 여기서 신사참배가 종교적 행위인가 아닌가에 대한 대립적인 견해 차이가 미국 장로교와 가톨릭 사이에 발생한다.

한편 신사참배 문제를 두고 자유주의자들은[57] 타협을 통한 적응의 길을 찾았고, 장로교 이외의 교회와 선교회는[58] 좀 더 현실적인 선교 사업과 기구적인 교회의 존립에 관심을 두었다. 자유주의 개신교 측의 이런 입장은 로마 가톨릭 측의 입장과 완전히 동일한 것으로, 일본 제국주의 입장을 그대로 수용한 것이라고 말할 수 있다. 그러나 일본 제국주의는 신도(神道)라는 종교에 대한 신념으로 종교적으로 참배하여 일본의 정치적 인정을 도모했음이 분명하다. 결국 애국주의라는 기만적인 주장을 수용하여 현실적인 타협점을 찾는 것이 자유주의 개신교 측의 입장과 로마 가톨릭 측

---

56) 이정순, 《모리스 몬시뇰이 드라우트 신부에게 보낸 서한, 1935. 6. 12》(서울: 영원한 도움의 성모 수녀회, 1994), 366.
57) 본서 각주 4번 참조. "성경에 순종하기보다는 인간의 가치와 문화를 더 중시하는 관점을 강조한 자유주의."
58) 감리교는 혁신조항을 통해서 일제에 협력하였고, 안식교, 성결교 등은 해산성명서를 내고 일제에 충성을 맹세했다. 김승태, 《일제강점기 종교정책사 자료집》(서울: 한국기독교역사연구소, 1996), 377~385 참조.

의 입장이었다고 하겠다.

그 반면에 장로교회와 그 선교회들은 개혁주의 신앙고백이 강조하는 대로 하나님의 말씀을 믿는 신앙을 고수하려고 하였다. 이들은 현실적이고 합리적인 사리를 따라 결정을 짓지 않고 성경에 있는 대로 하나님의 말씀을 좇아 하나님의 주권과 섭리를 믿는 신앙으로 결정했던 것이다.[59]

1938년 2월 일본 제국주의는 신사참배를 거부하고 버티는 장로교회를 꺾기 위하여 총력을 기울였다. 그 일환으로 일제(日帝) 총독부는 모든 노회원들에게 노회 개회 전에 먼저 신사(神社)에 가서 참배(參拜)부터 해야 한다고 명령을 내렸다. 그해 2월부터 9월 총회가 열리기까지 전국의 23개 노회 가운데 17개 노회가 일제가 지시하는 대로 굴복하고 말았다.[60]

전체 73.9% 가량의 노회가 신사참배를 찬성한 이유에 대해서 일제의 압력과 총회장 안팎에서의 감시, 위협이 컸던 것이 사실이다. 하지만 장로교회 내부에서 신사 불참배 반대의지가 약화된 이유도 무시할 수 없다.[61] 불법적으로 신사참배를 가결한 장로교 총회의 가결에 대하여 방위량(William N. Blair, 1876~1970), 한부선(Bruce F. Hunt, 1903~1992) 선교사 등이 항의했으나 역부족이었다.[62] 신사참배 가결 이후에 발표한 성명서의 내용을 보면 아래와 같다.[63]

---

59) 김영재,《한국 교회사》, 210.
60) 같은 책, 212.
61) 이상규,《한국교회의 역사적 흐름》, 65.
62) 같은 책.
63) 같은 책, 65~66 재인용.

아등(我等)은 신사(神社)는 종교가 아니오, 기독교 교리에 위반하지 않는 본의를 이해하고 신사참배가 애국적 국가의식임을 자각하며, 이에 신사참배를 솔선 여행하고 추히 국민정신 총동원에 참가하여 비상시국하에서 총후(銃後) 황국신민으로 적성(赤誠)을 다하기로 기(期)함.

소화(昭和) 13년 9월 10일
조선예수교장로회 총회장 홍택기

일본 연호 소화(昭和) 13년은 주후 1938년을 말한다. 1938년 장로교의 결정 내용은 로마 가톨릭이나 자유주의 입장에서 읽을 수 있는 바와 같이 애국주의라는 기만적인 주장을 그대로 받아들인 것이다. 이 결정에 대해서 대부분의 신사참배 반대자들은 보수적이며 개혁주의 신앙을 소유한 장로교인들이었다.

보수적이며 개혁주의 신앙을 지킨 장로교 신자들은 성경을 하나님의 말씀으로 믿으며 신앙과 생활의 절대적 표준으로 믿었다.[64] 그렇기 때문에 신사참배는 의심의 여지 없이 하나님의 십계명의 첫째와 둘째 계명에 위배되는 우상숭배로 명확하게 인식했다.[65] 여기서 중요한 점은 신사참배 의식을 우상숭배로서 종교적인 것으로 인식하는가, 아니면 애국적인 국가의식으로 인식하는가의 차이점이 아니다. 문제의 핵심은 국가주의, 이교적인 애국주의 행위 자체가 참된 신앙과 신앙의 진리에 위배되었을 때에 여전히 애국주의를 주장할 수 있는가 하는 것이다. 결국 신앙의 진리에 위반된 애국주의에 대해서도 순종해야 하는가, 혹은 국가에 대항

---

64) 김영재, 《한국 교회사》, 219.
65) 같은 책, 219~220.

할 것인가의 문제인 것이다. 이것은 정치적 운동이 아니라 순전히 신앙의 문제다.

개혁신앙과 보수신앙을 가진 장로교 신자들은 신사참배 불참에 대한 강한 의지를 반영했으며, 교회의 과업을 진리와 신앙의 자유를 위하여 싸우며 고난을 감수해야 하는 것으로 인식했다.[66]

신사참배 강요에 대한 한국교회 지도자들의 태도는 크게 세 가지로 나눌 수 있다. 첫째는 신사참배는 우상숭배와 같은 죄이므로 순교적 각오로 반대하는 입장이다. 둘째는 일제의 탄압과 박해를 이기지 못하고 마지못해 신사참배를 용인하는 입장이다. 끝으로 일본 측의 입장을 수용해서 신사참배를 국가의식으로 보고 신사참배를 허용하는 입장이다.[67]

결국 신사참배에 관한 입장은 단 두 가지로, 하나는 순교적 각오 아래에서 반대하는 것이며, 다른 하나는 현실과 타협하여 신사참배를 허용하는 것이다.[68]

3) 신사참배에 관한 성경적·신학적 고찰

일제의 신사(神社)는 신도(神道)의 예배 장소였으며, 그곳에는 태양신으로 알려진 아마테라스(天照: あまてらす)를 비롯한 일본 제국의 신들을 조선의 곳곳에 배치하여 종교적 참배 곧 신들에 대한 순복(順服)을 요구했다. 일본의 신도에서는 아마테라스와 더불어

---

66) 같은 책, 221.
67) 이상규,《한국교회의 역사적 흐름》, 68.
68) 같은 책.

신격화된 일황의 조상들 및 일황, 그리고 일본의 애국자들 및 전쟁 전사자들이 신격화되어 참배의 대상이 되었다.[69] 이는 신사참배가 애국적인 국가행사 이상의 제국주의, 국가주의 및 종교적인 문제를 안고 있음을 분명히 보여준다. 그리고 이는 십계명에서 제1계명과 제2계명에 대한 위반임이 분명하다.

앞에서도 살펴보았지만 이 신사에 대한 태도는 두 가지로 양분되고 있다. 하나는 우상숭배라는 분명한 인식이고, 다른 하나는 이 문제를 국가행사라는 의미에서 종교적인 문제와 결부시키지 않으려는 현실적인 타협의 길이다. 결국 신사참배의 신학적 문제는 우상숭배인가 국가적 행사인가의 문제가 아니라, 국가적 행사가 이교적일 때에도 교회는 그 국가 권위에 순종해야 하는가의 문제다. 다시 말해서 교회의 저항권에 관한 문제라고 할 수 있다.

신사참배가 우상에게 절하는 것이라는 명백한 사실을 다시 언급하는 것도 의미가 있겠지만 본서는 순교의 관점 곧 참된 신앙의 진리를 죽기까지 지킨다는 교회가 가진 저항권에 관하여 고찰하고자 한다.

국가 권위가 교회에게 '국가적 행사' 혹은 '애국주의적 행위'라는 명목으로 정치와 종교를 혼합한 형태에 참여할 것을 요구할 때에도 순종해야 하는가? 아니면 교회는 신앙의 진리를 위하여 죽기까지 국가 권위에 저항할 권리가 있는가? 아니 저항해야만 하는가의 문제를 확인하고자 한다.

또한 십계명 곧 율법의 행위가 복음의 교회 안에서 어떤 의미

---

69) 박규태, 《일본의 신사(神社)》(파주: 살림, 2005), 18.

가 있는지를 확인할 필요가 있다. 왜냐하면 신사참배의 문제는 십계명 가운데 제1계명과 제2계명에 대하여 순종하지 않은 것이기 때문이다.

여기서는 먼저 율법의 의미에서 간략하게 살펴본 이후에, 국가의 권위가 부당하게 우상에게 절하여 순복할 것을 맹세(서원)하도록 하는 행위를 교회가 거부해야만 하는가에 관하여 살펴보고자 한다.

성경을 보면 사도 바울은 "형제들아 나는 그가 대제사장인 줄 알지 못하였노라 기록하였으되 너의 백성의 관리를 비방하지 말라 하였느니라"(행 23:5)고 가르쳐 주고 있다. 성경은 기본적으로 국가 권위에 대하여 인정할 것을 권면하고 있다. 비록 그것이 세속적이며 악한 정부라고 하여도 그 권위를 인정해야 한다. 왜냐하면 그것은 인간이 세운 것이 아니라 하나님의 섭리 가운데 세워진 것이기 때문이다.

사도 바울은 "각 사람은 위에 있는 권세들에게 복종하라 권세는 하나님으로부터 나지 않음이 없나니 모든 권세는 다 하나님께서 정하신 바라 그러므로 권세를 거스르는 자는 하나님의 명을 거스름이니 거스르는 자들은 심판을 자취하리라"(롬 13:1~2)고 말했다. 교회는 비록 악한 국가 정부 아래에 있다고 하여도 그 권위에 정치적으로 반역할 것이 아니라, 자신의 죄를 회개하며 하나님께 도움을 간청하는 것이 옳다는 입장이다.

칼빈은 사도행전 23장 5절에 대한 주석에서 다음과 같이 지적하고 있다.

우리가 통치자에게, 비록 그가 폭정(暴政)을 행사할 때라 해도 무조건 복종해야 하는지의 문제가 일어난다……비록 세상의 정치와 세속적인 주권이 무질서하고 부패되었다 해도 나는 세속적인 통치자와 교회의 지도자(praesules) 사이에는 확실한 차이가 있다고 대답하겠다. 그러나 주님께서는 있는 그대로 남기기 위해 그것에 복종을 원하신다. 그러나 영적인 지배가 신자들의 양심을 타락시킨다면, 그 부당한 주권에 대해서는 복종하지 않아도 된다. 더구나 거룩한 것에 대한 불경건하고, 세속적인, 원수들이 구원의 교리를 파멸시키기 위해 제사장직의 칭호를 갖고 거짓되게 가식할 때 그렇고, 하나님 스스로가 질서를 만드신 그 주권을 그들이 타락시킬 때 그러하다.[70]

칼빈은 기본적으로 "아무리 사악한 폭군이라 할지라도 그를 주께서 그에게 정해 주신 그 위치에 놓고 인정하기를 주저하지 말아야 할 것"이라고 주장한다.[71] 칼빈은 다니엘을 인용하면서 하나님께서 세속적 주권을 실질적으로 통치하심을 강조하고 있다.[72] 하지만 그 사악한 국가 권위가 경건에 관하여, 참된 신앙의 진리를 밝히는 교리를 파멸하고자 한다면, 하나님의 질서를 타락시키려고 할 때에는 복종하지 않아도 됨을 인식하고 있다.

그는 종교적인 문제에 있어서만큼은 결코 타협적인 태도를 용납하지 않았다. 아무리 생명의 위협 속에서라도 신앙의 참된 진리를 떠나서는 안 될 것이며 끝까지 불복종해야 하며, 박해를 원하지 않는다면 차라리 조국을 떠나 망명할 것을 요구했다.[73] 하나님

---

70) J. Calvin, 《사도행전 II》(서울: 성서교재간행사, 1982), 305.
71) J. Calvin, *The Institutes of the Christian religion*, IV, 20, 26.
72) Ibid.
73) 이은선, 《칼빈의 신학적 정치 윤리》(서울: 기독교문서선교회, 1997), 201~202.

께 복종하지 않는 세속 권세는 왕이 아니라 강도이며, 결국 하나님께서 그 권위를 박탈하실 것이다. 신자들은 이런 권위에 복종할 의무는 없다고 보았다.[74]

이교적 국가행사에 저항하는 선지자 다니엘의 이야기는 신사참배 불참에 대한 분명한 성경의 가르침이다. 이에 대해서 다니엘 3장을 보면, 느부갓네살 왕 신상을 만들어 절하게 하였다(단 3:5). 여기서 '신상'(צלם)은 종교적인 의미뿐만 아니라 정치적으로 통치자 느부갓네살 자신을 반영한 것이다.[75] 바벨론 왕들은 자신들을 마르둑의 대리자로 여겼다.[76] 이는 바벨론의 느부갓네살뿐만 아니라 앗수르의 왕들이나 이후 헬라 왕들에게서도 발견되는 특징으로, 신상은 왕 자신의 지배를 상징한다.[77]

이는 일본의 신도(神道)와 그 신도의 신들을 안치한 신사(神社) 건립과 같은 개념이다. 신상 곧 우상(צלם)은 정치적인 동시에 종교적인 성격을 분리할 수 없다. 결국 느부갓네살이 세운 우상에게 절을 하는 것은 곧바로 그 지배자인 느부갓네살 자신에게 절하는 것과 같은 뜻으로 이해된다. 이는 종교적 우상에게 절하지 않는 것은 정치적으로 왕에게 도전한다는 의미를 내포한다. 이는 정교분리(政敎分離)의 원칙이 지켜지지 않는 곳에서는 우상에게 절하는 종교적인 문제와 그 정치적인 성격을 분리하려는 것은 불가능함을 뜻하는 것이다.

---

74) 같은 책, 206.
75) John E. Goldingay, *Daniel: Word biblical commentary*, vol. 30(Dallas: Word Books, 1989), 70.
76) Norman Porteous, *Daniel*(1979), 박철우 역, 《다니엘》(서울: 한국신학연구소, 1994), 63.
77) John E. Goldingay, 70.

앞에서 살펴본 바와 같이 일본의 신사의 경우는 정교분리의 원칙이 지켜지지 않는 곳이다. 그러므로 신사참배의 문제를 정치적 행위라고 운운하는 것은 자기 기망(欺罔)에 불과할 뿐이다.

느부갓네살은 자신의 통치적 권위를 강조하기 위해서 만약에 "누구든지 엎드려 절하지 아니하는 자는 즉시 맹렬히 타는 풀무불에 던져 넣으리라"는 명령을 함께 내렸다(단 3:6). 이러한 잔혹한 법은 앗수르나 바벨론, 그리고 이후 헬라에서도 간간이 발견되는 처벌이다. 이러한 잔혹한 처벌을 내리는 이유는 왕이 세운 신상에 절하지 않는 것을 국가에 대한 반역과 동등한 것으로 간주했기 때문일 것이다.[78] 비록 국가적인 행사라고 하여도 참된 신앙의 진리를 가진 사드락과 메삭과 아벳느고는 절하지 않았다(단 3:12). 이는 결국 국가적 행사에 참여하지 않은 것으로 왕에게 끌려오게 되었다(단 3:13).

칼빈은 느부갓네살의 인격에 대해서 "왕들이 어떻게 교만으로 부풀어 올랐는지, 그들이 경건에 대한 다소의 열정을 가진 척하고, 모든 사람들이 모든 명령에 복종하기를 기대하면서도, 실제로 하나님에 대한 아무런 공경심도 그들에게 영향을 미치지 못했다"고 지적했다.[79] 이런 칼빈의 지적은 당시 일본 총독부에게 적용될 수 있다. 그들은 종교심을 고취한다고 주장하면서도, 실상은 성경의 참된 하나님을 전혀 공경하고 있지 않기 때문이다. 왜냐하면 진실한 경건은 현인신이라고 하는 일본 천황이 아니라 참된 하나님께

---

78) Edward J. Young, *The Prophecy of Daniel: A Commentary*(1949), 정일오 역,《다니엘 I》(서울: 기독교문서선교회, 1999), 118.
79) J. Calvin,《다니엘 I》(서울: 성서교재간행사, 1982), 219.

만 순종하는 데 있기 때문이다.[80]

오늘날은 잘못된 생각이 많은 사람을 기만한다. 왜냐하면 사람들은 어떤 실익이 하나님의 참 예배와 정반대되는 곳에 나타날 때에는 한동안 그분의 진정한 예배로부터 떠나는 것이 허용될 수 있는지에 대해 논의하는 것이 적절하다고 생각하기 때문이다. 이처럼 우리는 세상에 가득 차 있는 위선자가 불경건한 자와 함께 우상을 숭배하거나 공개적으로는 불분명하게 참 경건을 부인하면서도 핑계를 대며 자신의 비행을 얼마나 감추는지를 보게 된다.[81]

칼빈은 현실적인 이유에서 타협하는 행위가 이교적 국가 행위 안에서 언제든지 있을 수 있으며, 여기서 사람들은 실익(實益)을 위해서 참 예배와 정반대로 행동하여 우상숭배를 허용한다고 지적한다. 하지만 참 신자는 사드락과 메삭과 아벳느고의 경우처럼 죽음을 두려워하지 않고, 현실적인 유익을 구하지 않고 참된 신앙의 진리를 추구하였다. 진정으로 다니엘은 신실한 순교자들을 위한 부활의 희망을[82] 계시하고 있다. 다니엘의 주제를 분명히 말한다면 다음과 같다.

죽음이 배교보다 낫다(Death is preferable to apostasy). 우리는 하나님이 아닌 다른 신을 바라보지 않으며, 무슨 일이 있어도 상관하지 않는다. 우리는 하나님께 순복할 뿐, 인간적 존재에 순종하지 않는다.[83]

---

80) Ibid., 219.
81) Ibid., 222.
82) Norman Porteous, 《다니엘》, 66.
83) John E. Goldingay, *Daniel: Word biblical commentary*, vol. 30 (Dallas: Word Books,

참된 신앙의 진리를 박해하는 것은 언제나 힘과 권위를 가진 지배자들이다. 그렇기 때문에 정치적인 이유에서, 국가적인 행사라는 빌미로 참된 신앙의 진리를 유보한다면 교회는 결코 참된 신앙을 고백할 수 없게 된다. 신앙의 박해는 힘없는 이들이 하는 것이 아니라 국가 권력이 하는 것이다.

다니엘 6장을 보면, 다리오 왕은 "누구든지 왕 외의 어떤 신에게나 사람에게 무엇을 구하면 사자 굴에 던져 넣기로 한"(단 6:7) 칙령에 도장을 찍어 금령을 내렸다(단 6:9). 하지만 다니엘은 하루 세 번씩 기도를 함으로 국가 정책을 위반하게 되고(단 6:13), 결국 다니엘은 사자 굴에 던져지게 된다. 이때 다니엘은 왕의 명령에 저항하지 않고 온화하고 부드럽게 따른다.[84] 여기에서 다니엘은 국가적인 정책에 불응함으로 왕의 명령을 어긴 것처럼 보인다. 그러나 칼빈은 다니엘은 왕의 명령을 어기지 않았으며 다니엘은 정당하다고 주장한다.

다니엘은 하나님에 대한 신앙을 지키기 위해서 왕의 명령을 어긴 것처럼 보이지만 실상은 하나님의 명령과 신앙의 참된 진리를 수호함으로 다리오 왕의 명령을 진정으로 지킬 수 있었다는 칼빈의 주장에서, 우리는 "모든 현존하는 권위는 그분[하나님]의 영광을 위해 종속되어야 한다"는 것을 생각할 수 있다.[85] 다시 말해서 교회가 악한 국가 권위에 순종하는 이유는 하나님께서 그들을 세우셨기 때문이다. 이는 악한 권위에 순복하는 것이 아니라 하나님

1989), 74.
84) J. Calvin, 《다니엘 I》, 368.
85) Ibid., 371.

께 순종하는 것이다. 다니엘은 지상의 모든 국가 권위가 하나님에 의해서 구성됨을 알았으므로, 비성경적인 다리오 왕의 명령에 복종하지 않음으로써 참되고 경건한 신앙을 유지할 수 있었다.[86] 이 부분에서 칼빈은 "뭇 사람을 공경하며 형제를 사랑하며 하나님을 두려워하며 왕을 존대하라"(벧전 2:17)는 성경 말씀의 참된 의미를 상기시킨다.

칼빈은 다니엘 6장 22절 주석에서 하나님의 권위에 도전하는 세속 정부에 대해서 "철저히 반대해야 한다"(We ought rather utterly to defy)고 강조한다. 성경이 말하는 것은 다리오 왕에 대한 저항이 아니라 다리오 왕의 처신에 대한 다니엘의 저항이다. 다니엘 선지자는 정치적인 반역이나 혁명을 이루고자 했던 것이 아니라 하루에 세 번 기도하는 경건의 삶을 결코 포기하지 않음으로 하나님의 뜻에 순종했을 뿐만 아니라 국가 권위에도 순종한 것이다.

이상의 내용을 신사참배에 대한 성경적·신학적 배경으로 정리하면, 교회의 신사참배 불참은 순전히 경건한 신앙의 진리를 따른 것이다. 이는 국가 권위에 대한 저항이나 반역을 의미하지 않는다. 오히려 그 국가 권위를 허락하신 하나님께 순종함으로 참된 신앙을 지키는 것은 국가 권위에 도전하는 것이 아니다. 반면에 부당하게 하나님의 뜻에 역행하여 참된 신자들에게 우상 곧 신사참배를 강요하는 것은 하나님께서 허락하신 권위를 남용한 것이다.

그렇기 때문에 우선순위에 따라서 하나님의 말씀에 순종하는

---

86) Ibid.

것이 먼저이며, 그다음이 하나님께서 허락하신 국가 권위에 순종하는 것이다. 부당하게 참된 신앙의 진리를 저해하는 국가 권위에 대해서는 저항할 수 있는 것이 아니라 반드시 저항해야 한다. 그것은 폭력이나 또한 권위로 저항하는 것이 아니라 바로 순교적인 신앙으로 저항하는 것이다. 죽기까지 참된 신앙의 진리를 지킴으로 하나님의 뜻에 위반된 국가 권위에 저항해야만 하는 것이다.

❈ ❈

일제의 신사참배 강요에 반대하다가 옥중에서 순교한 양용근 목사의 신앙수호 정신을 밝히는 것이 본서의 목적이므로 먼저 순교가 무엇인지, 신사참배가 무엇인지를 성경적으로 교회사적으로 살펴보았다.

먼저 순교란 헬라어 '마르튀리온'(μαρτύριον)을 번역한 것인데 문자적으로 해석을 하면 '증인' 혹은 '증거'라는 의미로, '진리'에 대한 증거라는 의미로 사용된다. 그러나 성경에서는 때로는 순교라는 말로 해석을 하기도 한다. 사도행전 22장 20절의 '주의 증인 스데반'(Στεφάνου τοῦ μάρτυρός σου)에서 증인을 일반적인 의미에서 '증인'(witness, ASV, RSV)으로 번역을 하기도 하지만 전문적인 의미에서 '순교자'(martyr, KJV, NIV)로 번역을 하고 있다.

스데반의 경우에 증언을 순교로 번역한 것은 피를 흘린 증인, 즉 죽기까지 자신이 믿는 참된 진리를 증언했기 때문이다. 교회사에서도 죽기까지 하나님의 진리와 신자의 의무를 다하며 구체적으로 죽음이라는 실체적 사건에 이른 것에 한하여 순교라고 말한다. 이런 의미에서 순교란 육체의 고통과 아울러 죽음까지 불사하면서 그 증언을 이어가는 것을 의미한다.

신사(神社)란 일본 종교 가운데 하나인 신도(神道)의 사원 혹은 신도 의식을 집행하기 위한 장소를 지칭한다. 일제가 일본의 토속적인 종교에 불과했던 신도를 정치적으로 이용하여 국교로 삼고 이를 조선 통치에 이용하였다. 일본의 왕을 천황으로 지칭하고 신도 이념을 근간으로 천황을 중심으로 한 신도 국가주의(Shinto Nationalism)를 형성하였다.

신도가 인간이시며 하나님이신 그리스도에 대한 신앙을 그대로 일황에게 적용하여 그를 현인신(現人神)이라 하여 신앙의 대상으로 삼았고, 그 의식이 신사(神社)에서 거행되었다. 일제는 이 신도를 일본인에게만 적용하는 것이 아니라 조선백성들에게까지도 적용시켜 신도라는 종교로 통합하고자 하였다.

일제는 이 신사참배를 조선인에게, 또 조선의 교회에까지 국민의례라고 하여 강요하였다. 진실한 기독교인들은 이는 국가행사가 아니라 종교행사이며, 하나님 외에 다른 신을 섬기면 안 된다는 계명의 위반이라고 하여 저항을 하였으나, 많은 기독교인들은 국가의식이라고 하여 일제의 강요에 알면서도 굴복하고 말았다. 그러나 신사참배는 성경적으로나 교회사적으로 기독교인이라면 당연히 거부해야 할 우상숭배이다.

Ⅲ.
일제하 한국교회의 상황과 양용근

1.
일제의 식민지 정책

　양용근이 태어나서 순교하기까지 조선은 일제의 식민지하에 놓인 암울한 시기였다. 그는 1905년 을사조약(乙巳條約)이 체결된 해에 태어났다.[87] 이 조약으로 인하여 대한제국은 외교권을 박탈당했고, 서울에는 일본의 통감부가 설치되어 외교권뿐만 아니라 모든 내정에 일제가 직간접적으로 관여하게 되었다. 이후 1910년 한일합병조약의 체결로 인해서 형식적인 대한제국의 주권은 완전히 상실하게 되었고, 이후 1945년 해방이 될 때까지 36년간을 일제의 통치 아래 놓이게 되었다. 제국주의 열강들의 틈에서 대한제국은 망국의 운명을 면하기 어려웠다. 그러나 바로 이 시기가 선교사들이 조선에 입국한 선교의 시대이기도 했다.

　제국주의 열국의 각축장으로 돌변한 조선은 전통사회가 흔들리면서 수구적인 동학운동이나 근대화에 대한 열망을 가진 개

---
87) 양용근은 호적에 의하면 본명이 양용환(梁用桓)으로 개국 514년(1905년) 3월 14일 생이며, 양재훈(梁宰勳)과 정정랑(鄭丁浪)의 4남으로 출생하였다.

혁파의 갈등을 경험했다. 미국 선교사들 가운데 첫 장로교 의료 선교사인 알렌(H. N. Allen, 1858~1932)은 1885년 왕실의 지원을 받아 제중원을 설립, 운영하였다. 알렌은 고종의 시의(侍醫)로 고종에게 당상관(堂上官) 통정대부(通政大夫)의 벼슬을 받기도 했다.[88] 최초의 장로교 목사 선교사인 언더우드(Horace Grant Underwood, 1859~1916) 역시 고종과 가까이하면서 선교사역을 감당했다. 언더우드는 대한제국의 고위 관료들을 자주 초청하여 복음을 전했으며, 초청받은 고위 관료들 중에는 '기독교'가 나라에 큰 힘이 되어 주기를 기대하는 사람도 있었다.

그래서 이만열은 "개신교의 전래와 일제하 교회와 국가"라는 논문에서 1900년대 초기를 "충군애국을 강조하는 시기"로 분류를 하고 있다.[89] 그렇지만 선교사들의 관심은 개인 영혼의 구원에 있었다. 그래서 조선의 고위 관료들과 조선인 신자들이 바라던 나라를 구원하는 일에는 정교분리의 입장을 앞세우며 한 걸음 뒤로 물러서 있었다.

조선의 혼란 시기에 선교지가 된 역사 상황 안에서 교회는 자연스럽게 영혼 구원의 문제뿐만 아니라 충군애국의 입장에서 나라를 구원하고자 하는 일에도 큰 관심을 가졌던 것이 사실로 보인다. 교회는 신자들의 경제적 어려움과 지적인 무지 속에서 '구원'의 가르침과 더불어 나라에 대한 아픔을 함께해야 했다. 결국 교회의 성도들은 애국하는 일, 학교를 세워서 문맹을 깨우치는 일, 그리고

---

88) 박용규, 《한국기독교회사 1》(서울: 생명의 말씀사, 2004), 390.
89) 이만열, "改新敎의 傳來와 日帝下 敎會와 國家", 한국기독교사회문제연구원 편, 《國家權力과 基督敎》(서울: 민중사, 1982) 참조.

빈곤에서 벗어나게 하는 일에 동참해야 했다. 교회가 영혼 구원과 더불어 당면한 현실적 문제에 관심을 가지는 것은 당연한 일일 것이다.[90] 그러나 이로 인해서 교회가 무엇보다 중요하게 여겨야 할 영혼 구원 문제를 소홀하게 취급할 수는 없다. 영혼 구원을 위해 믿음을 바르게 하는 일을 경시하면서 사회 참여와 복지를 말하는 것은 이미 교회가 아니라 복지관이라고 해야 할 것이다.

일제가 조선을 강제 통치하는 일은 주권을 상실한 조선 전체의 크나큰 문제였으며, 이런 문제점에서 결코 교회는 자유로울 수 없었다. 특히 신앙을 고백하는 교회 안에서도 신앙의 문제와 독립 문제를 동일시하는 경향이 있었으며 이들은 공공연하게 일제에 대항하기도 했다. 그러므로 일제 36년 강제 통치 기간 동안에 일본 제국주의가 '교회'를 어떻게 다루느냐 하는 그들의 정책은 교회 사역에도 큰 영향을 미쳤다고 할 수 있다.

한국사에서는 일제강점기를 세 시기로 세분한다. 먼저 조선을 강제 합방한 1910년에서부터 3·1운동이 있었던 1919년까지는 제1기(무단통치시기)로 헌병경찰이 무력으로 조선인을 억압하고 경제적으로 수탈체제를 확립하던 시기다. 이 시기에 토지조사사업이나 회사령을 공포하여 조선의 자생력을 소멸시키는 일에 전력을 다했다. 이 시기 교회 역시 무력으로 압박을 받아야 했다.

제2기(3·1운동 이후 만주사변까지)는 일명 문화통치라는 기만적인

---

90) 성경의 가르침, 기독교의 근본정신은 인간의 생명을 존중하는 것이다. 이는 이웃 사랑, 봉사와 헌신을 통해서 세상 가운데 열악한 처지에 처한 사람들에게 영적인 측면뿐만 아니라 물질적, 신체적, 정신적 고통을 어느 정도 완화시키고, 생활상의 곤란을 개선시켜 주는 것과 결코 무관하지 않다[김기원, 《기독교 사회복지론》(서울: 대학출판사, 1998), 34].

통치기간이다. 이때 보통경찰제로 언론 통제를 완화하고 유화정책을 내세웠으나 경제적 수탈이 더욱 강화되었으며, 조선을 일본의 식량 및 원료 공급지로 전락시켰다. 이 시기 교회 역시 유화정책 안에 있었다.

끝으로 제3기(만주사변부터 해방까지)는[91] 일제에 의한 만주사변, 중일전쟁과 태평양전쟁으로 조선을 전쟁을 위한 병참기지화정책으로 물적, 인적 자원을 강제 동원하던 시기다. 이 시기에 일제는 창씨개명, 황국신민서사 제창, 신사참배, 강제징용 등과 같은 황국식민화정책을 통해서 민족말살을 도모했다.[92]

물론 교회 안에서는 신앙의 말살 문제가 등장한다. 바로 신사참배 문제다. 이러한 일제의 교회에 대한 박해정책 앞에서 더러는 그들의 박해에 굴하지 않고 바른 신앙을 따라 살려고 노력하는 사람들도 있었다. 더러는 그들과 타협하여 교회의 외적인 조직을 더 강화하기 위해서 신앙을 양보하고 일제의 황국식민정책에 순응하기도 하였다.

바른 신앙을 지키기 위해서 세상의 것들을 버리려는 사람들보다 세상의 유익을 위해서 바른 신앙을 양보하는 사람들이 더 많았다. 심지어는 바른 신앙을 방해하는 일제와 협력하여 자신들의 이익을 추구하려는 사람들도 적지 않았다. 박용권은 그의 책《국가주의에 굴복한 1930년대 조선예수교장로회의 역사》에서 이렇게 기술하고 있다.

---

[91] 만주사변(9·18사변)은 일본 제국이 1931년 9월 18일 류탸오후 사건(柳條湖事件, 만철 폭파 사건)을 조작해 일본 관동군이 만주를 중국 침략을 위한 전쟁의 병참기지로 만들고 식민지화하기 위해 벌인 침략 전쟁을 말한다.
[92] 이기백,《한국사 신론》(서울: 일조각, 1993) 참조.

일제가 이렇게 교회를 박해하려고 했지만 교회 조직 자체를 없애려고 하지 않았다는 점이다. 오히려 일제는 교회 조직을 이용해서 전쟁을 위한 정신적 물질적 후원을 얻어내고자 하였다. 일제의 박해는 신앙 내용을 왜곡시키려는 차원에서 전개되었다. 따라서 교회는 조직 보호보다 신앙 보호에 관심을 많이 가져야 했다.[93]

박용권의 말은 충분히 시사하는 바가 크다. 일제는 교회 조직을 전쟁에 이용하고자 했기 때문에 교회 지도자들은 교회 조직을 확장하는 것보다는 그 고유한 신앙에 더 많은 관심을 가져야 했다. 하지만 교회 지도자들은 교회 조직을 확립하고 세력을 확장하여 '외적 부흥'이라는 성과를 통해 경제적, 조직적 안정을 추구했다.

이렇게 외적 형태를 확장하는 가운데 신앙고백은 위태롭게 되었으며, 영혼 구원을 위하여 가져야 할 바른 신앙은 소홀하게 취급되었다. 이러한 역사적 잘못은 오늘날의 한국교회 안에서 바른 믿음의 고백보다는 육신적인 일에 초점을 맞추는 경향으로 남아 있다고 할 수 있을 것이다.

물론 어려운 상황임에도 불구하고 오직 바른 신앙을 추구하는 사람들, 하나님께서 남겨 두신 자와 같은 이들이 분명히 있었다. 바른 신앙을 위해서 불의와 타협하지 않고 바른 신앙을 위해서 불이익을 당하고 감옥에 갇혀 고초를 당하고 순교까지 마다하지 않았던 사람들이 있었으며, 이들의 신앙은 오늘날의 한국교회 안에서 바른 믿음의 고백의 모범이 되어 주고 있다.

---

[93] 박용권, 《국가주의에 굴복한 1930년대 조선예수교장로회의 역사》(서울: 도서출판 그리심, 2008), 35.

1) 무단(武斷)통치기(1910~1919년)

1910년은 한일합병이 시작된 해이다. 이 시기는 이미 기독교가 한국에 들어와서 상당한 교세를 형성하고 있었다. 이상규 교수는 그의 책《한국 교회사의 뒤안길》에서 1910년 당시 한국교회의 교세를 총독부 자료를 인용해서 이렇게 기록하고 있다.

> 총독부 자료에 의하면, 1910년 당시 조선에는 20만 신도와 3백 개 이상의 기독교 학교, 3만 명 이상의 재학생이 있었고, 그리고 1,900여 개의 교회(집회소)가 전국에 산재해 있었다. 지도자로서 외국인 선교사 270여 명, 조선인 교직자 2천3백여 명이 있었고, 그 밖에 많은 병원과 고아원을 가진 강대한 조직이었다. 그것은 신앙이라는 견고한 유대로 결합되어 있었다. 기독교회는 구미의 선교사들에 의해 세계 여론과 연결되어 있었다. 이와 같은 상황에서 일제는 무엇인가 강력하고도 적절한 조치를 통감하였다. 그 결과가 기독교 탄압이었다.[94]

일제가 조선을 통치하려는 목적으로 조사한 것으로, 위에 제시된 내용을 통해 당시에 교회의 신자들이 큰 부흥을 이루었으며, 그들 대부분은 외국인 선교사들과 직간접적으로 연결되어 있었음을 알 수 있다. 게다가 학교, 병원, 그리고 고아원과 같은 교회 외적인 측면에서 많은 확장이 있었음을 알 수 있다. 그리고 이러한 세력의 확장이 교회가 박해를 받게 된 이유 가운데 하나였음이 분명하다.

---

94) 이상규,《한국 교회사의 뒤안길》(경기도: 킹덤북스, 2015), 20.

일제는 을사조약이 체결된 후 조선에 설치한 '통감부'(統監府)를 식민지를 통치하기 위해 최고 행정 기관인 '총독부'(總督府)로 변경하고 1910년 10월 1일 군인 출신인 데라우치 마사타케(寺內正毅, 1852~1919) 통감을 초대 총독으로 임명했다. 그는 통감부의 수장으로 한일합방을 성사시킨 인물로, 조선의 치안유지를 빙자하여 조선을 일제 경찰의 통치 아래 두었다.

한일합병이 공표된 당일에 통감의 '유고'(諭告)를 발표했는데, 거기에 종교에 대한 언급이 있는 것으로 보아서 일제가 한국을 통치하면서 종교에 대해서 얼마나 고심했는가를 알 수 있다. 김승태는 그의 책 《식민 권력과 종교》에서 이날 발표한 조선총독부 관보에 게재된 데라우치 마사타케의 '유고'(諭告)를 인용하고 그 유고의 요점을 이렇게 기록하고 있다.

> 여기서 그는 신앙의 자유는 문명국이 다 인정하는 바이지만, 종교를 빙자하여 정사를 논하거나 다른 기도를 하는 것은 풍속을 해치고 안녕을 방해하는 것으로 인정하여 처단하겠다고 경고하고, 유교, 불교, 기독교는 총독부의 '시정목적'과 배치되지 않을 뿐 아니라 도움이 되리라 의심치 않으므로 평등하게 포교 전도에 보호 편의를 제공하겠다고 약속하고 있다. 여기서 주목되는 것은 일본 본토에서와는 달리 공인종교인 신도(神道) 대신에 유교를 언급하고 있다는 것과 종교를 '안심입명'과 개개인의 행복을 추구하는 극히 사적인 것으로 인식하고 있다는 점이다. 그리하여 그것이 그들의 '치안유지'나 '시정목적'에 어긋날 때는 가차없이 탄압하겠다는 의도와 위협을 문맥 속에 내포하고 있다.[95]

---

95) 김승태, 《식민 권력과 종교》, 44.

일제는 명목상으로는 종교의 자유를 인정하겠지만 치안유지 곧 총독부에 의한 일제의 조선 통치라는 기본적인 목적을 벗어날 경우, 그리고 종교가 집단적이지 않은 경우에만 자유를 인정하겠음을 밝히고 있다. 종교는 평안한 마음과 개개인의 행복을 추구하는 철저히 개인적인 것이어야 한다. 이러한 총독부의 주장은 훗날 집단적이고 국가적인 신사참배 강요라는 문제 안에서 판단한다면 종교를 정치적 목적으로 이용했음을 알 수 있다.

특히 일제는 이미 천황제 이데올로기로 이끌어가기 위해서 유일신 사상의 기독교를 견제하여 다른 종교들을 개인적인 행복을 추구하는 것으로 제한했다. 그러나 이 시기만 해도 신사참배는 강요하지 않았으며, 조선신사를 건립하기 시작하고 신사들을 정비하고 관리 규정을 만들어서 보호 육성하는 일에 힘썼다. 이는 아직 신사참배 강요는 없다고 하지만 이를 위한 발판을 놓고 있었다고 판단된다. 일본 제국주의 군인에 의한 무단통치는 조선인의 반감을 막지는 못했다.

일제는 1911년 일본 총독부가 데라우치 마사타케 총독의 살인미수사건을 조작하여 독립운동가들을 체포 구금 재판한 사건을 일으켰다. 이 사건에 연루된 105명이 모두 5년 이상의 형을 선고받은 데서 105인 사건이라고 부른다. 처음에 이 사건과 관련해서 600명이 체포되었지만 증거불충분으로 다 석방이 되고 105인에게만 실형이 선고되었다.[96] 그러나 이들도 2심에서는 다 무죄로 석방되고 윤치호 등 6인에게만 5~6년의 징역선고가 내려졌다. 그리고

---

96) 강만길, 《한국 현대사》(서울: 창작과 비평사, 1985), 23. 105인 사건의 날조는 애국계몽 운동을 탄압하기 위한 것이다(p. 42).

이들도 특별사면으로 석방을 한 것으로 보아서 이 사건은 실제로 있었던 사건이 아니라 일제가 한국을 무단통치하기 위해 조작한 사건이었다고 볼 수 있다.

이 사건이 주는 특별한 의미는 이 사건에 연관된 사람들 중에 상당수가 기독교인들이었고, 그로 인해 이 사건을 기독교를 통제하는 구실로 삼았다는 것이다. 이후 일제는 기독교인들을 효과적으로 통제할 수 있도록 '포교규칙'을 제정할 것을 검토했다. 이 포교규칙은 1915년 8월에 발표되었다. 김승태는 이 포교규칙에 대해서 이렇게 기록하고 있다.

> 이 포교규칙은 1915년 8월에 조선총독부령 제83호로 발포되어 그 모습을 드러냈다. 조선총독부는 이 규칙에서 "본령에서 종교라 함은 신도 불도 및 기독교를 이름"이라 하여 이른바 공인종교를 일본 본토에서와 마찬가지로 교파신도와 불교, 기독교에 한정하고 이들 종교선포에 종사하는 자는 자격 및 이력서를 첨부하여 조선총독에게 신고하여야 하고, 포교에 관해서는 총독의 인가를 받아야 하며, 종교 용도로 쓰기 위한 교회당, 설교소, 강의소를 설립하거나 변경할 때도 총독의 허가를 받도록 하였으며, 이를 어길 때는 벌금 또는 과태료를 물리도록 규정하고 있다. 그리고 이 법령을 필요한 경우에는 "종교 유사 단체"에도 준용할 수 있게 하고 있다고 하여 이 법령으로 사실상 조선총독은 모든 종교단체를 완벽하게 통제할 수 있게 규정한 것이다.[97]

위의 포교규칙을 보면 일제는 교회의 선교와 복음 전파까지 통

---

97) 김승태,《식민 권력과 종교》, 44~45.

제하려고 했음을 알 수 있다. 교회를 설립하는 일에서부터 교회에 종사하는 사람들의 신상까지 통제를 받아야 했다.

1915년 3월 조선총독부는 "사립학교 규칙"의 개정을 통해서 조선인의 교육을 제한하기 시작했다. 그리고 이 교육의 제한은 기독교를 탄압하기 위한 성격임을 무시할 수 없다. 왜냐하면 이 규칙 개정의 목적이 기독교 학교에서 실시하는 성경교육이나 예배를 드리는 행위를 하지 못하게 하는 것과 아울러 일본어를 사용하게 하고 교원 자격을 강화함으로써 선교사들이 학교교육에서 손을 떼게 하려는 의도를 가지고 있었기 때문이다. 이로 인하여 성경교육이나 예배를 고집하던 선교사들이 관할하는 순천 '매산학교'와 같은 학교는 폐교하기에 이르렀다.[98] 매산학교는 양용근이 다녔던 학교로 본서에서 자세히 다룰 가치가 있다.

일제의 무단통치는 1919년 3·1운동을 통해서 새로운 국면에 접어들었다. 그리고 이 3·1 만세운동으로 헌병에 의한 무력 통치 방식에 문제가 있음을 깨달은 일제는 다른 방법을 찾아야 할 필요

---

98) 1910년 3월 미국 선교사 변요한 목사와 고라복 목사가 순천시 금곡동에 개교한 학교다. 이 학교는 1911년 순천시 매곡동 신축 교사로 이전하여 1913년 9월 미국 남장로회 선교부가 경영을 감당했다. 특징은 이 학교는 '성경'을 가르치는 기독교 교육기관이라는 점이다. 선교사 고라복(R. T. Coit)은 설립자 겸 초대 교장이었다. 하지만 조선총독부가 성경 교육을 인정하지 않음으로 1916년 6월에 자진 폐교하게 된다. 이는 조선총독부에서 조선인의 종교에 깊이 관계하고 있으며 자신들의 신사 신앙에 방해되는 것을 미리 제한하고 억압했음을 반영하는 사건이라 하겠다. 아직 신사참배 문제는 외면적으로 등장하지 않았지만 종교문제에 총독부가 개입함으로 앞으로 있을 사건들에 포석을 놓고 있음을 알 수 있다. 1919년 3·1 만세운동 이후에 총독부의 정책 변화와 더불어 1921년 4월 15일 미국 남장로회 선교부 주선으로 '성경'을 교육하는 매산학교와 매산여학교는 다시 개교된다. 하지만 1937년 9월 일제의 신사참배 강요에 불복하고 자진 폐교하게 된다. 그리고 1946년 9월 3일 조선 예수교장로회 순천노회 유지재단으로 매산중학교(남녀 공학)를 개교하고 9월 24일에 정식 인가를 다시 받게 된다.

성을 느끼게 되었다. 그리하여 제2기 문화통치기가 시작된다.

2) 문화통치기(1920~1930년)

"3·1운동을 통해 일제는 조선통치에 개혁의 필요성을 절감한 후에, 조선총독 경질을 결정하고, 8월 12일에 새 총독으로 사이토 마코토(齋藤實) 해군대장을 임명하여 이때부터 1931년까지 소위 문화정치가 시행되었으며, 기독교에 대해서도 다소 완화정책이 시행되었으나 근본적인 변화는 없었다"[99]는 이상규 교수의 지적과 같이 3·1운동을 통하여 일제는 무단통치의 일방적인 방법이 아니라 교회와 국가가 적대적인 관계를 청산하고 유화정책으로 서로 협력하는 방법을 모색하게 되었다. 이 시기를 유화정책, 회유정책, 문화통치 등의 시기로 부른다.

이 시기에 일제는 포교규칙을 개정하여 교회의 설립을 허가제에서 신고제로 바꾸었고, 기독교 학교를 통제할 목적으로 학교에서 성경공부나 예배를 금했던 것을 성경공부를 할 수 있도록 법을 개정하였다. 성경공부나 예배 금지로 폐교를 했던 학교들이 다시 문을 열도록 함으로 무력이 아니라 유화적인 정책을 전개했다.

총독으로 사이토 마코토(齋藤實)가 새로 부임하면서 "시정방침 훈시"를 발표하여 새로운 정책을 제시했다. 그 내용의 일부를 살펴보면 다음과 같다.

총독은 문무관 어느 쪽에서도 임용할 수 있는 길을 열고 다시

---

99) 이상규,《한국 교회사의 뒤안길》, 21.

헌병에 의한 경찰제도를 보통 경찰관에 의한 경찰제도로 대치하고 다시 복제(服制)의 개정을 하여 일반관리·교원 등의 제복대검(制服帶劍)을 폐지하고 조선인의 임용, 대우 등에 고려를 가하고자 한다. 요컨대 문화의 발달과 민력(民力)의 충실에 따라 정치상, 사회상의 대우에 있어서도 내지인(內地人)과 동일한 취급을 할 궁극의 목적을 달성할 것을 바라마지 않는다.[100]

하지만 문화통치라고 해서 일제의 정책이 완전히 바뀐 것은 아니다. 외형적으로는 무관들이 정치에 관여하던 것을 문무관 관계없이 참여하게 했으며, 헌병들이 치안을 담당하던 것을 경찰이 담당하도록 했다. 또한 제복을 입고 칼을 차고 근무하던 일반관리나 교원들이 자유복을 입게 했고 칼을 차지 않도록 하는 변화가 있었다. 하지만 기본적인 총독부의 정책은 변하지 않았다. 일제는 외관상 변화를 꾀하였으나 그 속에 있는 정책들을 유지하면서 친일파로 만들기 위한 회유정책으로서 기만적인 정책이었을 뿐이다.[101]

3) 침략전쟁기(병참기지화 정책기, 1931~1945년)

일제는 1931년 9월에 만주침략을 도발하면서 일본 전역과 일제

---

100) 《朝鮮總督, 政務總監の施政に關する論告. 訓示竝演述集》(大正8-11年), 박용권, 61~62, 재인용.
101) 문화정책은 헌병경찰제도에 따른 무력적 억압 방식에서 벗어나 정신적·사상적 교육을 통해서 조선인을 식민인으로 교육하려는 것을 그 목적으로 하고 있다. 특히 이 시기에 사상적 식민화를 위해서 '조선신궁진좌'(朝鮮神宮鎭坐) 등을 통해 일본 제국주의 종교를 보급하고, 조선인과 일본인 사이의 혼인을 장려함으로 친일 세력을 강화했다. 이러한 동화(同化) 교육의 강화로 조선인의 민족적 정신을 파괴하는 것을 그 목적으로 하고 있으며, 이러한 교육적 흐름은 오늘날까지 영향을 미치고 있다[이만규, 《조선교육사》(서울: 살림터, 2010) 참조].

의 식민지에 대하여 정신교화운동(精神敎化運動)을 강화하고 종교탄압을 강화하게 되었다. 기독교 학교와 교회에 신사참배를 더욱 강요하였으며 '내선융화' 즉 일본인과 조선인의 융합일치를 강조하였다. 이는 조선인과 일본인이 동등한 위치에 선다는 것이 아니라 조선인을 일본화하겠다는 뜻이며, 조선을 대륙침략을 위한 병참기지로 사용하겠다는 뜻이다. 이 시기에 조선총독부가 조선을 전쟁수행에 이용하기 위한 '심전개발운동'(心田開發運動)을 전개하게 된다.

1935년 초기에 시작한 '심전개발운동'은 1936년 1월에 시행안이 확립되었다. 이 시행안을 박용권은 이렇게 요약한다.

> 요약하자면 첫째, 국체관념의 명징은 '일본은 만세일계(萬世一係)의 천황이 다스리는 나라'라는 점, 그것 때문에 세계 어느 나라보다 뛰어난 나라라는 점을 분명히 한다는 것이다. 이는 천황제 이데올로기를 주입하자는 것이다. 이것이 심전개발의 제1의 목표인데, 이것이 다른 방법으로는 달성될 수 없고 심전개발이라는 종교적 차원의 정신운동을 통해서 이루어질 수 있다는 전제 하에 진행되었다. 둘째, 경신숭조의 사상과 신앙심을 함양하는 것은 조선의 조상숭배 관념을 사용하여 천황을 숭배하도록 하는 것이다. 천황을 최고도덕자로 존경하고 명률신(明律神) 또는 현인신(現人神)으로 섬겨야 한다. 그래야 신의 나라의 백성으로 살아갈 수 있다. 셋째, 보은, 감사, 자립의 정신을 양성하는 것은 국가에 대한 충성을 말하는 것이다. 국가의 은혜를 갚기 위해 더 열심히 일해야 한다는 것이다.[102]

---

102) 박용권, 124.

심전개발운동은 전 국민을 대상으로 국가에 충성하는 충성심을 고양하자는 것이다. 그러나 결국에는 종교를 이용해서 종교인을 통제하려는 의도를 가지고 있다고 하겠다. 경신숭조(敬神崇祖)사상 즉 조선인이 가지고 있던 조상 제사의 관습을 이용해서 일제의 신사를 세우고 신사에 참배하는 것을 조상 숭배와 같은 것으로 인식하게 했다. 이로 인하여 일본 천황을 최고 도덕자로 존경하고 현인신으로 섬기게 함으로 충성스런 일본인이 되라는 것이다. 그러나 이 운동은 결국 기독교의 반발에 부딪치게 되고, 신사참배를 거부하는 사람들에게 국가에 대한 '불충죄'를 적용시켜 처벌하기에 이른다.

심전개발운동과 함께 조선을 전쟁에 이용하기 위한 정책은 '조선 병참화기지' 정책이다.[103] 조선의 경제도 국방 즉 전쟁을 위한 것이며, 조선인의 체력을 증진하는 것도 전쟁에 참여할 참전 군인을 양성하기 위한 것이었다. 각종 법령을 통해서 조선인들이 경제적 이익을 추구할 수 없고 오직 국가의 이익을 위해서 일제의 전쟁수행을 위해서 인적·물적 자원을 공급하는 병참기지의 역할을 감당하게 했다. 이 '조선 병참화기지' 정책과 아울러 시행한 것이 '황민화정책'이었다.[104]

조선 병참화기지 정책이 전쟁을 위한 외적인 문제를 해결하려는 것이었다면 정신적인 차원에서 전쟁의 당위성을 부여하고자 한 것이 바로 '황민화정책'이었다. 이 황민화정책으로 "신사참배, 황거요배, 국기게양, 국가 존중, 국어(日語) 보급을 통해 천황이 다스리

---

103) 같은 책, 133.
104) 같은 책, 136.

는 만방무비(萬邦無比)의 일본이라는 국가의 국민이라는 것을 인식시키는 것이 조선통치의 제1의 목적이었다"[105]는 지적대로 신사참배와 황거요배 등을 강조하여 일본인이라는 자긍심을 가지게 하여 국가에 충성하고 전쟁에 동참하게 하려는 것이었다. 다시 말해서 종교의 신앙심을 국가주의와 통합시킴으로써 전쟁에 이용하고자 했다.

황민화정책을 시작한 미나미 지로(南次郎, 1874~1955) 총독은 일제의 육군대장으로 조선총독부는 여전히 군인에 의해서 유지되었다. 미나미 총독은 1937년 9월부터 매달 6일을 애국일로 정했다.[106] 이날에 신사참배와 시국강연을 각 학교마다 실시하도록 했으며, 이를 거부한 학교들은 폐교조치를 단행했다. 동년 10월에는 황국신민서사(皇國臣民誓詞)를 제정하여 보급하고 행사 시마다 제창하도록 하였다. 11월에는 매달 1일과 15일을 애국일로 정하고 학교뿐만 아니라 일반인들에게도 애국일 행사를 확대 시행하도록 하였다.

일제의 이러한 여러 정책에도 불구하고 기독교인들이 냉담한 반응을 보이자 기독교에 대한 지도대책을 세웠다.

> 이 대책에서 시국 인식의 철저를 위해서 기독교가 실시해야 할 네 가지를 제시하였다 첫째, "교회당에는 될 수 있는 대로 국기 게양탑을 건설토록 할 것", 둘째, "예수교도에게 국기에 대한 경례, 동방요배, 국가 봉창 및 황국신민서사 제창 등을 실시", 셋째, "학생 생도의 신사참배는 국민교육상 절대로 필요……일반

---

105) 같은 책, 137.
106) 같은 책, 137.

> 예수교도의 신사참배는······강제성을 피하는 가운데 실효를 거
> 두도록 지도할 것", 넷째, "서기 연호는 역사적 사실을 증명할 경
> 우 이외에는 되도록 사용하지 않을 것" 등이다.[107]

일제는 신사참배뿐만 아니라 국기에 대한 경례와 동방요배도 강요했으며 국가 봉창 및 황국신민서사 제창도 강요했다. 학생들에게는 철저하게 강요를 했으며, 일반 성도들에게는 강제성을 피하여 실효를 거두도록 하라고 지시했지만 실효성을 위해서 협박이나 회유가 자행되었다.

김승태는 1936년 8월 5일 제7대 조선총독으로 임명된 미나미의 황민화정책을 이렇게 기록하고 있다.

> 한국인에 대한 정신적 테러라고 할 수 있는 '동화정책'의 극단적
> 인 형태인 '황민화정책'을 적극 추진했던 인물이다. 그가 가진
> 조선통치의 2대 목표는 자신의 임기 안에 천황을 내방하도록
> 하는 것과 조선에 징병제를 실시하여 조선의 청년들을 그들의
> 침략전쟁에 동원하는 것이었다. 그는 '천황제' 이데올로기를 주
> 입하여 한국인을 모두 '충량한 제국신민'으로 만들기 위해서 학
> 교는 물론 교회에까지 신사참배를 강요하여, 바로 이 총독의 재
> 임 시기에 극단적인 종교 탄압과 통제가 이루어져, 기독교계 학
> 교들은 대부분 폐교되고, 외국 선교사들은 선교를 포기하고 귀
> 국하거나 추방되었다.[108]

'황민화정책'은 한국인에 대한 정신적 테러라고 할 만큼 한국인에게 피해를 준 정책이었다. 이 정책으로 인해 신사참배가 학교와

---

107) 같은 책, 139.
108) 김승태, 《식민 권력과 종교》, 56.

교회에 강요되어, 기독교계 학교가 대부분 문을 닫고 선교사들이 강제 출국을 당해야만 했다.

양용근은 이런 국가적 비극이 시작된 무단통치기에 피압박국의 백성으로 태어나 어린 시절을 보냈고, 문화통치기에 청소년기를 보냈다. 침략 전쟁기에 적국인 일본에서 차별을 받으며 대학을 다녔고, 귀국해서 신학교를 졸업해 일제의 감시를 받으며 목회활동을 했다. 그의 가슴에는 언제나 부당하게 대하는 일제에 대한 저항심보다는 신앙에 대한 열정이 더 강하게 불타고 있었다.

그런 그에게 다행스럽게도 그리스도의 복음을 가지고 온 선교사들이 있었다. 그를 공부하게 하고, 그에게 그리스도를 통한 소망을 가지게 한 선교사들이 있었기에 '환난 중에 참으며'(롬 12:12), '이기고 또 이기려고'(계 6:2) 하는 삶을 살게 되었다.

2.
미국 남장로교의 한국 선교와 전남 순천 지방 선교

양용근의 신앙입문은 그가 다닌 순천 매산학교로부터 시작한다. 그의 맏형인 양용이가 이 학교를 먼저 다니면서 예수님을 알게 되었고, 이후 동생인 양용근에게 이 학교 입학을 독려하면서 신앙의 길로 인도했다. 순천의 매산학교는 미국 남장로교 선교부가 호남 지방을 맡아 선교하면서 세운 학교이다. 남장로교의 신학과 순천 선교를 알아보는 것이 양용근의 신앙성격을 알 수 있게 하는 주요 요소가 될 것은 양용근의 신앙이 매산학교로부터 시작되었기 때문이다.

1) 미국 남장로교의 신학

미국 남장로교는 버지니아 리치몬드에 소재한 유니온 신학교(the Union Theological Seminary in Virginia)를 중심으로 한 교단이다.

1737년 이후 미국 장로교회는 교리적인 전통을 따라가는 이들은 대각성운동의 부흥론에 반대하면서 구파(Old Side)를 형성했고, 이와 반대로 부흥과 활력을 찾기 위해서 부흥론을 적극 수용한 신파(New Side)로 양분이 되었다.[109] 신파는 개인적인 경건, 헌신, 종교적 체험을 중요하게 생각하며 교회의 부흥을 이루게 하였다. 이 두 파는 1741년 서로의 의견을 조율하지 못한 채 공식적으로 분리되었다.[110]

기본적으로 구파는 웨스트민스터 신앙고백서와 대소요리문답이 확실하고 정확하게 바로 역사적인 문맥 안에서 보존되어야 한다고 믿었지만 신파는 이 표준 칼빈신학이 너무나 엄격해서 새로운 시대에 새로운 사람들에게 적용하기에는 무리가 있다고 주장했다. 이러한 입장 차이로 인해서 미국 장로교회는 지속적으로 분열하게 되었다.[111] 이후 신파를 중심으로 1836년 유니온 신학교(the Union Theological Seminary)를 세우게 된다. 반면에 구파는 이보다 앞서 1812년에 설립된 프린스턴 신학교(the Princeton Seminary)를 계속 지원했다.

조경현은 그의 책《초기 한국 장로교 신학사상》에서 미 남장로교의 신학을 이렇게 기록하고 있다.

> 미 남장로교회의 교리적 기초는 철저한 칼빈주의(Calvinism) 신학이었다. 칼빈주의는 칼빈주의 표준문서인 예정론(Sublapsarin

---

[109] 장준기, "미국 남장로회 신학 연구", 〈光神論壇〉 제18호(광신대학교 출판부, 2009), 192.
[110] 같은 책.
[111] 같은 책, 193. 어떤 이들은 분열의 주된 이유가 웨스트민스터 신앙고백과 칼빈주의 교리적 논쟁이라기보다는 미국의 지방적 특색과 문화적 차이를 보이는 남북지역의 대결 구도에서 생긴 것으로 보기도 한다.

type)에 기초하고 있다.[112] 미 남장로교회 지도자들은 신앙고백과 교리문답 역시 어떤 변화를 결코 원치 않았으며, 1880년대와 1890년대에 불어닥친 신학적 도전 앞에 직면해야만 했다. 즉 전통적인 성경의 연대, 성경의 권위, 성경의 역사성을 비판하는 자유주의적 비평신학과 싸워야 했고 신앙고백의 개정을 경계해야만 했다. 이들은 장로회주의를 더욱 분명하고도 정확한 진술로 표현하며, 더욱 교회의 철저한 조직 형태를 구축하려고 노력하였다.[113]

미국 남장로교의 신학은 하나님의 절대주권과 예정, 섭리 등 칼빈주의 신학과 웨스트민스터 신앙고백과 가르침을 철저히 지키는 보수주의신학이었다. 성경의 권위를 부정하고 성경의 역사성을 부정하는 자유주의자들과 싸우며 바른 신앙을 지켜 나가고자 했다.

미국의 해외선교에 있어서 가장 큰 영향력을 끼친 것은 해외선교를 위한 학생자발운동(Student Volunteer Movement for Foreign Missions)이다. 이를 SVM이라고 한다. 이 SVM을 통해서 모집된 선교사들이 한국에 와서 선교를 했고, 이들은 공통적으로 신학적으로는 보수주의였고 개인구원을 소중하게 생각하고 있었다. 류대영은 이 SVM 선교사들의 특징을 다음과 같이 말한다.

---

112) 예정론(Predestination)을 다루는 방식에는 세 가지 유형으로 대별할 수 있다. 먼저 도르트 회의(Synod Of Dort, 1618~1619)의 결정에 따른 예정론자를 슈프라랍싸리안(Supralapsarians)이라고 한다. 두 번째 유형으로는 다소 온건한 입장에서 도르트 회의를 완화된 형태로 인식하는 예정론자들을 인프라랍싸리안(Infralapsarians)이라고 한다. 이 두 입장의 가장 큰 차이점은 구원받지 못한 사람들은 '인간이 타락하기 전부터 이 모든 일들이 이미 예정된 것'이라고 보는 입장과 '구원받지 못하는 사람들은 이미 정죄된 그대로 버려두신 것'이라는 입장이다. 그리고 제삼의 예정론으로 두 이론을 수정한 형태의 예정론자를 수브랍싸리안(Sublapsarians)이라고 한다.
113) 조경현, 《초기 한국 장로교 신학사상》(서울: 도서출판 그리심, 2011), 80~81.

"SVM이 가진 성경 중심적 부흥회적 감성적 신앙의 모습을 선교사들이 그대로 가지고 있다는 점이다. 부흥회 분위기의 감성적 성경공부와 경건주의, 그리고 개인전도에 대한 미국 선교사들의 강조는 이런 점에서 특히 눈에 띈다."[114]

이런 사상이 바로 남장로교회의 사상이었고 남장로교를 대표하는 레이놀즈(Mr. William D. Reynolds, 이눌서, 1867~1951) 선교사의 사상이었다.[115] 특별히 미국 남장로교 소속 선교사들은 미국에서 대학을 나온 중산층의 사람들이 주축을 이루고 있었으며, 복음주의의 바른 신학을 가진 사람들이었다.

미국은 전통적으로 유럽에서 이민 온 사람들이 살고 있었기 때문에 그들이 가진 신앙도 각각이었다. 그런 많은 신앙인들 가운데 보수적이고 복음적인 신앙을 가진 장로교 선교사들이 한국 선교의 주체가 되었다는 점은 시사하는 바가 크다고 하겠다. 특히 선교사 레이놀즈를 비롯한 남장로교 선교사들이 호남 지방의 선교를 담당하면서 이 지역을 비롯해서 한국교회에 바른 신앙의 기초를 놓는 일에 큰 공헌이 있었다고 하겠다.

---

114) 류대영, 《초기 미국 선교사 연구》(서울: 한국기독교역사연구소, 1991), 137.
115) 레이놀즈 사상과 칼빈의 사상을 비교한 논문으로는 권상덕의 글을 참조(권상덕, "레이놀즈와 깔뱅의 성서관 비교 연구", 〈기독교문화연구〉 제15호(한남대학교 기독교문화연구원, 2010), 197~221). 권상덕은 레이놀즈의 사상은 칼빈과 일치하는 것이 아니라고 결론을 내리고 있다. 다시 말해서 '칼빈'이 아니라 '칼빈주의'였다고 한다(p. 218). 미국 남장로회뿐만 아니라 장로회의 성경관은 칼빈주의자인 프란시스 튜레틴(Francis Turretin, 1623~1687)의 영향 아래에 있었다(Jack Bartlett Rogers & Donald K McKim, *The Authority and Interpretation of the Bible: An Historical Approach*(San Francisco: Harper Row, 1979), 279].

2) 미국 남장로교 선교부 선교사의 한국 선교

미국 남장로교 해외선교부의 한국 선교는 1885년 4월 5일에 입국한 북장로교 소속 선교사인 언더우드(H. G. Underwood, 1859~1916)에 의해 시작되었다. 이때 남장로회는 교단적 분열과 상관없이 언더우드를 후원했다. 선교적 열정에 있어서는 남북의 차이는 없었다.

1884년 9월 20일 역시 미국 북장로교 소속 의료선교사인 알렌(Horace Newton Allen, 1858~1932)이 입국하여 선교를 시작하였지만 한국에 최초로 파송된 목사 선교사는 언더우드였다. 언더우드 선교사가 안식년을 얻어서 일시 귀국하여 선교보고를 하였고, 한국에 갈 선교사를 모집하였다. 언더우드와 당시 밴더빌트 대학에 재학 중이던 윤치호의 호소를 듣고 한국 선교사로 지원하게 된 사람이 미국 남장로교 소속 유니온 신학교 출신 레이놀즈(William D. Reynolds, 1867~1951)였다.[116]

그는 미국 남장로교 해외선교부에 한국 선교사로 나갈 것을 신청했으나 미지의 나라인 한국에 가는 것도 합당하지 못하고 재정도 부족하다는 이유로 거절당하였다. 그러나 그는 실망하지 않고 언더우드와 함께 교회들을 순회하면서 "왜 우리가 한국에 가야 하나"라는 제목의 글을 발표하고 끈질기게 설득하였다. 그 결과 교단의 허락과 재정 지원을 받아서 남장로교 선교사가 한국에 입국하게 된다.

---

116) 소재열, 《호남선교이야기》(광주: 도서출판 말씀사역, 2004), 37.

한국에 최초로 입국한 남장로교 선교사를 '7인의 선발대'(7 vanguards)라고 했고, 이들은 다음과 같다.[117]

① 레이놀즈(Mr. William D. Reynolds, 이눌서, 1867~1951)
② 레이놀즈의 부인(Mrs. Patsy Boiling Reynolds, 1868~1962)
③ 전킨(Mr. William M. Junkin, 전위렴, 1865~1908)
④ 전킨의 부인(Mrs. Mary Leyburn Junkin, 1864~1952)
⑤ 테이트(Mr. Lewis B. Tate: 최의덕, 1862~1929)
⑥ 테이트의 아내(Miss Samuel M. Tate, 최마태, 1864~1940)
⑦ 데이비스 양(Miss Linnie Davis, 1862~1903)

7인의 선발대 중 대표적 인물은 레이놀즈였다. 그는 '이눌서'(李訥瑞)라는 이름을 가지고 호남 선교뿐만 아니라 한국 선교 역사에 있어서 중요한 일들을 감당했다. 그는 1892년에 한국에 입국하여 1937년 은퇴할 때까지 45년간 한국 선교에 임했다. 그는 교회를 담임하여 훌륭히 목회사역에 임했을 뿐만 아니라 성경번역사업에 주도적으로 참여했으며, 평양신학교 교수로서도 소중한 역할을 감당했다. 신학교 교수사역은 평양신학교의 초창기부터 교수로 사역하였으며, 마펫(Samuel A. Moffett, 1864~1939)은 행정을 담당했고, 클라크(Charles A. Clark, 郭安連, 1908~1990)가 저술을 담당했다면 레이놀즈는 신학적인 면에서 사역을 담당했다고 할 수 있다.

레이놀즈는 조직신학을 가르쳤으며, 그가 은퇴할 때 그의 후임

---

117) L. H. Underwood, *The Call of Korea*, 한동수 역,《와서 우릴 도우라》(서울: 기독교문서선교회, 2000), 23. ; 소재열, 39.

으로 구례인 박사(Dr. J. C. Crane, 1888~1964)가 그의 뒤를 이어 조직신학을 가르쳤다. 그도 남장로교 선교부 소속이었고 전남 지방, 특별히 순천 지방 선교에 앞장섰으며 순천 매산학교 설립자 겸 초대 교장을 지낸다. 소재열은 테네시 주 내슈빌에서 개최한 전국 신학교 선교사 동맹(Inter-Seminary Missionary Alliance)에 대하여 기록하고 있다. 그 모임에서 언더우드와 윤치호가 행한 한국 선교에 대한 연설을 들은 레이놀즈가 한국 선교사로 가기로 결심한 사건을 "미국에서 호남을 위해서 섭리하신 하나님"[118]이라고 했다.

호남 선교뿐만 아니라 한국교회의 선교는 성령 하나님의 섭리를 인식하지 않고는 이해하기 어려울 것이다. 분명 호남 지역 선교에 있어서 언더우드를 그곳에 보내셨고 또 레이놀즈를 그곳에 보내신 것은 하나님의 섭리, 그리고 레이놀즈를 중심으로 한 소수의 선교사들의 선교에 대한 열정과 충성심으로 호남 지방 교회의 밑거름이 되게 하신 것이다.

3) 미국 남장로교 선교부의 호남 지방 선교

호남 지방의 선교는 남장로교 선교사들이 한국에 입항한 1892년을 시발점으로 본다. 한국에 선교가 시작된 이후 최초로 호남 땅을 밟은 선교사는 호주 장로교 소속 선교사인 데이비스(J. Henry Davis, 1856~1890)이다. 그는 1889년 서울에서 임지인 부산으로 가기 위해서 충청도와 전라도를 경유했는데 이것이 호남 지방을 방문

---

118) 소재열, 35.

한 최초의 외국인 선교사로 기록되었다.[119] 그 후 1893년 레이놀즈 선교사가 마펫(S. A. Moffett) 선교사와 함께 말을 타고 공주 지방을 답사한 일이 있었다.[120] 그러나 본격적인 호남 지방 선교는 1905년에 이루어진 예양협정 이후였다.

1905년 5월 한국에 와 있던 미국의 남장로회와 북장로회, 캐나다 장로회와 호주 장로회 등의 네 장로회와 그리고 미국 남북 감리회가 연합하여 개신교복음주의선교협의회(The General Council of All Protestant Evangelical Missions in Korea)를 구성했다.[121] 협의회는 선교사역에 있어서 서로 협력하여 한국에 하나의 토착교회를 세우는 것을 목적으로 했다. 본 협의회는 먼저 각 지방을 분할하여 선교하는 예양협정(禮讓協定, Comity Plan)을 맺었다.

이 협정에 따라서 미국 북장로교회는 서울, 경상북도, 황해도, 평안도 지방을 맡아서 선교하기로 했고, 캐나다 장로교회는 함경도 지방을 맡아서 선교하기로 했다. 호주장로교회는 경상도 지방을 맡았고, 북감리교회는 강원도 원주지방과 충청도, 황해도 일부, 평양 지방을 맡았다. 남감리교회는 강원도 지방을, 그리고 남장로교회가 전라도 지방을 각각 맡아서 선교하기로 합의했다.[122]

이 예양협정에 따라 남장로교 선교부가 호남 지방에 선교를 시작하기 이전에 이미 남장로교 선교부는 호남 지방에 선교를 시작하고 있었다. 1893년 테이트(Lewis Boyd Tate)와 전킨(William McCleery Junkin)을 호남 지방의 중심지였던 전주에 파송하기로 결

---

119) 같은 책, 47.
120) 같은 책, 48.
121) 김인수, 《한국 기독교회의 역사 (상)》(서울: 쿰란출판사, 2012), 341.
122) 같은 책, 143.

정했다. 1895년 2월에 그들이 거처할 집과 대지를 구입하여 선교 거점지역을 확보했다. 그 후에 군산과 목포와 나주에 선교지부를 두었으며, 광주를 선교본부로 정하고 전라도 일대의 선교를 관장했다.

4) 미국 남장로교 선교부의 전남 순천 지방 선교

순천에 복음이 처음 전해진 것은 1894년 미국 남장로회 소속 레이놀즈 선교사에 의해서이다. 그다음은 오웬(Clement C. Owen, 1867~1909) 선교사, 변요한(John Fairman Preston, 1875~1975) 선교사, 그리고 유서백(John Samuel Nisbet, 1869~1949) 선교사, 그리고 고라복(Robert Thronwell Coit, 1878~1932) 선교사에 의해서 계속되었다. 순천 지방에서의 선교사들에 의한 선교는 호남 지방의 다른 도시인 전주나 군산이나 목포나 광주보다 비교적 늦게 시작이 되었다. 그러나 선교사들이 순천에 선교기지를 세우기 이전에 현지인들이 복음을 받아 예수님을 믿고 교회를 세웠다.

1905년에 세워진 여수의 장천교회, 보성의 무만동교회와 광양의 신황교회 등은 선교사들에 의해서 세워진 교회가 아니라 한국인 스스로가 만주나 다른 외지에 나가서 복음을 믿고 세운 교회들이다. 이렇게 이미 스스로 세워진 교회에 선교사들이 와서 전도활동을 함으로 교회들이 더욱 부흥하게 되었다.[123]

---

123) 순천노회 사료편찬위원회, 《순천노회사》(전남: 순천문화인쇄사, 1992), 41.

미국 남장로교 선교부가 순천에 선교지부를 둔 것은 정확하게 날짜를 기록하고 있지 않다. 1909년 변요한 선교사와 배유지(Bell Eugene, 裵裕祉, 1868~1925) 선교사가 순천을 둘러보았다. 이미 교회들이 개척되어 있음을 보고 순천 지방에 선교기지 개설의 필요성을 보고하였다.[124] 1910년 4인 위원회(유서백, 변요한, 윌슨, 하위렴)를 구성하고 선교 기지를 개설할 것을 결의했다. 미국 남장로교 해외 선교부 총무를 지낸 바 있는 조지 톰슨 브라운(George Thompson Brown, 1921~2014)은 그의 책 《한국 선교 이야기》에서 순천 선교부의 개원을 이렇게 기록하고 있다.

> 순천 지역의 사역은 오웬 의사가 시작했고 그가 치명적으로 아프게 된 것도 여기에서였다. 그의 사후에 프레스톤 선교사가 목포에서 광주로 옮겨서 동남부 지역의 사역을 감독했다. 벨과 프레스톤은 이 지역을 함께 돌면서 그 사역이 매우 만족할 만한 상황에 있는 것을 보면서 놀라고 기뻐하였다. 그들은 순천 근교에 여섯 내지 일곱 그룹의 기독교인이 모임을 열고 있는 것을 발견했다. 그중에는 오십 명이 도시 안에 있는 큰 기와지붕의 공회당에서 모이는 그룹도 있었다. 이 조사 후에 두 사람은 순천에 선교부를 세울 것을 선교부에 추천하였는데 이유는 그 지역에 새 신자들이 많고, 거리가 멀고, 직통로 때문에 순천이 광주로부터 고립되는데 순천은 도서 지방을 위한 '도약점'으로 사용될 수 있다는 것 때문이었다. 선교부는 제안된 선교부를 설립할 자리를 찾기 위해 위원회를 구성했다.[125]

---

124) George Thompson Brown, *Mission to Korea*, 천사무엘, 김균태, 오승재 역, 《한국 선교 이야기》(서울: 도서출판 동연, 2010), 133.
125) Ibid., 133.

1911년에는 순천에 선교기지를 건설할 계획서를 작성하였는데, 이 계획서에는 교육사업과 의료사업이 주사업으로 되어 있었다. 선교기지에는 종교시설, 교육시설, 의료시설, 주거시설 등의 구역으로 편성하고 거기에 따른 각종 시설들을 자세하게 적고 있다. 그 계획에 의해서 다음 해 1912년에 남장로교 선교부에서 순천에서 일할 선교사들을 파송함으로 본격적인 순천 선교 시대를 열었다.[126]

그때 파송된 선교사를 《순천노회사》에서 "변요한(John F. Preston), 고라복(Robert Coit), 프랄(C. H. Pratt), 리딩햄(Leadingham)과 그 가족들과 미혼여성으로 비거(Biggar), 듀푸이(Dupuy), 그리이(Greer) 등이었다. 티몬스(Timmons) 의사 부처도 얼마 후에 이곳에 배정되었다"[127]고 기록하고 있다. 이들은 얼마 안 되어 순천에 도착했으며, 그들의 임무를 조지 톰슨 브라운은 이렇게 기록하고 있다.

> 복음을 위해서는 프레스톤과 코이트, 프래트이었다. 티몬스(H. L. Timmons) 박사 부부 그리고 간호사 그리이(Anna Lou Greer) 양이 의료사역을 위해 도착했다. 크레인(J. C. Crane) 목사 부부가 남학교의 사역을 맡기 위해 그리고 듀푸이(Lavalette Dupuy) 양은 신청된 여학교의 책임을 맡기 위해 임명되었다. 비거(Meta Biggar) 양은 여성들을 위한 복음선교와 성경학교 사역을 위해 부름을 받았다.[128]

미국 남장로교 선교부는 순천 지방을 도서 지방을 위한 특별한

---

126) 《순천노회사》, 41.
127) 같은 책, 41.
128) George Thompson Brown, 136.

지역으로 보고 선교에 박차를 가하였으며, 미국의 교회와 기업들로부터 전폭적인 지지를 얻어서 순천 지역의 선교를 시작하였다.

5) 순천 매산학교 설립과 운영

미국 남장로교 선교회가 순천에 선교기지를 세우고 선교를 하면서 중요하게 여기고 시작한 사업이 학교를 세워서 인재를 양성하는 일과 병원을 세워서 주민들의 건강을 돌보는 일이었다. 순천에 배정된 의료 선교사인 의사 티몬스(Herny Loyale. M. D. Timmons, 1878~1975)와 미혼여성이었던 그리어(Anna Lou R. N. Greer, 1883~1973) 양을 중심으로 의료선교가 시작이 되었다.

처음에는 조그마한 판잣집에서 시작해서 1915년에는 35개의 침대와 한국 최고의 의료시설을 갖춘 알렉산더 병원이 개원되었다. '애양원'이라고 알려진 여수 신풍리에 세워진 비더울프 나병원도 남장로교 선교부에서 세운 병원이다. 그리고 미국 남장로교회 선교부가 의료선교와 더불어 역점을 둔 교육사업의 일환으로 세워진 것이 바로 '매산학교'다.

매산학교는 현재 순천 매산중학교와 순천 매산고등학교, 그리고 순천 매산여자고등학교 등의 세 학교로 발전하여 오늘에 이르고 있다.

매산학교는 2010년에 개교 100주년을 맞이하여 매산 100년사 편찬위원회를 구성하여 《매산백년사(梅山百年史)》를 발간하면서 학교의 연혁을 소상하게 기록하고 있다.[129] 특히 학교 설립일에 대해

---

129) 매산 100년사 편찬위원회, 《매산백년사》(전남순천: 아름원색, 2010) 참조.

여러 견해가 나뉜 것을 취합해서 1910년 4월부터 1913년 8월까지를 사숙(私塾) 시기로, 1913년 9월부터 1916년 6월까지를 은성학교 시기로, 1921년 4월부터 1937년 9월까지를 매산학교 시기로, 1946년 9월부터 1950년 5월까지를 매산중학교 시기 등으로 나누어서 매산의 역사를 기록하고 있다.

매산학교는 사숙(私塾) 시기(1910년 4월~1913년 8월)로부터 시작한다. 미국 남장로교 선교부가 순천 지역에 선교기지를 개설하기로 계획하고 본격적으로 이주하여 선교를 시작하기 전에 이미 매산학교는 시작이 되었다. "선교사인 변요한(John F. Preston), 고라복(Robert Coit) 목사에 의해서 1910년 4월 금곡동 향교 근처의 한옥 한 채를 구입하여 예배당으로 사용하면서 30명 정도의 학생들에게 성경과 신학문을 가르치기 시작하였다."[130] "비록 이름 없는 학교였지만 순천에서는 처음 생긴 학교"였다.[131]

이 시기는 매산학교가 정식 인가를 받거나 학교의 형식을 갖추지는 못했고 사사(私私)로이 학문을 가르쳤기에 사숙의 시기로 규정하지만 교육의 시작이라는 측면에서 매산학교의 시작이라고 본다. 이 사숙학교는 1913년 매곡동으로 이전하여 정식 학교로 인가를 받아서 은성학교 시기를 시작함에 따라 문을 닫게 되고, 사숙학교가 아닌 정식학교의 시기를 열게 됐다.

정식학교로 인가받아 출범한 학교명은 '은성'학교였다. 은성학교 시기(1913년 9월~1916년 6월)는 3년여 기간 동안 운영되었으나 일제가 개정한 사립학교 규칙과 사립학교를 관공립(官公立)학교로 전환

---

130) 같은 책, 172.
131) 같은 책, 172.

할 것을 강요함에 따라 선교사들은 자진 폐교 결정을 내렸다. 왜냐하면 일제에 의한 사립학교 규칙에 의하면 학교에서는 성경을 가르칠 수가 없기 때문이다. 이는 공식적으로 인가를 받은 학교에서는 성경공부와 모든 종교적 행위를 금지시켰다. 기독교의 복음을 전하기 위한 목적으로 세워진 학교에서 성경을 가르칠 수 없다는 것은 더 이상 학교를 운영할 이유가 없음을 뜻했다. 결국 은성학교의 시기는 일제의 강압적인 조치에 의해서 막을 내렸다.

기독교 교육 금지로 폐교되었던 은성학교는 일제가 지금까지 펼친 무단통치를 버리고 문화정치를 표방함으로 다시 시작하게 되었다. 성경을 가르치며 학교를 운영해도 된다는 당국의 유화정책으로 1921년 4월 '매산학교'라는 이름으로 개교를 함으로 이 시기를 매산학교 시기(1921년 4월~1937년 9월)라 한다. 하지만 일제의 강제적인 신사참배 강요로 인해서 다시 폐교를 결정하고, 해방 이후 매산중학교로 재차 개교할 때까지 폐교 상태로 남게 되었다.

매산학교는 미국 남장로교가 세운 광주의 숭일남중학교, 수피아여중학교, 목포의 영흥남중학교가 강제 폐교되자 강제 폐교가 되기 전에 자진 폐교를 선택했다. 1937년 9월 8일 〈동아일보〉는 전남 지방 4개 학교의 폐교를 이렇게 기록하고 있다.

愛國日에 神社不參拜(光州 須彼亞. 崇一 木浦 貞明. 永興) 四學校를 廢校處分
작 六일은 애국일(愛國日)로써 전조선 一百萬학생을 총동원하야 신사참배(神社參拜)등 각종무운장구(武運長久)의 의식을 진행하엿는데 전라남도내의 광주(光州) 숭일(崇一)학교, 수피아(須彼亞)학교, 목포(木浦)의 정명(貞明), 영흥(永興) 네학교는 무슨이유인지 신사에 참배하지안헛을뿐아니라 학생자신들이 자진하여 신사에 참배하랴는 것을 학교설립당국자로부터 저지까지하엿으므로 전라남도당국에서는 작 六일 오후 七시에 전기네학교에는 단연 폐교(廢校)처분을 나리엇다한다.[132]

〈동아일보〉 1937년 9월 30일 신문은 매산학교의 자진 폐교에 대해서 이렇게 기록하고 있다.

> 누보와같이 미국 장로교 선교사계 경영인 전선각학교 신사불참배문제가 일어난지 만 一개년인 지난六일 교육긔렴일에 신사불참배를 고집한터로서 도당국은 매산학교장을 청하여 국민교육 관계상 신사참배를 하여야겟는대 어떠켓는냐고 들은즉 엉거-교장은 참배를 불응하고 폐교신청을 제출할것이라한다.
> 도당국에서는 도시학(道視學)을 순천에보내 선후책을 협의한결과 二十七일밤 八시에는 구군수(具郡守)로부터 군회의실로 지방유지와 학부형제씨를 초청하여 매산학교폐교에대하야 당국으로서는 매산남녀 학교학생 五백여 명은 전부당지 순천보통학교에 편입하여 二부제로 교육케 하는 동시에 교원도 전부 촉탁교원으로 채용하겠다는 당국의 방침을 설명하엿다. 이로써 二十여년간 만흔인재를 양성한 순천매산학교도 이로써 최후를고하고 말엇다.[133]

매산학교는 철저하게 성경을 가르치며 신앙을 가르치는 것이 설립 목적이었음을 알 수 있다. 또한 신앙 문제에 있어서 '신사참

---

132) 김승태 편역, 《신사참배문제 자료집 I 국내 신문 기사편》(서울: 한국기독교역사연구소, 2014), 34, 재인용.
133) 〈동아일보〉(1937.09.30). "閉鎖되는 梅山兩敎 五自在學生은 救濟", 매산 100년사 편찬위원회, 《매산백년사》, 366, 재인용.

배'를 종교적 의식으로 확고하게 거부하는 의미에서 자진 폐교 결정을 내렸다고 할 수 있다. 이는 선교사들이 학교를 설립한 궁극적 목적을 민족운동이나 교육사업이 아니라 철저하게 선교적 사역으로 인식하였음을 뜻하는 것이다.

양용근과 그의 맏형 양용이는 이 매산학교를 통하여 신앙을 갖게 되었다. 두 형제가 다 이 학교에서 공부를 하면서 성경을 배우고 신앙을 가지게 되었다.

> 순천읍에서 큰형님 주선으로 해서 미국 남장로교 선교사회에서 경영하는 순천 매산중등학교로 입학을 하여 소정의 과정을 필했던 것이다. 순천 매산학교를 입학하는 동안에 큰형님은 매산학교를 앞서 졸업하시고 신자가 되었고 그 형님이 고향에 오사교회를 세우시고 활동하고 있는 시기라 신앙에 관심을 가지고 있는 터에 순천 매산학교에 입학되면서 기숙사 생활을 하게 되었고 선교사가 출석하는 교회에도 나가게 되는 생활상이 되고 보니 신앙인이 되었고 열심히 성경공부를 하고 믿음의 도리를 익숙하게 배웠던 것이다.[134]

양용근의 형 양용이는 사숙학교 시절, 적어도 1916년 성경공부 금지로 은성학교가 폐교되기 이전에 학교에서 수학한 것으로 보인다. 그의 동생 양용근을 이 학교에 입학시킨 것은 1921년 '매산학교'로 정식 인가를 받아 개교한 그해이다. 양용이, 양용근은 이 시기에 복음을 받아들이고 미국 남장로교 선교사들의 신앙교육을 성실히 받았다.

---

134) 양영기, 《순교자 양용근》(미발표), 4.

6) 신사참배에 관한 미국 남장로교 선교부 선교사들의 대응

일제는 한국교회의 신사참배 강요를 학교로부터 시작했다. 당시의 많은 학교들이 선교사에 의해서 개교되었으며 교회가 그 학교 운영에 많은 부분 경제적 후원을 하고 있었다. 선교회나 교회는 학교를 일본당국으로부터 정식으로 허가를 받고 운영하고자 했기에 일제는 이를 신사참배 확대에 이용했다. 결국 신사참배를 하지 않고서는 학교를 운영할 수 없는 상황이 되었다. 이러한 사정 때문에 한국에 주재하고 있던 선교사들은 학교와 교회를 통해 일제의 신사참배 강요가 들어오는 것에 대해서 각각 다른 반응을 보였다.

먼저 감리교 선교사들은 대부분 신사참배를 묵인하고 수용하는 태도를 보였다. 반면에 장로교에 속한 선교사들은 대체로 신사참배를 반대하는 입장이었으나 개인적으로는 그 성향을 달리해 신사참배를 묵인 내지 동조하는 선교사도 없지 않았다. 물론 적극적으로 반대하는 선교사도 있었다.

미국 북장로교 선교부는 대체적으로 신사참배를 강요하는 일제에 대항하여 학교를 폐쇄할 것을 주장했지만 일부는 신사가 종교가 아니라 국민의례라고 하며 학교를 지키기 위해서 타협을 하는 선교사도 있었다. 김승태는 그의 책 《한말·일제강점기 선교사 연구》에서[135] 미국 북장로교 선교부의 신사참배에 대한 대응을 맥

---

135) 김승태, 《한말·일제강점기 선교사 연구》(서울: 한국기독교역사연구소, 2006) 참조.

쿤(G. S. McCune, 尹山溫, 1872~1941), 홀드크로프트(J. Cordon Holdcroft, 許大殿)의 '비타협적 이상론'과 언더우드, 쿤스(Edwin W. Koons)의 '타협적 현실론'의 두 견해로 나누었다. 여기서 '비타협적 이상론'은 신사참배는 기독교인으로서 양심과 법을 어기는 것이기 때문에 자신도 할 수 없고 학생들에게도 시킬 수 없다는 단호한 입장이다. 그러나 '타협적 현실론'은 일본이 주장하는 국가신도라는 입장을 그대로 받아들이면서 신사의식에는 종교적 의미가 없기 때문에 신사불참배로 인한 불이익을 당할 필요가 없다는 주장이다.

김승태는 1938년 1월 〈프레스비테리언 트리뷴〉지에 소개된 언더우드의 글 "가이사의 것은 가이사에게 돌리라"는 글에서 신사불참배로 인한 불이익에 대한 글을 이렇게 인용하고 있다.

이 의식의 참가를 거부한다면 그 결과는 어떻게 될까?
① 우리들의 학교는 전부 폐쇄된다.
② 생도의 대부분은 비기독교 학교에 인도되고, 비크리스천 선생의 지도하에 놓이며, 결국 의식 참렬은 계속된다.
③ 학교는 전부 참렬이 요구되기 때문에 생도의 인도를 거부하는 자에게는 전혀 교육의 기회가 주어지지 않는다.
④ 무교육자 또는 15년 이상 이 의식에 참렬한 자 중에서 장래 교회 지도자를 선택하는 문제가 일어난다.
⑤ 정부 당국자의 마음에 기독교 선교사는 치안방해와 불충을 교사 선동하는 자라고 하는 혐의를 일으키게 할 것이다.
⑥ 교육 이외의 각 사업, 전도 및 의료 방면에도 결국 곤란에 빠지게 할 것이다.
⑦ 우리가 수만 명의 조선 청소년 소녀들에 대하여 교문을 폐쇄한다면 조선인 신자의 친선적 호의를 잃을 것이다.

⑧ 우리가 신자의 자녀를 비기독교학교에 전학시킴으로써 신자인 학부형의 악감을 사게 될 것이다…….[136]

언더우드의 주장은 일면 현실적 측면에서는 타당성을 가지는 것으로 보인다. 신사불참배로 인해서 학교와 학생들에게 미칠 부정적인 면을 고려해서 신사참배 문제를 적당한 선에서 타협함으로 한국과 한국교회에 지대한 영향을 미치게 될 교육사업을 그대로 유지하는 방안을 모색했던 것으로 보인다. 언더우드의 생각이 북장로교 선교사들 다수의 생각이라고 단정할 수 없다. 하지만 북장로교 선교사들 사이에서는 이런 타협적 현실론이 자리를 잡고 있었고, 실제로 타협함으로 학교를 폐쇄하지 않고 계속 유지하기도 했다.

경남 지역을 담당하고 있던 호주 장로교 선교부에서는 신사참배를 하나님의 명령에 위배되는 것으로 보아 신사참배 불가 결정을 내렸다. 그러나 가능한 한 학교를 계속해서 운영하기를 원했다. 그 결과 신사참배 문제를 개인적으로 양심에 따라 신사참배 하는 것을 문제 삼지 않고 당국과 타협을 원했다.[137] 그러나 당시 시대적 상황에서 공식적으로 신사참배를 하지 않고는 도저히 학교를 운영할 수 없게 되자 1939년 1월 특별위원회를 소집하여 결의안을 채택했다.

1936년의 선교정책을 발전시켜, 우리는 이제 교회와 학교에서

---

136) 같은 책, 199.
137) 김승태, 《식민 권력과 종교》, 130.

우리 자신이 신사참배와 관계를 끊을 것을 결의한다. 우리가 이렇게 하는 것은 신사에 참배하는 이 행위에 우리가 믿기로는 기독교인으로서 증거해야 할 우리의 기본적인 의무에 관한 진리 즉 하나님의 진리에 거슬린다는 주장을 인정하는 본질적인 한 증표가 들어 있다는 확신 때문이다. 나아가서 우리는 교육에서 우리 기독교인의 증거를 계속하려 하며, 학교를 계속 유지하려는 모든 노력에 의하여 일본에 대한 우리의 선의와 협력을 계속하려고 한다.[138]

신사참배를 거부하면서도 학교를 유지하려는 이러한 노력은 결국 수포로 돌아가고 그해에 이 선교부 소속의 모든 학교를 폐쇄하기에 이르렀다.

함경도 지역을 담당하고 있던 캐나다 연합교회 선교부도 처음에는 신사참배를 단호하게 거부했다. 그러나 일제의 강요가 심해지자 신사참배가 종교적 의식이 아니라 국민적 의식이라고 수용하여 당국과 협의하여 계속해서 학교를 운영했다. 신사참배를 하고서라도 학교를 운영하는 것이 신사참배를 거부하여 학교를 폐쇄하는 것보다 복음을 전하는 목적에 부합되는 것이라고 판단했던 것이다.[139]

미국 남장로교 선교회는 단호하게 신사참배 거부 입장을 표명하고 나섰다. 그들이 세운 매산학교를 신사참배 강요로 폐교를 했고, 총회나 노회가 신사참배를 가결했을 때 남장로교회 선교부 소

---

138) Edith A. Kerr and George Anderson, *The Australian Presbyterian Mission in Korea 1889~1941*(1970), 57, 김승근, 《한말·일제강점기 선교사 연구》, 204, 재인용.
139) 김승태, 《식민 권력과 종교》, 135.

속 선교사는 노회 탈퇴를 선언했다.[140]

일제가 호남 지역 기독교계 학교에 대하여 당국의 행사에 참여하여 신사참배를 할 것을 요구하자 1936년 11월에 열린 남장로교 선교사 대회에서 학생들에게 신사참배를 강요한다면 학교를 폐쇄할 수밖에 없다는 것을 결의하였다. 그리고 미국 선교본부에 이 안건을 요청했고, 당시 해외선교부 실행위원회 총무였던 풀턴(C. D. Fulton)이 내한하여 남장로교 선교사 총회로 모이게 하였다. 거기에서 이른바 "풀턴 성명"이라고 알려진 "한국 학교에 대한 정책"을 발표하였는데, 그 핵심 내용은 일제의 이러한 요구가 계속될 때는 학교를 폐쇄한다는 내용이었다.

풀턴이 방한하여 결정한 과정과 내용을 조지 톰슨 브라운은 이렇게 기록하고 있다.

> 실행위원회에서 전권을 위임받은 풀턴 박사는 1937년 2월 2일 한국에 도착했다. 전에 제2세대 선교사로 일본에 거주했던 그는 일본의 언어, 관습 그리고 종교를 잘 알고 있어서 이 임무를 수행하는 데 자질이 충분했다. 풀턴 박사가 미국 선교회에서 전권을 가지고 왔다는 것을 일본 당국은 상식으로 알고 있어서 결과적으로 그가 한국에 머무는 동안 엄격하게 감시했다……풀턴 박사는 선교회의 입장에 진심으로 동의했고, '이 점을 양보하는 것은 모든 기독교 선교의 목적과 프로그램을 망쳐 버린다'는 것을 알았다. 정책보고서를 기안해 2월 말에 열리는 임시위원회의에 제출했다……최근에 일어난 일 때문에 선교회가 세속 분야의 교육을 계속하는 것이 불가능하다고 진술했다. 선교회는 새

---

140) 같은 책, 129.

로운 학생은 받아들일 수 없으나 신사참배를 강요하지 않는 이상 이미 등록한 학생들에게 계속 교육을 실시할 것이라고 했다. 또한, 이 학교들이 견지하고 있는 기독교 신앙을 따르지 않는 어떤 집단에게도 이 학교들을 팔거나 세를 주거나 넘겨주지 않을 것이라고 했다.[141]

위와 같은 방침으로 인해 일제가 계속 신사참배를 강요하자 남장로교 선교부가 호남 지방에 세운 모든 학교들을 폐쇄하기에 이르렀다. 이에 따라서 매산학교는 신사참배 강요에 대한 불복으로 1937년 9월 28일자로 자진 폐교했다. 그 후 해방이 될 때까지 폐교 상태로 있었고, 그로부터 9년 후인 1946년 9월 24일에 매산중학교로 정식 인가를 받아서 재출발을 하게 된다.

1938년 4월 25일에 구례읍교회당에서 열린 제22회 순천노회에서 일제의 강요에 이기지 못하여 신사참배를 가결하자 당시 순천노회 소속이었던 변요한, 구례인, 그리고 원가리 선교사가 노회 탈퇴를 선언했다. 노회록에는 그 사실을 "선교사 변요한, 구례인, 원가리 3씨가 당분간 본노회 정회원을 사면하게 됨으로 본노회 적합한 자로 시무케 하기로 하다"라고 기록하고 있다.[142]

총회가 신사참배를 가결하자 남장로교 선교사들은 광주에 모여서 차후의 행동을 결정하였다. 선교사들은 각각 소속 노회에서 탈퇴하여 노회를 떠나 개인적으로 계속해서 전도할 것과 신사참배를 반대하는 사람들을 지원하고 그들과 협력할 것을 결의하였다. 그러나 일본 당국은 점점 여러 가지 방법으로 이들이 한국에

---

141) George Thompson Brown, 214~215.
142) 《순천노회사》, 143.

머물 수 없도록 방해를 하고, 또한 본국 선교본부에서 철수를 명했기 때문에 어쩔 수 없이 귀국을 택하였다. 남장로교 선교사들이 귀국할 수밖에 없었던 이유를 이렇게 말한다.

> 같은 달에 세 가지 놀라운 사태가 외국 선교사와 일본 당국 간에 악화된 상황을 부채질했다. 첫째로 직, 간접적으로 외국인들과 인연을 맺고 있는 한국 사람들을 몰아내는 일이 시작되었다. 둘째로 일본은 미국에 더욱 호전적인 정책을 선포하고 있는 독일-이탈리아와 방공협정술을 맺었다. 셋째로 마쉬 총영사(Gaylord Marsh)가 모든 미국 시민은 한국을 떠나라고 권고한 것이었다. 이 긴급한 상황 때문에 대피를 위하여 특별 수송편이 마련되었다. 본국의 이사회는 전반적인 대피를 인정하는 전문을 보내왔다. 이제는 선교사들을 존재하게 했고 그들이 오랫동안 시역해 왔던 교회에 도움보다는 방해가 되는 것이 아닌지 생각해 볼 때가 되었다. 최종 결정은 각 선교사에게 맡겼다. 일곱 사람을 빼고는 모든 사람이 총영사의 권고를 받아들였다. 1940년 11월 16일 매리포사(S. S. Mariposa) 호가 인천항에서 219명의 미국인을 태웠는데 대부분이 선교사들과 그들의 자녀들이었다. 그중에 50명이 남장로교 선교사였다.[143]

남장로교 선교사들은 한센병 환자를 위한 윌슨 의사 부부와 선교회 법인 관리를 위한 탈마지 박사를 위시한 일곱 명만 남아 있었고 나머지 모두는 다 귀국해야 했다. 그들도 얼마 있지 않아서 전원 귀국했다.

---

143) George Thompson Brown, 223~224.

양용근의 학업과 신앙의 성장은 미국 남장로교 순천 선교부의 영향이 지대하다고 할 수 있다. 선교사들이 세운 매산학교에서 형과 같이 공부를 하며 신앙을 전수받았고, 그들의 도움으로 고향인 광양군 오사리에 교회와 학당을 세울 수 있었다. 일본으로의 유학이나 평양신학교에서의 수업도 이들의 신앙에 지대한 영향을 미쳤다. 그리고 이러한 영향 아래에서 신앙을 지키기 위해서 죽기까지 고난을 감내할 수 있었을 것이 자명해 보인다.

3. 양용근의 출생과 성장

1) 양용근의 출생

양용근(梁龍根)은 1905년 10월 14일(호적 1905년 3월 14일) 전남 광양군 진월면 오사리 694번지에서 부친 양재훈(梁宰勛)과 모친 정정랑(鄭丁浪)의 5남 1녀 중 4남으로 태어났다. 호적에 기록된 본명은 양용환(梁用桓)이었으나 양용근(梁龍根, 일본대, 평양신학교 졸업장의 이름), 양복근(梁馥根), 양천정일(梁川正一, 광주지방법원 판결문에 기재된 이름) 등으로 이름을 바꾸어서 사용하였다. 현재도 호적명은 양용환으로 독립유공자(애국지사)에 등록되어 있으며, 교계에서는 그의 신학교 졸업장의 이름과 목사안수 시의 이름을 따라 '양용근'으로 칭하고 있다.[144]

---

144) 양용근의 호적, 일본대학교 졸업장, 평양신학교 졸업장, 독립유공자 증명서 등 참조.

2) 양용근의 신앙입문

양용근의 신앙입문은 그의 맏형인 양용이(梁用伊)의 전도에 의한 것으로 보인다. 양용이는 동생 용근보다 열 살 위인 1895년생으로, 씨족 부락을 이루고 있던 고향 전남 광양군 진월면 오사리 마을 전체를 관할하는 보수적인 가문의 전통에 투철한 유복한 재산가였던 집안의 종손의 신분으로 태어났다.[145] 조상제례문화를 따르는 유교적 전통을 가진 집안에 제사를 책임지는 종손이었다. 그러나 일찍 외지를 출입하면서 미국 선교사들이 세운 순천의 매산학교에서 수학하였다.[146]

학교에서 복음을 듣고 기독교 신자가 되어서 고향인 오사리의 본인 소유 땅에 교회 건물을 건축하고 교회와 함께 오사육영학당을 세워서 고향 마을에 복음과 신교육을 알리기 위해서 최선을 다해 노력한 인물이다.

가문과의 종교 문제로 많은 고초가 있었지만 교회와 학교를 통한 신학문 전수가 가문을 살리고 마을을 살리고 나라를 살리는 일이라고 생각하여 끝까지 굽히지 않고 일을 추진했다. 그가 1920년에 세운 오사교회는 '재건오사교회'로 지금까지 신앙의 전통을 이어오고 있다. 오사육영학당은 해방 후 '진월중앙초등학교'가 되었다(현재는 인구 감소로 폐교된 상태). 이런 맏형의 지도를 받아서 양용근 역시 복음을 받아들이고 형이 다닌 순천 매산학교에서 수학하면서 더욱 신앙을 다져 나갔다.

---

145) 양영기, 《순교자 양용근》, 3.
146) 같은 책, 4.

오사교회의 설립배경은 여러 면에서 하나님의 특별하신 섭리 가운데 이루어졌다. 1917년 오사리 오추마을에 소재한 조선 황실 운현궁의 재산관리인으로 최관현(崔瑄鉉) 씨가 이주해 왔다. 그의 동생인 최경현(崔卿鉉) 장로가[147] 당시 독립운동을 하다가 수배 중이어서 피신차 이곳에 왔다가 마을의 젊은이들에게 복음을 전했고 그중에 양용이가 복음을 받아들이게 되었다.

최경현 장로의 전도를 받은 양용이는 선교사들이 운영하는 순천의 매산학교에서 수학을 하며 신앙을 다졌다. 그리고 당시 순천읍에 소재한 남장로교 선교본부에 요청하여 오사리에 교회를 세워 달라고 청원을 하였다.[148]

남장로교 선교회에서 고라복[149] 선교사를 이 마을에 파송하여 지역정세를 시찰하게 하였다. 선교사는 당시 이 마을이 100호의 가구가 있는 큰 마을이며, 주변에는 5개의 마을이 있는데 300호 정도가 되고 1,500여 명의 인구가 살고 있는 것을 확인하였다. 그중에 학교를 다니지 못하는 문맹 청소년들이 많이 있음을 감지하였다. 마을 시찰을 마친 고라복 선교사는 교회와 함께 학교를 설립하는 것이 급선무라고 생각하였다. 교회당 건물에 평일에는 학교를 하기로 하고 당시 정미소 창고로 사용하던 20평 정도의 건물

---

147) 최경현(1864~1927)은 경북 고령군 쌍동면 출신으로 독립만세운동을 모의하다가 검거되어 1년간 옥고를 치렀다. 1962년 건국훈장 애족장이 추서되었으며 독실한 기독교 장로로 활동했다[양영기, 《오사교회 팔십년사》(광양: 대한예수교장로회 재건오사교회, 2000), 참조].
148) 같은 책, 62.
149) 고라복(Robert Thronwell Coit, 1878~1932): 미국 남장로회 소속 선교사 변요한 선교사와 함께 순천 매산학교를 설립했으며 초대 교장으로 취임했다(매산 100년사 편찬위원회, 《매산백년사》 참조).

에서 임시로 교회와 학교를 시작하였다.[150]

　1920년 4월 14일 주일예배를 고라복 선교사의 인도로 오사교회 설립예배로 드렸다. 그다음 날인 15일에 임시교회당 건물에서 4년제 사립학교가 개교되었는데 학교 명칭은 영명(英明)학당으로 했다. 먼 곳에서도 학생들이 와서 많은 학생들이 입학을 했고 교장은 고라복 선교사였고 주변의 교회에서 선생님들이 와서 학생들을 가르쳤다.[151]

　1924년 양용이는 동생의 일본 유학을 돕기 위해서 일본에 갔다가 귀국해 오사리 696번지 자신의 밭에 터를 닦고 교회당 건물을 20평의 목조건물로 신축하였다. 동생 용근은 1930년 일본 유학을 마치고 귀국하여 두 형제의 출국으로 운영이 소홀해진 영명학당을 면사무소의 허가를 받아서 오사육영학당으로 이름을 바꾸고 교장이 되었다.[152]

3) 양용근의 학업

　양용근은 농촌 출신이었으나 유복한 가정으로 인해서 농사일은 배우지 않고 학문을 닦는 일에 매진하였다. 어린 시절에는 집안 가문이 경영하는 한문서당에서 천자문을 배웠으며, 시국의 변화를 일찍 깨달은 부친과 큰형의 주선으로 1912년 8세의 나이로 이웃 면인 진상면에 있는 진상보통학교에 입학을 하고 1920년에 광양서보통학

---

150) 양영기, 《순교자 양용근》, 5.
151) 같은 책, 4.
152) 같은 책, 11.

교를 졸업했다.[153]

1921년에 순천 매산학교에 입학하였으나 매산학교 졸업장으로 일본 대학에 입학할 수는 없었다. 왜냐하면 1921년 당시 매산학교는 성경과목을 가르친다고 하여 폐교되었다가 다시 일제의 정책 완화로 보통학교와 보통학교 고등과를 정식으로 허가를 받아서 개교한 상태였기 때문이다. 그러나 보통학교 고등과를 졸업한다고 해도 그 졸업장으로 일본의 대학에 입학할 수 없었다.

《매산백년사》에서는 당시 매산학교의 학제를 1922년 2월 4일 칙령으로 발표된 제2차 "조선교육령"을 인용해서 이렇게 기록하고 있다.

> 이 법령의 특징은 민족차별을 없앤다는 명목으로 한반도 인의 조선인뿐만 아니라 일본인도 같은 규정을 적용받게 하고, 수업 연한을 늘리며, 이전에는 없었던 대학에 관한 규정을 신설한 것이다. 그러나 실제로는 일본어를 사용하는 사람과 일본어를 사용하지 않는 사람을 구분하여 일본인은 소학교에, 조선인은 보통학교에 진학하도록 하였고, 단일한 "조선교육령"하에 일본인 교육을 법적으로 규정하기는 하였으나 일본인 교육은 여전히 일제의 '소학교령', '중학교령', '고등여학교령'의 규정을 받도록 되어 있어서 민족차별은 여전히 진행되었다.
> 학제는 일제의 준거주의에 따라서 보통학교와 대학까지의 제도이다. 보통교육의 경우 소학교와 보통학교는 모두 예전의 4년에서 6년으로 연장되었으나, 조선인이 다니는 보통학교는 대부분 4년제였다. 고등보통학교와 여자고등보통학교도 수업연한을 1년씩 연장하였다. 사범교육은 이전에 고등보통학교와 여자고등

---

153) 같은 책, 4.

보통학교에서 실시되었던 것을 사범학교를 독립시켜 운영하도록 하였고, 수업연한도 1년에서 남자의 경우는 6년, 여자의 경우는 5년으로 연장하였다. 대학에 관한 규정이 새로 마련되어 1926년 경성제국대학이 설립되었으나 조선인이 진학하는 비율은 상당히 낮았다. 이것은 보통학교(4년-6년)-고등보통학교(남자 5년 여자4년)-전문학교(3년 이상)-대학(예과2-3년 본과3-4년)인 것이다.[154]

위의 조선교육령에 따라 당시 매산학교는 보통학교(지금의 초등학교) 6년 과정과 함께 보통학교 고등과 2년(지금의 중학교 과정 정도) 과정의 학교였다. 그러므로 고등과 2년을 졸업한다고 해도 5년제 고등보통학교 3학년에 편입하여 3년간 더 공부를 해야 했다. 이에 양용근은 일본의 검정고시 과정을 거치기로 하고 보통학교 고등과 2학년 1학기를 마친 후 휴학을 하고 일본으로 유학을 떠나게 된다.

일본에서 학원 수업 등의 독학으로 대입검정고시에 합격하여 일본대 법대에 입학하고 졸업까지 하게 된다. 이후 귀국 후 평양신학교(조선예수교장로회신학교)에 입학하고 졸업을 하였다.

---

154) 《매산백년사》, 239~240.

❋ ❋

　양용근은 을사조약이 체결된 1905년에 출생하여 일제가 망하기 두 해 전인 1943년에 순교하였다. 본장에서는 양용근이 살았던 일제 강점기의 일본이 조선을 통치하기 위해서, 특별히 교회를 통제하기 위해서 펼쳤던 정책을 살펴보았다. 그리고 동시대에 양용근이 출생하고 일생을 보낸 전라남도 순천 지방의 미국 남장로교 선교부의 선교활동을 살펴보았고, 그 시대에 출생하여 성장한 양용근의 모습을 살펴보았다.

　일제는 조선의 통치를 원활히 하기 위해서 교회를 일제에 복종시키는 것이 급선무라고 생각하여 때로는 강경책으로 압박을 하였고, 때로는 유화정책으로 회유하였다. 그 시기를 무단통치기(1910~1919년), 문화통치기(1920~1930년), 침략전쟁기(병참기지화 정책기, 1931~1945년)로 나누어서 살펴보았다. 그러나 결국은 이 모든 시기가 강압적으로 교회의 신앙을 무너뜨려서 일본에 복종하는 교회를 만들기 위한 정책들에 불과했다. 일본은 교회를 없애려고 하지는 않았지만 교회를 변절시켜 협력자로 만들어서 전쟁에 이용하고자 하였다.

　미국 남장로교의 순천 지방 선교는 양용근의 성장과 목회와 많은 연관을 가지고 있다. 그가 신앙을 가지게 된 것도 남장로교 선교부가 세운 매산학교에서였으며, 미국 남장로교 순천선교부의 지원으로 세운 오사교회에서 신앙생활을 했기 때문이다. 또 그는 남장로교와 연관을 가지고 있던 순천노회에서 목사안수를 받았고, 순천노회 교역자 수난사건으로 순교를 했기 때문이다.

미국 남장로교 선교부에 속한 선교사들은 미국 유니온 신학교 출신의 보수주의 선교사들이었다. 일제가 신사참배를 강요할 때 가장 강력하게 저항을 하였고, 그들이 세운 학교도 폐교하였다. 양용근은 이렇게 철두철미하게 신앙을 지키려 한 미국 남장로교 선교사들의 영향을 받아서 순교하기까지 신앙을 지켰다.

Ⅳ.
양용근의 일본 유학과 관동대지진

1.
양용근의 일본 유학

1922년 양용근의 맏형 양용이는 동생의 일본 유학을 위해 동행하여 일본 동경으로 출국을 하였다. 동생에게 유학을 시키는 것이 민족을 위해 유익한 일이라고 생각하여 아무 연고도 없는 동경으로 향했다.

동경에 도착하여 직업소개소를 찾았다. 소개소의 도움으로 형 용이는 공사장 현장 일을 소개 받았고, 동생 용근은 인형공장을 소개 받았다. 주간에는 일을 하고 야간에 공부를 할 수 있기 때문에 형처럼 힘든 공사 현장 일보다는 공장 일이 도움이 될 것이라고 생각했다. 이들 형제가 취업을 한 것은 순천 매산학교에서 배운 기술 때문이었다.[155]

매산학교는 공부뿐만 아니라 제재소를 만들어서 일을 하게 했

---

155) 양영기, 《순교자 양용근》, 6.

고 놋쇠제조, 토끼 사육법 등을 가르쳤으며 종이 인형을 만들어서 미국에 팔게 했다.[156] 조지 톰슨 브라운 선교사는 그의 책 《한국 선교 이야기》에서 남장로교 선교부에서 세운 순천의 학교들의 교육 상황을 이렇게 기술하고 있다.

> 순천의 학교들은 고도로 개발된 실업·공예부를 가지고 있었다. 웅어(J. Kelly Unger) 목사는 제재소와 놋그릇 제조를 시작하고 한국 음식의 가치 있는 보조식품으로 증명이 된 친칠라토끼를 기르는 일을 처음으로 시작했다. 크레인(Janet Crane) 양이 이끈 여학교에서 음악과 실업, 공예부의 일도 매우 성공적이었다. 버지니아 주 웨인스보로의 반스(R. G. Vance) 부인은 미국에 산업 예술 작품을 파는 대리인이 됨으로써 이 미션학교에 훌륭한 봉사를 했다. 1927년 한 해만 해도 순천의 학교에서 반스 부인을 통해 판매한 한국의 종이 인형은 56,000점이었다.[157]

위의 글로 미루어 보면 성경과 관련된 수업과 더불어 실업 교육 및 기술 교육이 주로 이루어졌음을 알 수 있다. 사실 일제에 의해서 시행된 조선교육령(제1차 조선교육령) 반포 내용을 보면 정신 교육이 가능한 인문학적인 수업을 하지 못하게 했음을 알 수 있다.[158] 그러나 이러한 매산학교의 실업·공업계 교육은 양용근이

---

156) 《순천노회사》, 43.
157) George Thompson Brown, 140~141.
158) 1911년에서 1922년까지 시행된 제1차 조선교육령의 내용을 보면, 기본적으로 조선인의 교육은 "충량한 국민을 육성하는 것"을 교육의 본의로 삼고 있다(제1장 제2조). 이에 "교육은 시세와 민도에 적합한" 방향으로(제1장 제3조) 진행되었다. 예컨대 전쟁 준비를 위해서는 조선인에게 전쟁에 필요한 기본적인 기술 교육이 요구되어 기술 교육을 강화하는 정책을 반영하게 된다. 한편 교육은 크게 일본어 교육을 위한 '보통학교', 농업·상업·공업 등의 기능 교육을 위한 '실업교육', 그리고 고등 학술기예를 위한 '전문교육'으로 대별하고 있다(제1장 5-7조). 일제에 의해 시행된 교육령으로부터 자유롭지 못

인형공장에 취직할 수 있는 중요한 동기를 제공했음이 분명해 보인다.

직장을 구한 두 형제는 작은 셋방을 얻어서 함께 자취를 했으며 신학문에 대한 꿈을 함께했다.

1) 고학으로 검정고시

양용근은 순천에 있는 매산학교를 중퇴했기 때문에 검정고시를 통해서 대학에 가야 했다. 일본에서는 매산학교를 졸업해도 대학에 입학할 수도 없었으며, 또한 공부를 더 해야 했기 때문에 고등학교 과정을 검정고시로 택하는 것은 필연적인 선택이었다.

검정고시 공부를 하던 1923년 9월 1일 11시 58분에 강도 7의 대지진이 동경(東京)에서 일어났다. 이로 인해서 동경시의 인명 피해와 재산 피해는 이루 말할 수 없이 심대했다. 관동대지진 사건에 대해 일제는 지진의 원인을 조선인, 중국인, 그리고 일본사회주의자들의 불순한 반역죄로 인한 것으로 몰아갔다.[159] 결국 계엄령을 선포하고 기병부대를 투입해 조선인을 비롯한 반역죄목을 붙인 사

한 선교사들은 성경 교육과 기술 교육이라는 두 가지 방향의 교육을 할 수밖에 없었다. 여기서 성경 교육 부분이 인문학적 교육으로 언제나 억압의 대상이 되었다(《관보》, 〈조선교육령〉(칙령 제229호, 1911. 8. 23)]. 물론 미 북장로회 소속의 선교사 스왈른(W. L. Swallen, 蘇安論, 1865~1954)은 D. S. Gregory, *Christian Ethics; or the true Moral Manhood and Life of Duty*(1879)를 조선어로 번역하여 기독교 윤리학의 기초를 닦았다. 스왈른의 번역 《도덕학》은 평양 장로회신학교와 각급 기독교계 학교에서 교재로 사용되었다[이장형, "한국기독교 초기 윤리학교과서 문헌해제 및 한국적 수용과정 연구", 〈기독교사회윤리〉 제18호(한국기독교사회윤리학회, 2009), 326].

159) 김문길, "關東大震災에 있어서 朝鮮人虐殺事件에 關한 연구", 〈사회과학논총〉 제10호 (부산외국어대학교 사회과학연구소, 1995), 45.

람들을 학살하기에 이른다. 이러한 학살은 3·1 만세운동에 대한 보복적 성격을 가지고 있기도 했다.[160]

강진과 그 이후에 일어난 일제의 조선인을 비롯한 시민학살 만행 가운데에서 죽지 않은 것은 그가 신앙 문제인 신사참배로 죽어야 하는 것이 예정되어 있었기 때문일 것이다. 양용근은 이때 입은 상처로 인해서 일시 귀국해 치료를 받는 등 힘겨운 시기를 보냈다. 이후 3여 년의 노력 끝에 검정고시에 합격하게 되어 대학 진학의 꿈을 이루게 되었다.

2) 일본대 법대 입학과 졸업

양용근은 검정고시 합격 후 진로를 모색하던 중에 조선 사람들이 일본의 횡포에 시달리는 것을 보고 그들을 변호하는 변호사가 되기 위해서 법학과를 지원하게 되었다. 법률학교로 시작한 일본 도쿄의 일본대[161] 법학과에 입학을 하였다. 1925년 20세의 나이로 입학하여 25세인 1930년 3월 31일에 졸업을 했다.[162]

---

160) 같은 책, 66. 인적 물적 피해가 심한 상황에서 3·1 만세운동과 같은 거국적인 운동이 일어날 것을 두려워했던 일제는 학살이라는 방법으로 난국을 피해 가고자 했다.
161) 일본대학은 일본 동경의 사립대학으로 메이지 정부의 첫 법무장관이었던 야마다 아키요시(山田顯義)가 설립한 니혼 법률학교(日本法律学校)가 그 전신으로, 1903년 현재의 이름인 니혼대학(Nihon University, 日本大學)으로 바꾸었다.
162) 3·1 만세운동 이후 일제는 문화정치를 시행하면서 "특별임용령"을 발표하여 조선인 가운데 법조인을 채용하기 시작했다. 조선총독부에서 조선인 사법관 채용에 관한 연구는 지승준의 논문을 참조 바람(지승준, "일제시기 참정권운동 연구: 國民協會·同民會·時中會 계열을 중심으로"(박사학위: 중앙대학교 대학원, 2011). 이미 위에서 살펴본 바와 같이 문화정치를 통해서 일본 세력을 확장하는 것을 기본 목표로 삼고 있었다. 결국 일제가 조선인 사법관을 등용하려고 한 기본적인 목적은 조선인의 법적인 안정이 아니라 친일파를 형성하는 것이 그 목적이었음이 자명하다. 이러한 이유에서 양용근 목사는 조선

2.
관동대지진 사건
(1923년)

    양용근은 일본에 있는 대학에 진학하기 위해서 큰형 양용이와 함께 일본에 건너갔고, 우선 대학 입학을 위한 검정고시에 합격을 해야 했다. 두 형제가 함께 직장에 다니면서 양용근은 야간에 학원에 다니며 검정고시를 준비했다. 그러나 그런 와중에 관동대지진 사건이 일어나고, 두 형제는 일본인들에게 붙잡혀 처형 직전에 기적적으로 살아나게 된다. 이 사건을 계기로 양용근의 신앙과 삶은 달라졌다.

1) 관동대진재(關東大震災)

관동대지진 사건은 1923년 9월 1일 오전 11시 58분에 매그니튜

인을 위한 사법관이 될 수 없음을 자각하고 이 길을 포기하는 바른 길을 걸음을 알 수 있다.

드 7.9의 지진이 관동 지방에서 일어난 사건이다.[163] "지진 발생 시의 화재가 피해를 크게 하고, 도쿄, 요코하마를 중심으로 한 지역은 궤멸에 빠졌다. 사망자가 9만 명을 넘었고 무너진 가옥은 약 17만 호, 소실된 가옥은 38만 호를 넘었다"고 했다.[164] "당시 사망자와 행방불명자는 총 14만 2,800여 명, 부상자 10만 3,733여 명, 피난민 약 190만 명이라고 발표되었다."[165] 이런 큰 피해를 가져온 관동 지방의 대지진은 화재를 동반함으로 더 많은 피해를 가져왔다.

지진이 일어난 시간이 정오쯤으로 각 가정마다 점심 식사를 준비하는 중이었기 때문에 사방에서 화재가 발생하여서 피해가 가중되었다. 지진으로 인해 수도시설이 붕괴되면서 화재를 초기에 진압하지 못했고, 때마침 불어온 초속 10~15미터의 강풍으로 인해 화재는 순식간에 온 도시로 퍼져나갔다. 그 화재가 조선 사람들이 불을 질러서 난 것이라는 유언비어가 돌았다.

그뿐만 아니라 조선 사람들이 우물에 독약을 넣었다는 유언비어까지 나돌았다.[166] 이런 유언비어 때문에 일제는 계엄령을 선포하고 조선 사람들을 학살하기 시작했는데, 그로 인해서 학살을 당한 조선 사람이 6,000명을 넘었다고 한다.

현재 일반적으로 알려져 있는 6,661명이라는 피학살 조선인 수는 1923년 11월 28일에 〈독립신문〉 사장인 (희산: 希山) 김승학에

---

163) 관동 지방: 일본 도쿄 부근의 여러 지역을 총칭하는 지역단위로서 도쿄도(東京都), 이바라키현(茨城縣), 도치기현(栃木縣), 군마현(群馬縣), 사이타마현(埼玉縣), 지바현(千葉縣), 가나가와현(神奈川縣)을 말한다.
164) 강덕상 외, 《관동대지진과 조선인 학살》(서울: 동북아역사재단, 2013), 150.
165) 같은 책, 153.
166) 같은 책, 52~53.

게 보고된 내용을 주 근거로 삼은 것으로 보인다. 그런데 이 숫자는 제1차 보고라는 점을 간과해서는 안 된다. 한편, 1924년 3월에 작성된 독일 외무성에 소장되어 있는 문서 〈일본에서의 조선인 학살〉(MASSACRE OF KOREANS IN JAPAN) 중, '피학살자 수와 장소 리스트'(The List of killed bodies and places)에 따르면 피학살 조선인 수는 총 23,059명에 달하고 있어, 종래 알려진 피학살 조선인 수와는 많은 차이를 보이고 있다.[167]

그동안 알려지기로는 6,000여 명의 조선인이 학살되었다고 했지만 사실은 그보다 더 많은 23,000여 명의 조선인들이 관동대지진 사건 때 일본인들의 학살에 의해서 희생당한 것으로 보고 있다.

관동대지진 사건으로 인해서 엄청나게 많은 조선인들이 학살을 당했는데도 이 사건은 아직도 정확하게 밝혀지지 않은 상태로 남아 있다. 재일동포인 강덕상[168]은 이 사건을 조사해서 《학살의 기억 관동대지진》이라는 책을 출판하였다.[169] 그는 이 책에서 목격자들과 가해자들, 그리고 피해자들의 증언과 각종 자료를 통해서 그 진상을 밝히고 있다. 그는 이 책에서 '조선인 폭동설'이란 유언비어의 출처에 대해서 계엄령을 선포하기 위해서 조작된 것이라고 주장했다.

9월 1일 밤의 시점에 "조선인이 방화했다"는 유언비어는 여러 곳에서 산발적으로 있었지만, 미즈노가 말한 것처럼 "'조선인이 공

---

167) 같은 책, 97.
168) 강덕상(姜德相)은 1932년 경남에서 출생, 와세다(早稲田)대학 문학부 사학과 졸업, 메이지(明治)대학 대학원 문학연구과에서 동양사를 전공하고 박사과정 수료, 히토츠바시(一橋)대학 교수 역임, 현 시가현립(滋賀縣立)대학교 명예교수.
169) 강덕상, 김동수, 박수철 옮김, 《학살의 기억 관동대지진》(서울: 역사비평사, 2005) 참조.

격해 온다'는 보고가 다마(多摩)강 주변에서 무성하게 소문으로 떠돌아 소란스러웠다"는 등의 일은 전혀 없었고, 그 맹렬한 유언비어의 전파도 보이지 않았다. 조선인이나 사회주의자들에 대한 관헌의 과민한 경계심이나 예단, 그리고 굶주림과 공포에 사로잡힌 민중들의 중압감은 알 수 있지만, 조선인이 현실적인 위협세력으로 나타났다는 사실은 하나도 검증되지 않는다. 또 한 발 양보하여 1일 밤중에 떠돌던 일부 유언비어를 믿는다 해도 관헌 수뇌부가 유언비어의 내용과 같은 사실을 목격했다거나 방화범의 검거를 확인했다고 하는 증거를 밝힌 적이 없다. 보이는 것은 군부나 경찰이 3·1운동 이후 조선독립운동의 무력화와 국제화에 대해 드러낸 경계심의 발동이었다. 또 미즈노의 "조선인이 폭동을 일으켰다는 유언비어를 들었다"라는 발언을 믿는다고 해도 미즈노가 참으로 손쉽게도 "어디서부터 나왔는지 알 수 없는 유언비어"에 편승했던 것 자체가 관헌들이 예단을 갖고 있었던 증거이다. 한두 건의 '방화'가 어떻게 하여 계엄령이라는 대문제로 귀결되고, '조선인 진공설(進攻說)'로 연결될 수 있었을까. 여기서는 쌀 폭동 때 보였던 미즈노의 냉정함과 신중함은 조금도 찾아지지 않는다. 그것이야말로 편견과 적대감의 소산이라고 말하지 않을 수 없다. 생각건대 1일 밤중의 계엄령 준비 과정에서 산발적으로 보고되었던 '조선인 방화설'의 진위 여부를 확인해 보지도 않고, 위법적인 계엄령을 강행하기 위해 조금이라도 명분을 세우려는 구실로 이용되었던 것이 '조선인 폭동설'이었다.[170]

대지진이 9월 1일 정오에 일어났는데 당일 오후 1시 10분에 비

---

170) Ibid., 68~69.

상경계령을 내려서 군인들이 투입되었고 바로 계엄령을 건의했으며, 그다음 날 계엄령이 선포되었다.[171] 지진과 화재로 인해서 10만 명이 넘는 사람들이 사망하거나 실종된 엄청난 재난 앞에 질서유지를 위해서 계엄령을 선포하는 것이 필요했다. 계엄령 선포 구실로 조선인이 폭동을 일으키고 있다는 유언비어를 확인도 없이, 이용했으며, 이는 3·1운동을 통해서 보여준 한국인들의 일본에 대한 감정을 역이용한 것이라고 본다.

'조선인 폭동설'을 유포하여 계엄령을 선포한 일제는 군인들로 하여금 조선인은 죽여도 좋다는 명령을 하달하고 조선인을 무차별 사살하게 만든다. 조선인임이 확인되면 무조건 불령선인으로 취급하고 무조건 사살하였다. 처음에는 계엄군과 경찰이 조선인들을 붙잡아 학살했으나 나중에는 자경단이 합류하여 조선인 학살에 앞장섰다. 계엄사령부는 일반 시민들을 조직하여 자위력을 갖춘 '자경단'(自警團)을 설립하도록 장려했다.[172] 그들은 위협에 대처하여 자연발생적으로 생겨난 단체라고 주장하나 재산을 잃고 굶주린 민중의 불평불만을 애국심으로 바꾸어 조선인들을 무참하게 학살하게 하는 데 이용하였다.

자경단의 살인 방식은 차마 눈 뜨고 볼 수 없는 잔인한 방식이었다. 갈고리, 철사, 권총, 일본도, 죽창 등의 무기가 사용되었으며, 불에 태워서 죽이기도 했다. 강덕상은 이 사건을 조사하면서 목격자들의 증언을 이렇게 인용하고 있다.

---

171) Ibid., 58.
172) Ibid., 193.

장작불 위로 4, 5명의 남자들이 조선인의 손과 발을 큰 대(大)자로 움직이지 못하도록 잡고서 태웠습니다. 불에 구워 버린 것이지요. 불에 타자 피부가 다갈색이 되었습니다. 태워지고 있던 조선인은 비명을 질러댔지만 이미 힘없는 비명이었습니다. 그렇게 살해된 조선인이 차례차례 개울에 던져졌습니다.[173]

잡힌 조선인 24명을 13명 한 무리와 11명 한 무리로 하여 철사줄로 묶은 후 갈고리로 쳐 죽여 바다에 던져 넣어버렸다. 아직 숨이 붙어 있는 자가 있어서 다시 갈고리로 머리를 찍었는데, 너무 깊이 찍은 나머지 갈고리 몇 개는 좀처럼 빠지지 않았다. 또 그 외 3명의 조선인은 3호지에 있는 석탄 코크스 하치장에서 활활 타고 있는 석탄 코크스 불 속에 산 채로 한꺼번에 던져 넣어 태워 죽였다.[174]

더욱 심한 경우에는 살아 있는 채로 톱질하여 톱질 한 번에 한 사람씩 '지옥 보내기'를 했다고도 한다. 톱질 한 번, 찌르기 한 번에 원한을 앙갚음하겠다는 뜻이 담겨 있었던 것일까. 살해를 분담함으로써 잔학함을 느끼지 못한 채 살인을 되풀이했던 것이다.[175]

인간으로서는 차마 할 수 없는 흉악한 일들을 그들은 자행하고 있었다. 이 만행은 9월 6일까지 계속되었으며 물론 그 이후에도 부분적으로 계속되었지만 대대적인 학살은 6일까지였다. 그 6일간 피살된 조선인의 수는 정확하게 조사되지 않았다. 사이토 조선 총독은 피살된 조선인이 단 2명뿐이라고 주장했으나 사법성 조사서에는 사망자 233명이라고 했다. 총독부 관헌이 상세하게 조사하여

---

173) Ibid., 224.
174) Ibid., 225.
175) Ibid., 230.

유족에게 1인당 200엔의 조의금을 준 사람이 830명이었다. 강덕상은 그의 책에서 조선인 살해 장소와 인원을 부록으로 싣고 있는데 그 내용은 다음과 같다.[176]

독립신문 조사 피살자 총합계 6,411명(2,990명은 시체가 발견되지 않은 경우), 요시노 사쿠조(吉野作造) 조사 2,613명, 고쿠류카이(黑龍會) 조사 722명, 사법성(司法省) 조사 233명이다. 여기 독립신문 조사는 당시 상해 독립운동 기관지인 독립신문 사장 김승학의 지시로 한세복이 몰래 도쿄에 들어와서 조사한 것이다. 당시 유학생 10여 명이 이 조사에 참여하였다. 일본인들이 자체 조사한 것은 사건 은폐를 위해서 축소한 것이 분명하며 한국인이 조사한 것은 비교적 타당성이 있는 조사라고 보며 관동대지진 사건으로 인하여 피살당한 조선인은 6,000명이 넘는다.

강덕상은 이 사건을 기록한 글을 마치면서 이 사건은 조선인이 민족의 독립을 위해 투쟁하고 있었고, 그 투쟁이 일본인들을 자극하였고, 일본인들이 조선을 두려워하여 벌어진 사건이라고 했다.

> 이 사건을 바라볼 때 우리는 일본 제국주의 식민지 지배 문제를 절대 비껴갈 수 없다. 동시에 조선인민의 해방투쟁과 연관 짓지 않고서는 올바른 역사적 위치를 찾을 수 없다. 학살과 식민지 지배, 그리고 해방투쟁의 고양은 명백한 인과관계로 엮여 있다. 이 사건은 1910년 이후 식민지 지배와 그것을 보조했던 일본 민중이 '만만치 않은 적'인 조선인민에게 느꼈던 공포심이 불러온 집단 살인이자 민족 범죄였으며, 불행한 한·일 관계의 연장선에 놓인 필연적 귀결이었다. 관헌 측의 연출자인 미즈노 렌타로 내

---

176) Ibid., 408~413.

상과 아카이케 아키치 경시총감은 조선민족과의 투쟁이 한창일 때 일본 제국주의의 선두 지휘관이었다. 아카이케는 3·1 독립운동의 탄압을 직접 경험한 총독부 경무국장이었고, 시종 그의 상사로서 함께 행동했던 미즈노는 당시 정무총감이었다. 지진의 재앙이 몰려올 때 그들이 보인 적대관은 본래 제국주의자의 일반적 심리이기도 했지만 대결의 현장에서 단련된 신념이기도 했다.[177]

관동대지진의 조선인 학살 사건은 1919년에 일어난 3·1 독립운동과 연관하여 생각하여야 한다는 것이다. 3·1 독립운동의 진압을 직접 지휘했던 미즈노가 조선인을 '만만치 않은 적'으로 생각하고 두려워하여 탄압하기 위한 사건이었으며, 아울러 우리는 이 사건을 민족독립에 대한 탄압으로 보아야 한다는 것이다.

2) 양용근 형제에게 임한 하나님의 은혜

양용근 형제도 이 사건에 연루되어서 죽을 고비를 넘기게 된다. 동생 용근의 학업을 돕기 위해서 함께 일본으로 온 맏형 용이와 동생 용근은 관동대지진으로 조선인 학살이 가장 심했던 동경의 아라까와 강 부근에서 방을 얻어서 자취를 하고 있었다. 형 용이가 아라까와 방수로(인공 강 조성공사) 공사현장에서 일하고 있었기 때문에 그 부근에서 살게 되었다. 용근은 밖에서 조선인이 비참하게 살해당하는 것을 목격하고 형과 함께 자취방에 숨을 죽이

---

[177] Ibid., 383.

고 숨어 있었다. 일본인 친구가 사다 준 빵을 아껴 먹으며 형과 함께 손을 마주 잡고 등골에 땀이 나도록 기도에 열중하고 있었다. 그러나 집집마다 수색을 해오는 자경대원들에게 발각이 되고 두 형제는 붙잡혀서 끌려 나가게 되었다.

> 거리에 비상선이 쳐지고 자경단원이 통행인 검문을 시작한다. 그때 모두 '15엔 55센'을 말해 보라고 했다. 쓰보이 시게하루(坪井重治)라는 시인이 격조 높은 시를 썼습니다만, '15엔 55센'의 발음은 탁음의 연속으로 조선어에는 탁음이 없기 때문에 '쥬코 엔 고쮸 고센'으로밖에 발음할 수 없다. 이때 바로 조선인이라는 것을 아는 것이다. 신원이 밝혀진 조선인은 그 장소에서 살해된다.[178]

일본 사람들이 조선인을 구별하는 방법이다. 이런 방법을 알려 준 사람은 일본 관헌이었다. "내무성 경보국이 경찰, 관청 창구에서 조선인을 식별하기 위한 정보로 작성된 문서"를 통하여 이런 방법을 만들었고 민간인들에게도 알려주었다.[179]

자경단은 조선 사람으로 보이는 사람에게 '15엔 55센'을 발음하게 하였다. 용근은 일본어 실력이 좋아서 일본인처럼 발음을 했지만 형 용이는 일본어 실력이 아직 서툴러서 쉽게 조선인이라는 것이 탄로가 나고 말았다. 일본인 친구와 집 주인 노파의 애원에도 불구하고 단지 조선인이라는 이유로 붙잡혀 가게 되었다. 자경대원은 두 형제를 새끼줄로 묶어 생선을 엮듯이 엮어서 끌고 나갔

---

178) Ibid., 23.
179) Ibid., 23.

다. 밖에는 이미 열다섯 명쯤 되는 조선인들이 새끼줄에 엮인 채서 있었고, 형제는 그 뒤에 엮였다. 집에서 약 1킬로미터쯤 떨어진 곳에 갈대밭이 있었고 그 근처에 좀 넓은 공간이 있었다. 거기에 이르자 자경대원 대장으로 보이는 사람이 거기 한 줄로 세울 것을 명령하고 모두 하늘을 보고 드러눕게 한 다음 앞에서부터 처형을 하기 시작했다. 한 발로 가슴을 밟고 일본도로 목을 찌르며 죽이기 시작했다.[180]

앞에 있는 조선인들이 죽어가는 모습을 보면서 이제 속으로 부르던 찬송을 소리 내어 부르기 시작했다. 형 용이는 어떻게 하든 동생만은 살리고 싶은 생각으로 동생을 자기 밑으로 하고 위로 올라탔다. "너는 머리가 좋으니까 살아남아서 집안을 살려야 해." 그러자 이번에는 동생이 형 위로 올라타면서 형님은 장남이니까 살아남아서 집안을 살려야 한다고 했으나 이런 노력은 허사였다. 새끼줄 때문에 몸을 마음대로 할 수 없었기 때문이다. 그러는 동안에 앞에 있는 사람이 다 죽임을 당했다. 함께 숨었다가 잡혀 와서 바로 앞에 묶여 있던 친구 정부식이 목을 찔려서 죽어가고 있었다. 이제 두 형제 차례가 되었다. 앞에는 형 용이가 있고 그다음 동생 용근이 있다. 이 위기의 순간에 하나님의 은혜가 임하였다. 진병도는 이 장면을 이렇게 기록하고 있다.

······순간 갑자기 말발굽 소리가 이쪽을 향해 돌진해 오면서 고래고래 고함을 지르고 있었다. "시께이오 쥬우지세요! 시께이 쥬우지, 시께이 쥬우지! 죠오부노 겐메이다!"(사형을 중지하라! 사형

---

180) 진병도, 《섬진강: 순교자 양용근 목사 평전》(서울: 쿰란출판사, 2010), 139.

중지! 사형 중지! 상부의 엄명이다!) 단 한 사람이 말을 타고 긴 칼을 뽑아 든 채 다가왔다. 그러나 자욱한 새벽안개 속이어서 뚜렷한 모습과 얼굴은 볼 수가 없었다. "노꼿따 모노와 히또리모 노꼬사스 민나 데라시마 게이샤쓰쇼니 렌꼬세요. 도쥬데 모시모 고로스 모노와 겐바쓰니 쇼스루까라 고노 메이레이니 젯따이 후꾸쥬세요!"(남은 자들은 하나도 남김 없이 데라시마 경찰서로 연행하라. 만일 도중에서 죽이는 자는 엄벌에 처할 것이니 명령에 절대 복종하라) 그렇게 엄명을 내린 다음 말머리를 오던 길로 돌려놓고 다시 다짐을 하듯이 말했다. "이 명령에 불복종한 자는 엄벌에 처한다는 상부의 명령이다. 알았느냐?" "네, 알았습니다." 모두가 겁에 질린 듯 대답을 했다. "명령대로 준행하겠습니다." 이 마지막 말은 대장으로 보이는 자가 담뱃불을 발로 비벼 끄면서 대답한 말이었다. 그 소리를 듣자마자 말을 탄 자는 안개 속으로 사라졌다. "모두 몇 명 남았느냐?" "다섯 명입니다." "좋아. 그들을 일으켜 세워! 그리고 그들을 명령대로 데라시마 서로 연행한다. 도중에 불상사가 없도록 한다. 알았느냐?"[181]

기적 같은 일이 벌어졌다. 갑자기 말을 탄 사람이 어두움 속에서 나타나서 "사형을 중지하라, 상부의 엄명이다. 남은 자들은 한 사람도 남김 없이 데라시마 경찰서로 연행하라"고 명령을 내리고 사라졌다. 뒤에 살아남은 사람은 다섯 명이었다. 경찰서에 도착하였으나 그런 명령을 내린 일이 없었고 다행히 유치장에 갇혀 있다가 다음 날인 9월 5일 밤부터 국제적십자사의 조사단이 온다는 소식이 각 경찰서에 하달되어 조선인의 학살은 중단되었다. 두 형제

---

181) 진병도, 143~144.

는 9월 중순경에 석방이 되었다. 석방이 될 때 경찰서장이 훈시를 통해 이번에 보고 들은 것을 일체 밖에 나가서 토설하면 안 된다고 경고를 했다. 만약 토설할 시 체포당해 죽음을 면치 못할 것이라고 했다. 석방되자 형제는 즉시 귀국하여 자경단원에게 구타당해 생긴 상처들을 치료하였다.[182]

말을 타고 와서 사형을 중지하라는 명령을 하고 사라진 그 사람은 누구일까? 아마 조선인 학살을 못마땅하게 여긴 일본 군인이나 경찰일 수도 있다. 그가 누구였든 두 형제는 그가 하나님께서 보내신 사자라고 믿었다. 절체절명의 순간 바로 눈앞까지 다가온 죽음의 순간에서 기적적으로 두 형제는 목숨을 구하였다. 혹자는 여기서 형 용이는 사망하고 동생 용근만 살았다고 하지만 하나님께서 두 형제를 살리셨다. 이때 받은 하나님의 은혜가 두 형제의 삶을 더 깊은 믿음의 길로 인도하였다는 것은 의심할 여지가 없다.

양용근이 순천의 매산학교에서 신앙을 가지게 되었고 신앙생활을 계속했지만 일본으로 유학을 떠난 것은 신앙의 문제가 아니라 공부를 하여 집안을 일으키고 조선의 불쌍한 민족들을 잘살게 해보자는 욕심이었다. 그런 그를 순교의 신앙으로 성숙하게 한 것은 일본에서 당한 관동대지진 사건 당시 죽음의 직전에서 하나님의

---

182) 같은 책, 153.

은혜로 살아난 것 때문이다.

관동 지방에 대지진이 나자 3·1운동의 조선인 항거의 힘을 경험했던 미즈노 렌타로 내상과 아카이케 아키치 경시총감이 조선인을 두려워하여 조선인에게 불을 지르고 우물에 독약을 넣었다는 누명을 씌우고 처참하게 살해하였다. 이 관동대지진으로 수많은 일본인들도 죽음을 당했지만 일본에 있던 조선인들은 대지진으로 입은 피해 외에 6,000명에서 20,000명으로 추정되는 많은 사람들이 일본인들에게 비참하게 살해를 당하였다.

양용근 형제는 바로 처형 직전에 하나님의 특별하신 은혜로 목숨을 구하게 된다. 이로 인하여 양용근은 일제의 야욕과 악랄함을 알고 있었으며, 그들의 악랄함 앞에서 하나님의 은혜를 힘입어 죽음 앞에서도 강하게 신앙을 수호하게 되었다.

이런 어려운 형편이었지만 양용근은 계획했던 대로 일본에서 검정고시를 거쳐서 일본대학교 법률과를 졸업하게 된다. 검정고시 시절에 당했던 조선인의 억울함을 법조인이 되어 풀어 보려는 심정으로 법률학과를 졸업하였다.

V.
일제하의 평양신학교와
양용근의 귀국 후 활동

1.
일제의 교육정책과
미국 장로회 선교부의 교육 선교

　양용근은 1930년 3월에 일본대학을 졸업하고 4월에 귀국한다. 귀국 후에 그가 우선 한 일은 형 용이가 세워서 운영하다가 두 형제의 도일로 인하여 운영이 멈춘 영명학당을 당국의 정식 허가를 받아서 새롭게 운영하는 일이었다. 그 학교를 운영하는 도중 목사가 되어서 신앙을 가르치는 일이 더 중요하다는 것을 깨닫고 평양신학교에 입학하여 목회의 길을 가게 된다.

　1930년은 일제의 침략 전쟁기 혹은 병참기지화 정책기가 시작되는 해이다. 일제는 그들이 지배하는 식민지에 대하여 정신교화운동(精神敎化運動)을 강화하고 종교탄압을 강화하여 기독교 학교와 교회에 신사참배를 더욱 강요하였다.

　미국 선교부는 처음부터 교육을 중요시하여 각종 학교를 설립하여 기독교인들과 한국인들을 교육하는 일에 전력을 기울였다. 한국의 교회들도 교육사업을 중요하게 여기고 학교를 운영하는 일에 많은 재정을 투입하였다. 미국 선교부는 학교를 통하여 성경을 가르치고 신앙을 가르치는 일에 주력하려고 하였고, 일제는 학교를 통하여 한국 사람들을 일본인화하는 데 이용하려고 했고 자신들의 전쟁 승리에 이용하려고 했다. 학교를 운영하려고 하는 미국 선교부와 한국교회에 학교의 허가를 빌미로 신사참배를 강요하고 일본화하여 전쟁에 이용하려고 하였다. 이러한 시기에 양용근 자신도 교육 선교에 앞장섰고 미국 선교사들이 세운 장로회신학교(평양신학교)에 입학하여 공부를 하게 된다.

1) 조선에 대한 일제의 교육정책

일본제국주의의 식민지 교육정책은 조선민족을 일본인과 동화시키는 데 그 목적을 두고 있었다. 동화란 일본인과 동등한 시민의식을 가지고 살게 하는 것이 아니라 조선 민족정신을 말살하여 일제에 충성하는 충량화(忠良化) 정책이었다. 그것이 잘 안 될 때 차선책으로 순량화(順良化)시키는 정책이었다. 조선에 대한 일제의 교육은 학문을 연구하여 개인의 행복한 삶을 추구하게 하려는 것이 아니라 철저하게 일본인에게 복종하고 충성을 다하는 사람으로 만드는 것이었다.

일제의 교육은 천황제 이데올로기를 주입하는 도구이며, 노예적 예속민을 창출하려는 도구였다. 이런 목적을 달성하기 위해서 천황신앙(天皇信仰)과 신사신도(神社神道)를 교육정책의 기초로 삼고 신도의식(神道儀式) 내지는 신사참배(神社參拜)를 강요했다. 김승태는 일제의 식민주의 교육을 이렇게 기록하고 있다.

주지하다시피 일본제국주의의 식민지 교육정책은 일본에의 철저한 영구 종속과 민족말살을 목표로 하는 「同化政策」이었다. 대체로 1910년대는 武斷統治에 의한 「同化政策」이 실시되다가 3·1운동으로 실패하고 1920년대는 소위 「文化政治」를 표방한 기만적인 懷柔, 分裂政策으로 약간 유화된 타협적 「同化政策」을 실시하였으나, 1930년대에 들어서서 대륙침략을 재개하면서 다시 폭압적인 「同化政策」으로 환원하였다. 이와 같이 1930년대 보다 강화된 민족말살의 「同化政策」을 그들이 표방한 대로 「皇國臣民化政策」 또는 「皇民化政策」이라 한다. 이러한 「皇民化政策」의 특징은 天皇信仰의 강제를 축으로 민족의 아이덴티티(Identity)를 빼앗아 민족성 말살을 단기적으로 달성하여 식민통치의 영구적 안정을 도모하고 식민지 수탈을 극대화함으로써 식민지 모국인 일본의 국익에 봉사케 하려는 것이었다. 조선총독부는 이러한 목적을 달성하기 위하여 神社參拜의 강요, 東方遙拜의 강요, 皇國臣民誓詞의 제창, 創氏改名 강요, 일본어 常用 등을 강제하였다.[183]

일제의 식민지 교육은 민족성을 말살하여 황민화(皇民化)시키려는 것이다. 이런 그들의 교육정책에 걸림돌이 되는 것은 선교사들과 교회에서 운영하는 사립학교였다. 사립학교에서는 철저하게 신사참배를 반대했으며, 오히려 조선인들의 의식을 일깨워서 조선인으로서의 삶을 살게 하는 것이며, 천황을 무시하고 오직 유일신이신 하나님만 섬기게 하는 것이기 때문에 서로 대립할 수밖에 없었다. 신사참배의 강요는 서로 양보할 수 있는 사소한 문제가 아니

---

183) 김승태 엮음, 《한국기독교와 신사참배문제》(서울: 한국기독교역사연구소, 2003), 367~368.

라 일제로서는 식민화정책을 위한 최고의 무기였고, 선교사나 교회로서는 양보할 수 없는 신앙의 핵심이었다.

2) 조선예수교장로회신학교(평양신학교) 설립과 발전

외국의 선교사들이 한국에 와서 고통을 당하는 것은 언어의 장벽이었다. 많은 사람들이 외국인에 대한 호기심을 가지고 몰려왔지만 그들에게 효과적으로 복음을 전할 수가 없었다. 그리고 점점 늘어나는 교인들로 인해서 교인들을 이끌고 나갈 토착 교역자의 필요성을 느끼게 되었다. 선교부는 자치(自治), 자급(自給), 자전(自傳)의 네비우스(John L. Nevius, 1829~1893) 선교정책을 채택하여 한국의 교회가 스스로 진도하는 교회가 되기를 바랐기 때문에 교회의 목회자를 양성할 신학교의 필요성을 느끼게 되었다.[184]

평양신학교는 장로교 선교사 마포삼열(Samuel A. Moffett, 1864~1939)이 시작을 했다. 1901년 평양의 자기 집 사랑채에서 평양 장대현교회 장로였던 김종섭과 방기창 두 사람에게 신학교육을 시작한 것이 장로회신학교의 효시가 되었다.[185]

1904년에 조선에서 활동하고 있던 4개의 장로교 선교부(미국 북

---

[184] 네비우스의 선교방법을 정리하자면 기본적으로 선교사는 넓은 지역을 순회하면서 전도해야 하며, 모든 것을 성경 중심으로, 성경을 배우고 가르치는 일을 중심에 두었다. 기본적으로 선교사는 그 지역에서 무임으로 사역을 하도록 정함으로 선교지 지역 주민들에게 일체의 지원을 받지 않고 자급(自給)하도록 했다. 또한 법적인 다툼에서는 선교사는 중립을 유지하도록 정하기도 했다. 그러나 경제적인 측면에서 주민을 적극적으로 도울 것을 말했다[C. A. Clark, *The Korean Church and Nevius Methods*(New York: F. H. Revell, Co., 1930), 33~34].

[185] 김수진,《한국장로교총회창립 100년사》, 23.

장로교, 미국 남장로교, 캐나다 장로교, 호주 장로교)에서 공동으로 신학교를 설립하자는 요청에 의해 장로회신학교로 시작이 되었다. 첫 해 2명이던 신학생이 1902년에는 6명, 1904년에는 19명, 1905년에는 40명, 1906년에는 50명이 신학교에 입학을 하였고, 학교는 점차 큰 발전을 이루었다.[186]

1907년 첫 졸업생 배출과 함께 장로회신학교는 4개 장로교 선교부의 정식 허락을 받아 '대한장로회신학교'(The Presbyterian Theological Seminary of Korea)라는 공식 명칭을 갖게 되었다. 1908년에는 미국 시카고에 거주하는 맥코믹 여사(Mrs. Cyrus McCormick)가 기부한 5천 불로 평양 하수구리에 대지 6,000평을 매입하였다. 그 땅에 2층으로 된 한옥으로 된 학교교사 건축을 시작하여 그 이듬해에 완공을 하였고, 1911년에는 기숙사도 완공하였다.[187]

초기에는 북장로교 선교사인 마포삼열(Samuel A. Moffett)과 같은 선교회 소속 이길함(Graham Lee, 1861~1916)이 가르치는 일을 시작했다. 나중에는 다른 장로교 선교사들 남장로교의 전위렴(William M. Junkin, 1865~1908), 캐나다 장로교의 부두일(William R. Foote, 1869~1930), 호주 장로교의 왕길지(George O. Engel, 1868~1939) 등도 교수하는 일에 동참을 하게 되었다.[188]

조경현은 그의 책 《초기 한국 장로교 신학사상》에서 평양신학교의 발전과정을 정초기(1901~1906), 안정기(1907~1919), 발전기(1920~1938)로 나누어서 설명하고 있다.[189] 정초기는 학교를 시작한

---

186) 조경현, 《초기 한국 장로교 신학사상》(서울: 도서출판 그리심, 2011), 203.
187) 같은 책, 205.
188) 같은 책, 203.
189) 같은 책, 200~207.

1901년부터 첫 졸업생을 배출하기 직전인 1906년까지를 말한다. 안정기는 첫 졸업생 7명을 배출하고 4개 장로교 선교부로부터 '대한장로회신학교'라는 정식명칭을 받은 1907년부터 1919년까지를 말한다. 발전기는 1920년부터 1938년까지인데 1920년은 학교의 교과과정이 5년에서 3년으로 변경된 해이고, 이 시기부터 성경만 강조하는 교육에서 조직신학과 보조학문 등의 확장된 교육을 시작하였다. 그리고 1938년은 일제의 신사참배 강요에 불복하고 학교를 휴교한 해이다.

2명의 학생과 2명의 교수가 개인 사택에서 시작한 장로회신학교는 한국교회를 이끌어 갈 수많은 목회자를 양성하였고, 7명의 졸업생이 배출됨과 동시에 그들을 안수할 장로회 독노회를 조직하게 되고(1907년), 장로회 총회(1912년)를 조직하는 일에 공헌을 했다.

3) 조선예수교장로회신학교(평양신학교)의 신학사상

장로회신학교의 신학사상을 알기 위해서는 교수들의 신학사상이 어떤지를 알아야 한다. 조경현은 그의 책 《초기 한국 장로교 신학사상》에서 장로회신학교 교수 24명의 소속선교회와 출신학교를 조사해서 기록하고 있다. 그 기록을 정리하면 다음과 같다.

• 북장로교 선교사
언더우드(Horace Grant Underwood, 1858-1961, 화란개혁신학교)
마포삼열(Samuel Austin Moffett, 1864-1939, 맥코믹 신학교)
기일(James Scarth Gale, 1863-1961, 토론토대학교)
곽안련(Charles Allen Clark, 1878-1961, 맥코믹 신학교)

소안론(William L. Swallen, 1865-1954, 맥코믹 신학교)
이길함(Graham Lee, 1861-1916, 맥코믹 신학교)
배위량(William A. Baird, 1862-1931, 맥코믹 신학교)
라부열(Stacy L. Roberts, 1881-1946, 프린스턴 신학교)
어도만(Walter C. Erdman, 1877-1948, 프린스턴 신학교)
함일돈(Floyd E. Hamilton, 1890-?, 프린스턴 신학교)
사우업(Charles Edwin Sharp, 1870-1952, 맥코믹 신학교)
방위량(William Newton Blair, 1876-1970, 맥코믹 신학교)
편하설(Charles Francis Berheisel, 1874-1958, 맥코믹 신학교)
한위렴(Willam Brewster Hunt, 1869-1953, 프린스턴 신학교)

- 미국 남장로교 선교사

이눌서(William D. Reynolds, 1867-1951, 유니온 신학교)
마로덕(Luther Oliver McCutchen, 1875-1960, 유니온 신학교)
부위렴(William Ford Bull, 1876-1941, 유니온 신학교)
배유지(Eugene Bell, 1868-1925, 유니온 신학교)
전위렴(William M. Junkin, 1865-1908, 유니온 신학교)
최의덕(Lewis Boyd Tate, 1862-1929, 맥코믹 신학교)
구례인(John Curtis Crane, 1888-1964, 유니온 신학교)

- 캐나다 장로회 선교사

부두일(William R. Foote, 1869-1930)
업아력(Alexander Francis Robb, 1872-1935)

- 호주 장로교회 선교사

왕길지(George O. Engel, 1868-1939)[190]

이 기록에 의하면 북장로교 선교부 소속 교수 14명 중 8명이 맥

---

190) 같은 책, 98~163.

코믹 신학교 출신이고, 4명이 프린스턴 신학교 출신이다. 남장로교 선교부 소속 교수 7명 중 6명이 유니온 신학교 출신이고 1명이 맥코믹 신학교 출신이다. 장로회신학교 교수는 맥코믹 신학교 출신이 9명, 유니온 신학교 출신이 6명, 프린스턴 신학교 출신이 4명, 기타 5명으로 되어 있다. 맥코믹 신학교 출신이 가장 많기도 하지만 초기부터 24년간 교장직을 맡았던 마포삼열이 맥코믹 신학교 출신이다. 또 초기 장로회신학교 교수는 거의가 맥코믹 신학교 출신이었기 때문에 맥코믹 신학교의 신학사상이 초기 장로교신학교의 신학사상이라고 할 수 있다.

조경현은 초기 한국 선교사들의 본국 배경을 이렇게 정리하고 있다.

첫째, 한국 초기 선교사들이 수학한 신학교의 학풍은 당시 유럽의 비평신학의 도전하에 있음에도 불구하고 경건하고 보수적인 신학을 교수한 신학자들이 포진한 신학교 출신이라는 점이다. 당시 자유주의적 비평신학에 대항하여 성경관을 변호하는 구프린스턴 신학체계하에서 프린스턴 신학교는 학생들에게 성경의 영감과 권위를 전투적으로 변증하는 신학을 전수하였다. 맥코믹 신학교 역시 프린스턴과의 긴밀한 관계 속에서 성경을 중심으로 한 보수신학을 학생들에게 전수하였다. 하지만 호주의 오르몬드대학과 캐나다의 헬리팩스 장로교대학은 비록 비평신학이 유입되는 과도기에 있었으나 그들이 직접적으로 평양 장로회신학교에 영향을 줄 만한 기회가 없었다. 이는 평양신학교의 학풍이 건전한 보수주의신학의 요람이 될 수 있었던 중요한 단서가 된다. 평양 장로회신학교의 교수단에 등용된 선교사들은 대부분 보수주의적 신학적 배경을 가졌고 동시에 철저한 성경 중심의 신앙으로 무장된 이들이었다.

둘째, 1880년대부터 1890년대는 무디를 중심으로 한 부흥운동의 영향권 안에 있었다는 사실이다. 이는 신학교를 졸업한 목사후 보생들로 하여금 선교의 비전을 통해 자신의 진로를 결정케 하는 중요한 동인으로 작용했다는 점이다……

셋째, 초기 선교사들이 본국에서 목회와 선교에 철저한 훈련을 받은 경력을 결코 간과해서는 안 된다. 그들은 선교사로 사역을 시작하면서 교회를 세우고 교인들로 하여금 전도 및 선교 정신(mind)을 심어 주는 데 최선을 다했다. 당시 부흥의 흐름 속에서 그들은 부흥을 열망한 이들이었고 사회봉사를 통한 연합사역을 중요시하였다. 이것은 그들에게 복음주의의 정신이 투철했음을 보여주는 증거가 된다.[191]

장로회신학교(평양신학교)의 신학사상은 학교 교수를 배출한 미국 신학교의 영향을 받았고, 특별히 맥코믹 신학교와 프린스턴 신학교, 그리고 유니온 신학교는 보수주의의 신학사상을 가졌고, 교회 부흥과 선교와 협력을 중심으로 한 복음주의 정신이 투철한 사람들이었으며, 그 신학 사상이 그대로 장로회신학교의 신학사상이 되었다.

4) 신사참배 강요에 대한 장로회신학교(평양신학교)의 대응

평양신학교가 신사참배 강요로 인하여 휴교를 할 1938년에는 초창기 교수들의 절반 이상이 소천하거나 귀국을 하였으나 남아 있는 교수들도 초창기 교수들과 같이 맥코믹 신학교와 프린스턴

---

191) 같은 책, 95~96.

신학교, 그리고 유니온 신학교 출신이 주를 이루고 있었다. "따라서 평양 장로회신학교 교수단의 신학을 우리는 보수적이며 경건한 칼빈주의적 장로교 신학노선에 있었다라고 할 수 있다"[192]고 한 것처럼 평양신학교는 휴교를 하는 마지막까지 보수주의적 칼빈주의 노선을 지향하고 있었다. 그런 그들에게 신사참배의 강요가 허용될 수 없었다.

1930년대부터 시작한 신사참배의 강요는 국공립학교를 시작으로 하여 선교사들이나 교회가 세운 기독교 학교까지 침투하기 시작했다. 일제가 학교에서부터 신사참배 강요를 시작했지만 실상의 목표는 기독교인들과 그들의 배후에 있는 외국인 선교사들이었다. 그들이 한국을 식민화하는 데 제일 큰 걸림돌이 되었기 때문이다.

미션학교의 신사참배 강요는 1935년 11월 15일 평양숭실전문학교 교장 맥큔(George S. McCune)에게 신사참배 명령을 내린 것에서 시작을 했다. 그전에 이미 다른 지방의 여러 학교에서 신사참배 강요와 이를 거부하는 사례들이 많이 있었지만 직접적으로 당국의 제재를 받은 것은 이 사건에서 시작이 되었다. 맥큔이 일제의 신사참배 강요를 거부하자 총독부로부터 다시 경고가 왔고, 이를 거부하자 교장직을 면직당하고 강제 추방을 당해야 했다. 그때 맥큔은 신사참배를 거부하면서 그 이유를 이렇게 대답했다.

> 저는 각하에게 이와 같이 알리는 것에 대해 매우 유감으로 생각합니다. (1) 신사에서 행해지는 의식들은 저들이 모시는 것을 봐

---
[192] 같은 책, 294.

서, 그리고 그들이 행하는 것을 봐서 저에게는 분명 종교적인 의미가 있다고 보기 때문에; (2) 민중의 대부분은 영혼이 실제적으로 거기서 숭배되고 있다고 믿기 때문에; (3) 기독교인들은 효도와는 다른 조상숭배는 하나님을 거역하는 죄로 믿기 때문에; 그리고 (4) 저도 또한 그러한 것은 하나님의 말씀으로 기독교인에게 금지된 것이므로 따라서 저는 개인적으로 각하가 요구하는 행위를 양심적으로 할 수 없습니다.[193]

일제는 신사참배를 종교가 아닌 국가의식이라고 주장했지만 맥큔은 신사참배가 분명한 우상숭배이며 기독교인의 신앙양심을 가지고 할 수 없는 행위임을 분명하게 지적하고 있다. 그로 인해 맥큔은 추방되었을 뿐만 아니라 평양의 숭실전문학교와 숭실중학교, 그리고 숭실여중이 차례로 폐교하기에 이르렀고, 이어서 전국의 기독교 학교들이 폐교를 하기에 이른다.

평양신학교는 당시에 당국의 인가를 받은 학교가 아니었고 외국의 선교사들이 세우고 운영하는 학교였으며 기독교 목사를 양성하는 신학교였기 때문에 신사참배에 대해 강력한 저항을 해올 것을 예상한 당국이 직접적으로 신사참배 강요를 하지는 않은 것으로 보인다. 강요가 있기 전에 학교 내에서 반대운동이 시작되었다. 1938년 2월 19일 제53회 평북노회에서 신사참배를 가결하고 이 사실이 학교에 알려지게 되었다.

그때 평북노회장 김일선 목사가 신학교 입학 기념으로 심은 기념식수를 평북노회 소속 신학생이었던 장홍련 전도사가 뽑아 버

---

193) George Thompson Brown, 209.

린 사건을 시작으로 신학생들은 신사참배 반대운동에 나섰다. 이를 감지한 평양경찰서에서 박형룡 교수와 김인준 교수를 불구속 기소하여 연금하고 신사참배 반대운동에 참가한 학생들을 검거하였다. 신학생들은 각 노회 각 교회로 흩어져서 신사참배 반대운동을 하였고, 총회가 신사참배를 가결한 1938년 9월에 학교는 휴교와 함께 폐교에 이르고 말았다.

5) 한국장로교회 조직과 발전

한국에 기독교가 들어온 것은 1884년 알렌 선교사의 입국과 1885년 언더우드 선교사의 입국으로부터 시작되었다고 본다. 물론 그 이전에도 여러 선교사들의 활동과 여러 경로를 통해서 복음이 전해졌지만 이 두 선교사의 입국을 기점으로 장로교회가 시작되었다고 본다. 그 후 23년이 지난 1907년에 한국 장로교의 독노회(獨老會)가 조직이 된다. 독노회가 구성될 당시 한국 장로교회는 "전국적으로 785개 교회, 세례교인은 1만 8천여 명, 전체 교인은 7만 2천 명에 달했다. 한국인 장로는 47명이었다."[194]

1907년은 평양 장로회신학교가 개교한 지 7년 만에 5년간의 과정을 모두 이수한 7명의 졸업생을 배출한 해였다. 방기창, 이기풍, 하석진, 길선주, 양전백, 서경조, 송인서가 1회로 졸업을 하였다. 이들 졸업생을 안수하여 목사로 세울 노회가 없었기 때문에 미션공의회는 여러 차례 회의 끝에 독립노회를 개최하기로 하고 1907년

---

194) 이상규, 《교회 쇄신운동과 고신교회의 형성》(서울: 도서출판 생명의 양식, 2016), 16.

9월 17일에 평양 장대현교회당에서 독립노회를 창립하였다. 독노회 창립에 모인 회원은 목사가 33명이었고, 장로가 38명이었다. 목사회원은 전원 선교사였고, 장로회원은 전원 조선인 장로 회원이었다. 초대 노회장으로 마펫 선교사를 피선하였고, 졸업생 7명을 목사로 안수하였다. "이날 비로소 '대한예수교장로회 신경'과 '신경의 신조의 내역', 그리고 대한예수교장로회 독노회 규칙이 가결되었고, 신조도 마련되었다"[195]

길선주 목사의 "대한국 예수교 장로회 노회 회록 서문"에 독노회의 창립을 이렇게 기록하고 있다.

> 우리 대한 인민들이 하나님을 알지 못하고 사신과 우상을 섬기매 장차 하나님의 형벌을 피할 수 없었더니 자비하신 하나님께서 우리나라 인민을 돌아보사 미국 남장로교회와 북장로교회와 영국, 오스트레일리아 장로교회와 캐나다 장로교회의 주를 믿는 모든 형제자매들의 마음을 감동시켜 이 네 곳 교회 총회로 선교사를 택정하여 이곳에 보내시매 하나님의 명령을 받은 선교사들이 갑신년에 이곳으로 나와 도를 전한 지 이십삼 년 동안에 회개하고 주께로 돌아온 자가 근 십여만 명이라. 이곳에 장로를 장립하고 교회를 설립하여 영미 양국 선교사들과 한국 각처 장로들이 모여 교회 일을 의론하나 그러나 아직 한국 목사를 장립치 못함으로 노회를 이루지 못하고 그 회 이름을 장로공의회라 칭하고 저간에 십오 차를 모이더니 하나님께서 은혜를 풍부히 주심으로 수년 전에 미국 남장로교회와 북장로교회와 영국 오스트레일리아 장로교회와 캐나다 장로교회 이 네 곳 총회에서 특별히 대한국 장로회 노회를 세우기로 허락한 고로 장

---

195) 김수진, 《한국장로교총회창립 100년사》(서울: 홍성사, 2012), 31.

로공의회 회장 마포삼열 목사께서 네 곳 총회의 권을 얻어 한국 교회에 노회 되는 취지를 설명하시되 이 노회는 교회의 머리 되시는 주 예수 그리스도를 힘입어 십자가를 튼튼히 의지하고 견고하여 흔들리지 말고 세상 사람 앞에 영화로운 빛이 되며 하나님 앞에 거룩하고 정결한 노회를 이루어야 하겠다. 하시고 주 강생 일천구백칠 년 구월 십칠일 오정에 한국노회를 설립한 후에 대한에 신학교 졸업학사 일곱 사람을 목사로 장립하고 대한국 장로회 노회라 하셨으니 이는 실로 대한국 독립노회로다 할렐루야 찬송으로 성부 성자 성신님께 세세토록 영광을 돌리세 아멘.[196]

독노회를 창립하면서 우상숭배의 죄악에서 벗어나게 하신 하나님께 감사를 드리고 있다. 우리나라는 신사참배 이전에 온갖 우상숭배로 인해서 하나님 앞에서 멸망을 자초하고 있는 나라임을 자인하고 있다. 이런 나라에 하나님께서 여러 나라 선교사들을 파견해 주셔서 23년 동안 전도하게 하셨고 근 십여만 명이 회개를 하고 돌아왔음을 감사하고 있다. 그리고 신학교도 세워 주셔서 7인을 졸업하게 하시고 그들을 안수할 노회를 세우게 해주심에 감사하고 영광을 돌리고 있다. 교회는 우상숭배에서 벗어나서 하나님만 섬기게 하는 곳이며 이를 위해서 목사도 세움을 받는 것임을 강조하고 있음을 볼 수 있다.

독노회가 채택한 '대한 장로교 신경'에서도 우상숭배를 제일 중요하게 고백하고 있다.

---

196) 박시영 편집, 《조선예수교장로회 독노회록 1~5회록》(경남: 경남백년클럽, 2012), 2.

1. 신구약성서는 하나님의 말씀이시니 믿고 행함을 본분의 확실한 법례인데 다만 이밖에 없느니라.
2. 하나님은 홀로 하나이시니 오직 이만 경배할 것이라 하나님은 신이시니 자연히 계시고 무소부재하며 다른 신과 모든 형용물과 부동하시며 그 계신 것과 지혜와 권능과 거룩하심과 공의와 인자하심과 진실하심과 사랑하시는 일에 대하여 무한하시며 무궁하시며 변치 아니하시느니라.[197]

신구약성경이 하나님의 말씀이라는 것과 오직 하나님 한 분만 경배하는 것이 신경의 핵심적인 내용이며 장로교회의 한국 노회가 출범하면서 가장 중요하게 선포한 내용이다.

독노회 조직 5년 만에 독노회 산하에는 7개 대리회가 구성되어 있었고, 1911년 마지막 독노회에서 지방 대리회를 지방 노회로 승격하기로 결의하였다. 1911년 10월 전라노회를 시작으로 전국에 노회가 조직 되었으며, 1912년 9월 1~4일 평양 장로회신학교 강당에서 대한예수교장로회 창립총회를 가졌다. 초대회장은 언더우드 선교사였다. 당시 참석 총대는 목사 96명(한국인 목사는 52명), 장로는 125명이었다.[198]

---

197) 같은 책, 9.
198) 박시영 편집, 《조선예수교장로회 독노회록, 총회록》(경남: 경남백년클럽, 2012), 12.

2. 양용근의 귀국 후 활동

일본대학교 법률과를 졸업한 양용근은 귀국하여 고향으로 돌아왔다. 그의 귀국을 안 조선총독부에서는 사람을 보내어 상경하여 총독부 경무과에 근무하라는 연락을 했다. 당시로서는 일본대학에서 법률을 전공한 우수한 인재로 마음만 먹으면 집안에서 원하는 대로 관직에 오를 수도 있었고 출세의 길로 갈 수도 있었다. 그러나 그는 법률을 공부하면서 약소국으로 지배를 받고 있는 조선인이 천대를 받을 수밖에 없다는 것을 알았다. 또 관동대지진 때 조선인으로서 당했던 비참함으로 인해 일본 정부에 동조하면서 살기보다는 조국의 백성들을 위해서 무엇인가를 해야겠다는 결심을 하게 되었다.

1) 오사육영학당 설립

제일 먼저 생각한 것은 고향인 오사리에 세워진 영명(英明)학당의 활성화였다. 그동안 그가 배운 학문을 개인의 영달을 위해서 사용한다면 충분히 출세도 하고 집안도 일으킬 수 있었다. 하지만 일본에서 일본인들에게 받은 학대와 조국이 일본의 침략으로 고통을 당하고 있는 상황에서 무지한 조국의 동포들에게 학문을 가르쳐서 깨우치는 것이 그 무엇보다 중요하다고 생각을 했다. 또한 그가 하나님께로부터 받은 은혜를 조국의 동포들에게 알려서 하나님의 백성이 되게 해야 한다는 사명감이 그에게 있었기 때문에 우선적으로 해야 할 일이 학당을 활성화하는 것이었다. 그래서 그동안 양용이와 양용근 두 형제의 일본 출국과 당국의 제재로 인하여 학교가 제대로 기능을 하지 못했기 때문에 다시 당국의 허가를 받아서 학교 운영을 정상화하기로 했다.[199]

2) 공무원 생활

양용근이 귀국하여 취직을 한 곳은 고향 광양군 진월면 면사무소였다.[200] 그가 총독부 근무까지 거절했는데 고향의 진월면 면서기가 된 것은 피치 못할 사정이 있었다. 하나는 가문에서 일본 유학을 한 유능한 인재가 있다는 것을 과시하기 위해서 집안 어른들의 권유로 어쩔 수 없이 잠깐 근무를 한 것이다. 그러나 진짜 이유는 일전에 형님과 같이 세운 영명학당을 다시 활성화하기 위해서였다.

양용근이 귀국한 후에 영명학당을 활성화하기 위해서 당국에

---

199) 진병도, 29.
200) 같은 책, 32.

정식으로 허가를 신청했으나 여러 가지 이유를 들어서 허가를 거절했다. 당국이 학원의 허가를 내주지 않는 이유로 학원 시설이 너무나 열악하다는 것을 내세웠으나 사실은 양용근이 요구한 교과 내용이 당국의 방침에 어긋나기 때문이었다. 당국에서는 성인들을 대상으로 야간으로 교육할 것과 학생들에게 일본어를 가르칠 것을 요구했다. 그러나 양용근은 주간에는 아동들에게도 교육을 하게 해줄 것과 조선말을 쓰게 하고 성경공부까지 하게 해줄 것을 요구하였기 때문에 당국에서는 허가를 보류하고 있는 상태였다.[201]

당국의 학원 허가를 촉구하기 위해서 면사무소로 찾아가 당시 면장이었던 서청수 면장과 면담을 했다. 그 자리에서 면장은 양용근에게 면사무소에서 공무원으로 일할 것을 권유했다. 면 서기로서 일을 하는 대가로 학원을 허가해 주겠다는 조건이었다. 학원을 인가해 주면 야간으로 학원을 운영하게 되고 면사무소 직원이 운영한다면 학원 허가가 빨리 나올 것이라고 했으며, 양용근에게는 아까운 두뇌로 허송세월 보내지 말고 고시공부를 하여 더 큰 일을 하라고 권유했다.[202]

양용근은 공무원이 되어서 일본을 돕겠다거나 고시공부를 하려는 마음은 없었지만 학원의 허가를 얻기 위해서 잠시라도 면서기가 되기로 결심을 했다. 1930년 11월 27일부로 진월면사무소의 서기로 임명이 되었고 보직은 호적계장이었다. 약속대로 1930년 12월 1일부로 학원 인가가 나왔고 그 이름은 영명(英明)학당에서 오

---

201) 같은 책, 29.
202) 같은 책, 32.

사육영학원으로 바뀌었다. 학원이 당국의 허가를 받은 후 그는 만 3개월 동안 근무를 하고 1931년 3월 4일 사직서를 제출하였다. 이 정도면 가문의 체면도 세워 주었고 또 학원을 허가한 면장의 체면도 세워 주었다고 생각하고 사임을 하였다.[203]

총독부 과장직도 마다한 양용근의 면서기 근무는 당시로서는 파격적인 일이었다. 대학을 졸업한 그가, 그것도 일본 유학으로 법학을 공부한 인재가 면서기로서의 근무는 상상할 수 없는 일이었다. 일본대학을 나온 법학사가 면서기로 근무한다는 소문은 급속도로 퍼졌고, 이 소식을 들은 전남도지사가 직접 찾아와서 도청으로 발령을 내리고 했으나 본인의 사양으로 뜻을 이루지 못하였다.[204]

3) 오사육영학당의 운영

당국의 허가를 받은 후 양용근은 교장으로 취임을 했다. 그가 교장이 되었다는 소문을 들은 주변 마을의 학생들이 몰려왔다. 학제는 4년제였고 한 학급에 40명씩을 모집하여 성황을 이루었다. 학교의 재정은 순천에 설립된 미국 남장로회 선교부에서 월정액을 보내왔고 학생들에게 교재비 정도로 받는 월사금과 동네 유지들의 후원으로 여유 있는 학교 운영을 할 수 있었다.[205]

학교에서는 한국어, 성경 등의 교육과 더불어 체육부, 문예부를 두고 체육교육과 문예교육도 병행했다. 체육부에는 야구부, 축구

---

203) 같은 책, 56.
204) 양영기, 《순교자 양용근》, 9.
205) 같은 책, 11.

부를 두고 훈련을 시켰는데 축구부는 실력이 대단해서 경남 하동 등 다른 지방의 학교들과 시합을 다닐 정도였다. 야구부도 순천 매산학교 학생들과 시합을 가질 정도로 실력이 대단했다. 문예부에서는 음악, 연극 등을 연습하여 매년 12월 25일 성탄절이 되면 운동장에 무대를 설치하고 이웃 먼 동리의 사람들을 초청하여 공연을 하였으며, 광양읍이나 순천 등지에서 초청을 받아 출장공연을 할 정도로 실력이 우수했다.[206]

양용근이 학원 허가를 얻은 후 공무원을 사직하자 당국의 감시가 심해졌다. 감시원을 위장 입학시켜 공부하는 내용을 보고하게 했으나 이를 알아차린 양용근은 교사들에게 감시원이 위장 취학했음을 알리고 조심하여 교육을 하기도 했다.

당국은 여러 가지 지적사항을 시정할 것을 명령하였다. 일본어 교육을 하기로 되어 있으나 한국어로 교육한 것과 성인만 야학으로 가르치라고 했는데 아동까지 교육하는 것을 지적했다. 또 성경교육을 함으로써 일본 황실의 존엄성을 훼손한 것과 교실에 일장기를 게양하지 않은 것 등을 지적하여 시정할 것을 명령하였다. 그러나 양용근은 조목조목 그들의 시정명령이 부당함을 항변했고, 당국은 이런 항변을 하는 양용근을 다시 주목하게 되었고 불령선인(不逞鮮人)이라는 낙인을 찍고 감시를 하기에 이르렀다.[207]

---

206) 같은 책, 11.
207) 진병도, 75.

3.
조선예수교장로회신학교
(평양신학교) 입학과 졸업

오사육영학당의 교육은 단순히 글자를 가르쳐 주고 무지한 자들을 가르쳐서 잘살게 하는 농촌계몽운동 정도가 아니었다. 국가의 장래를 생각하는 교육이었고, 매일같이 성경공부를 했으며 진리를 가르쳐 신앙인으로 살게 하기 위한 교육이었다. 양용근은 자신이 이런 기독교 교육을 하기에 부족함을 느꼈고, 전도한 성도들에게 세례를 베풀 수 없다는 아쉬움도 가지게 되었다. 이런 고민 끝에 학교는 교사들에게 맡기고 평양신학교에 입학을 하기로 마음먹었다.[208]

양용근이 평양신학교로 부르는 조선예수교장로회신학교에 입학한 연도에 대해 1934년 4월로 이야기하는 사람도 있다. 그러나 1935년 4월 5일에 입학한 손양원 목사와 입학동기로 알려져 있는 것으

---

208) 같은 책, 84.

로 보아서 1935년이 더 확실한 것으로 보인다. 또 평양신학교 입학하기 전에 공부한 것으로 보이는 조선예수교장로회 총회종교교육부의 성경통신과 신약전과를 1935년 3월 20일에, 구약전과를 동년 4월 1일에 수료한 졸업증서[209]가 있는 것으로 보아서 이 과정을 졸업한 후 1935년 4월 5일에 손양원과 함께 입학한 것으로 보인다.

가정을 가진 가장으로 또 교회를 섬기면서 전라도 지방에서 평양까지 다니며 학업을 한다는 것은 쉬운 일이 아니었다. 다행스럽게도 일제에 의해 건설된 기차가 1936년 12월 16일 순천까지 개통되었기 때문에 순천에서 이리까지 전라선을, 그리고 호남선으로 갈아타고 대전까지 갈 수 있었다. 대전에서는 만주 봉천까지 가는 기차가 있었기 때문에 기차를 이용하여 학교에 갈 수 있었고, 학기 동안에는 평양신학교의 기숙사에서 기거하며 방학 때는 교회로 돌아와 교회를 섬길 수가 있었다.

그런 어려운 형편 때문에 손양원보다 한 해 늦은 1939년 3월 30일에 34회로 평양신학교를 졸업하게 되었다. 평양신학교는 신사참배 반대로 인해서 1938년 9월 무기휴교를 선언하였다. 그로 인해 수업을 하지 못한 한 학기는 통신과정으로 이수를 하고 졸업을 하게 되었다. 당시의 상황을 〈동아일보〉는 이렇게 기록하고 있다.

平壤神學卒業式 通信敎授로 卒業生 四七名
평양신학교平壤神學校 존속의 한방책으로 개학을 무기 연기하

---

209) 신약전과 졸업증서는 제2212호로 "右人은 이 本宗敎敎育部의 制定한 聖經通信科 新約全科를 修了하얏기 此證書를 授與함"으로 되어 있고, "朝鮮耶穌敎長老會 總會宗敎敎育部 總務 鄭仁果"가 발행한 것으로 되어 있다. 구약전과는 463호로 같은 내용으로 되어 있다.

야 벌서 반 개년동안을 휴교상태로 지내왓음은 세인이 주지하
는 바와 같다. 동교당국에서는 이와같이 학교를 휴교상태로 두
면서도 재학생에게 교수를 하기를 게을리하지 안코 통신通信으
로 교수하여 소정과목을 모다마치게 하엿는데 지난 十三일에는
예년과 다름이 없는 졸업식을 거행하엿다. 十三일 오전 十시 부
내 경창리景昌里 동교강당에 학부형 내빈 약 四百명이 참석하
고 동교 당국으로부터 교장 나부열羅富悅씨와 五명의 이사가
열석하야 기도회를 행한 후 十六명 졸업생에 졸업증서를 수여
하엿는데 아직 소정과목을 완료하지 못한 七명에게는 계속하여
통신교수를 행하리라 한다.[210]

이 기사와는 달리 34회 졸업생은 52명이었고(졸업식에 참석한 사람
이 16명이었을 것으로 보임), 양용근은 이날 졸업한 52명 중의 한 명으
로 한 학기를 통신으로 졸업하고 제34회로 졸업증서를 받았다.[211]

일본대학을 졸업한 양용근은 귀국 후 관직에 오를 기회가 있었
지만 이를 거절하고 고향에서 학당을 세워서 운영을 하다가 더 큰
뜻을 품고 조선예수교장로회신학교(평양신학교)에 입학을 하고 졸
업을 하게 된다. 여기서 평양신학교의 설립배경과 발전과정, 그리

---

210) 〈동아일보〉, [1939년(소화 14년), 4월 15일, 석간].
211) 양용근의 졸업장에 "朝鮮耶穌敎長老會神學校 卒業證書 第三十四回 梁龍根 主後
一千九百三十九年 三月 三十日 理事長 邦緯良 校長 羅富悅"로 되어 있다.

고 교수들의 출신배경과 신학사상을 살펴보았다. 평양신학교의 제1회 졸업생 7명을 안수하기 위하여 세운 장로회 독노회와 총회의 설립과 설립정신과 발전사항을 살펴보았다. 그리고 평양신학교의 신사참배 강요에 대한 대응을 살펴보았다. 양용근의 목회와 신앙수호에 평양신학교의 사상과 총회의 설립정신이 큰 영향을 미쳤기 때문이다.

양용근은 법률을 공부하면서 약소국으로 지배를 받고 있는 조선인은 천대를 받을 수밖에 없다는 것을 깨달았다. 또 관동대지진 때 조선인으로서 당했던 비참함이 일본 정부에 동조하면서 살기보다는 조국의 백성들을 위해서 무엇인가를 해야 되겠다는 결심을 하게 하였다. 그로 인해서 양용근은 고향부락에 학원을 세우고 아이들과 장년들에게 성경과 조선말을 가르치게 되었다. 그러나 그런 가르침만으로 이들에게 소망을 줄 수 없다는 것을 절감하게 되었다. 양용근은 그들에게 복음을 전하여 신앙으로 무장하는 것이 더 보람된 일이라고 생각하여 평양신학교에 입학하고 졸업하여 목회의 길을 가게 되었다.

VI.
일제의 기독교 탄압과 양용근 목사의 목회

1.
일제강점기하의 한국교회
(1930년대)

양용근은 1935년에 평양 장로회신학교에 입학을 하였고 그 이듬해인 1936년에 광양읍교회 조사로 시무하기 시작하여 3년간 조사생활을 했고, 1939년 목사안수를 받고 1943년 순교하기까지 5년간 목사로 시무했다. 길어야 8년이고 그나마 재판과정이나 수감생활을 빼면 짧은 기간 동안 목회를 하였다. 그러나 그가 신학을 시작하고 목회를 한 1935년에서 1945년 해방까지는 일제가 최후의 발악으로 교회를 핍박하던 시기였다. 이런 시기에 목회자가 되기를 자청하고 나선 것은 보통의 각오로 할 수 없는 일이었다.

1) 1930년대 일제의 한국교회 탄압과 대응

앞서 살펴본 대로 조선에 대한 일제의 식민지 정책은 무단(武斷)통치기(1910~1919년)와 문화통치기(1920~1930년), 그리고 침략전쟁기(병

참기지화 정책기, 1931~1945년)로 나눌 수 있다. 이 분류에 의하면 1930
년대는 침략전쟁기 혹은 병참기지화 정책기라고 할 수 있다. 박용
권은 그의 책 《국가주의에 굴복한 1930년대 조선예수교장로회의
역사》라는 책에서 1930년대 이전의 일제와 교회의 관계에 대해서
이렇게 요약하고 있다.

> 을사늑약과 3·1운동, 이 두 사건을 기준으로 나누면 1930년 이
> 전 장로교회와 국가의 관계를 세 시기로 구분하여 살펴볼 수 있
> 다. 첫째 시기는 선교사 입국 이후 1905년 을사늑약이 체결되기
> 이전까지이다. 이 시기 교회는 국가와 매우 친밀한 관계를 맺었
> 다. 둘째 시기는 통감부가 설치된 1905년부터 1919년 3·1운동까
> 지이다. 이 시기 교회는 일제라는 국가를 인정하지 않았다. 그
> 래서 교회는 국가의 감시 대상이었으며, 때로 국가에 저항하기
> 도 하였다. 셋째 시기는 1919년부터 1931년 만주사변까지이다.
> 이 시기의 교회는 일제를 국가로 인정하고 대화하기 시작하였
> 다. 만주사변 이후에 교회와 국가의 관계는 새로운 관계에 들어
> 선다. 국가가 전쟁을 수행하기 위해 교회의 협력을 강요한 시기
> 였기 때문이다.[212]

교회와 국가 간의 관계는 일제의 통감부가 설치되기 이전에는
매우 친밀한 관계를 맺고 서로 협력하는 관계였다. 그러나 1905년
을사늑약이 체결되고 일제의 통감부가 설치된 이후부터 1919년
3·1운동까지는 서로 대립하는 관계였다는 것이다. 이 기간 동안에
일어난 사건을 보면 그 대립관계를 알 수 있다. 기독교 박해를 위

---

212) 박용권, 39.

해서 조작한 '총독모살사건'(105인 사건, 1910년), 학교에서 예배와 성경교육을 엄금한 '사립학교규칙 개정'(조선총독부령 제24호, 1915년 3월 24일, 조선총독 백작 데라우치 마사타케),[213] 교회의 설립과 직원의 임명 등을 국가에서 간섭할 수 있게 한 '포교규칙의 개정'(조선총독부령 제83호, 1915년 8월 16일, 조선총독 백작 데라우치 마사타케)[214]은 국가가 교회를 탄압하기 위한 것들이었다. 이에 반발하여 교회는 학교를 폐쇄하는 강경책을 쓰면서 저항을 하였고, 이런 저항운동이 3·1 운동으로 이어졌다. 3·1 운동을 경험한 일제는 강경책에서 다소 유화정책으로 나섰고, 교회도 국가와 대화를 통해서 타협하는 방향으로 선회하였다. 이러한 국가와 교회의 타협은 1930년대로 들어서면서 국가와 교회가 우호적인 모습으로 변화되는 것처럼 보였지만 일제는 더욱 강화된 모습으로 교회를 압박했고, 교회는 그에 굴복하는 모습이 되었다.

1930년대에 들어서면서 일제는 대륙침략을 위한 전쟁을 시작하였고 전쟁의 승리를 위하여 국가주의를 강화하였다.

> 1930년대의 일제는 국가지상주의로 중무장한 국가였다. 1930년대에 들어서 일제는 대륙침략을 감행하여 1945년까지 소위 '15년 전쟁'을 치른다. 이러한 장기간의 전쟁을 치르기 위해 일제가 만든 체제를 국가지상주의[國家至上主義 또는 초국가주의(超國家主義), ultra-nationalism] 체제라고 부른다. 국가지상주의란 말 그대로 국가가 가장 높은 가치를 갖는 체제이다. 그리고 이러한 국가지상주의 체제를 뒷받침한 것이 바로 천황제 이데올로기이다.[215]

---
213) 김승태 편역, 《일제강점기 종교정책사 자료집》(서울: 한국기독교역사연구소, 1996), 87.
214) 같은 책, 91.
215) 박용권, 71.

일제는 천황 이데올로기를 통하여 국가를 가장 높은 자리에 올려놓고 식민지 조선 사람들을 일제에 충성을 다하도록 하였다. 이 시기에 일제는 '심전개발운동'(心田開發運動)을 통하여 "일본은 만세일계(萬世一系)의 천황이 다스리는 나라"라는 것과 경신숭조(敬神崇祖) 사상을 통하여 천황을 현인신(現人神)으로 섬기게 했다.

더 나아가서 일제는 '조선병참기지화정책'을 수립하여 어느 누구도 개인의 이익을 추구할 수 없고 오직 국가의 이익을 위해서 봉사하게 하였다. 그러나 조선인들은 자신들이 일본인이라고 생각하는 사람이 소수에 불과하여 이런 정책에 적극적이지 않았다. 이런 소극적인 자세를 개선하기 위해서 '황민화정책'을 수립하여 '황국신민서사'(皇國臣民誓詞)를 제정하고 신사참배와 황거요배 등을 시행하도록 강요했다.

교회는 이에 대하여 거부하거나 대항하지 않고 쉽게 수용을 하고 말았다. 1938년 5월 말 현황에 의하면 많은 교회들이 이미 일제에 순복하고 있었음을 알 수 있다. 국기 게양탑을 건설한 교회 88%, 국기에 대한 경례 96%, 국가봉창 82%, 동방요배 96%, 황국신민서사 제창 93%, 신사참배 55% 등으로 나타나 있다.[216] 총회에서 신사참배를 가결하기 이전에 이미 많은 교회들이 신사참배를 수용하고 있었으며, 동방요배 등의 국민의례는 대다수 교회가 이미 수용하고 있었다.

신사참배나 동방요배가 우상숭배라고 하여 반대하는 사람들은 소수에 불과했고, 대부분은 국가의식이라고 하여 수용을 하며 일

---

216) 김승태, 《일제강점기 종교정책사 자료집》, 257.

제에 굴복을 하였다. 소수의 반대자들에 대해서 일제는 철저하게 응징을 하였다. 1925년에 제정한 '치안유지법'을 종교단체나 종교인에게 적용시키기 시작했다. 종교나 종교인이 종교를 빙자하여 국체에 맞지 않는 주장을 할 때 처벌하겠다는 것이다. 이 치안유지법에 의해서 천황숭배를 거절하고 신사참배에 참여하지 않는 기독교인들을 처벌하였다.

일제는 1939년에 '종교단체법'(1939년 4월 8일 법률 제77호, 1940년 3월 29일 법률 제25호)[217]을 제정하여 종교단체는 법인을 설립하도록 하고 설립은 국가의 인가를 받도록 했고 국가에 사항을 보고하도록 하였다. 교회가 국가의 통제를 받도록 한 것이다. 이러한 일제의 교회 탄압에도 불구하고 1930년대의 교회는 성장을 멈추지 않았다. 교회의 수나 성도의 수가 늘어갔고 교회에서 운영하는 학교나 각종 단체들이 많아지고 그 역량도 강화되었다.

> 1930년대 장로교회는 수적인 증가뿐만 아니라 조직, 기구, 제도, 교리, 재산 등 모든 면에서 발전되고 강화되었다. 총회 산하 노회와 부서가 증가하고 상설 사무국이나 사무실이 설치되어 1년에 한두 번 모이는 총회나 노회 없이도 수시로 일을 처리할 수 있게 되었으며, 또한 더 많은 사업을 할 수 있게 되었다. 그리하여 개인보다는 이러한 총회의 조직 중심으로 모든 일이 이루어졌다……이러한 조직화 덕분에, 30년대 후반부터 시작된 일제의 본격적인 박해에도 불구하고 장로교회는 건재할 수 있었다. 1941년 태평양전쟁이 일어날 때까지는 장로교회는 모든 면에서 튼튼한 조직이었다. 신사참배 결의 이후에도 여러 부분의 성장

---

217) 같은 책, 307.

이 계속되었으며, 선교사들이 폐교를 결의한 중등학교들을 장로교회 산하 여러 노회가 인수하였고 선교사 중심의 평양 장로회신학교 폐교 이후에도 평양의 도당회를 중심으로 평양신학교를 세워 계속해서 교역자를 양성할 수 있었다. 신사참배 결의 이후에도 모든 면에서 교회라는 조직이 계속 유지되고 발전하였다는 것이다.[218]

일제는 계속해서 자기들의 야욕을 채우기 위해서 교회에 박해를 가했지만 그럼에도 불구하고 교회는 여러 가지 면에서 계속 성장하였다. 신사참배 강요라는 엄청난 위협 앞에서도 그 성장을 멈추지 않았고, 심지어는 교회가 신사참배를 가결한 이후에도 교회는 계속 성장하였다는 것이다. 그 이유는 교회가 일제의 압박에 대항하지 않고 굴복하고 타협을 했기 때문이다. 오히려 일제에 더 의지하고 협력을 하였기 때문이다.

1930년 당시 장로교회는 3천 개의 교회가 35만이 넘는 성도들을 가지고 있었고 견고한 조직을 가지고 있었지만 일제에 대항할 힘을 가지지 못하고 그들에게 굴복하고 말았다. 그 원인을 박용권은 두 가지로 말한다.[219] 그것은 성장과 조직강화를 추구하는 과정에서 인위적인 힘에 의존한 것이며, 또 하나는 그 과정에서 국가를 의존하였기 때문이라는 것이다. 교회의 조직이나 성장은 성령님의 힘으로 해야 하는데 인간적인 기교를 동원하였기 때문에 외형적으로는 성장한 것처럼 보이지만 실상은 쇠퇴의 길로 가는 것이다. 교회가 국가와 대항관계에 있었음에도 불구하고 오히려 국

---
218) 박용권, 256.
219) 같은 책, 257~258.

가의 제도를 의지하고 국가의 도움을 받아서 성장을 하였기 때문에 신사참배와 같은 불의한 요구에도 대항하지 못하고 협조하기에 이르렀다는 것이다. 그로 인해 교회가 외적인 성장에는 성공을 하였지만 교회의 본질이나 신앙의 본질에 대해서 소홀하였으며, 교회가 가장 소중하게 여겨야 할 신앙의 본질을 저버리고 말았다. 총회에서 신사참배를 가결한 후 교회는 더 적극적으로 일제에 협력하기 시작했다.

> 장로교회는 결국 1938년 9월에 신사참배를 결의하고 '국민정신총동원'에 참가하여 비상시국하에서 총후 황국신민으로써 적성(赤誠)을 다하기로 하였다. 이로써 장로교회가 국민정신총동원 운동에 적극적으로 참여하게 되었다. 사실 장로교회는 1938년 7월 7일에 결성된 '국민정신총동원 조선연맹'에 이미 가입하고 있었으며, 1938년 9월 총회에 온 총대들이 이것을 확인한 것에 불과하다. 1938년 9월 총회는 장로교회가 일제에 결정적으로 굴복한 사건이다. 이후 장로교회는 전적으로 국가를 위한 봉사 기관으로 전락하였다. 1938년 9월 총회의 결의가 강압에 의한 것은 분명하지만 장로교회 자체의 의지가 전혀 없었던 것도 아니다. 총회 결의 이전에 대다수의 노회가 신사참배를 결의했다는 점, 또한 총회 결의 이전에 평안남도 지역의 3개 노회가 그 결의를 치밀하게 준비했다는 점, 신사참배 결의가 있다는 것을 알면서도 총대 대다수가 총회에 참석했다는 점 등 여러 가지 면에서 장로교회 자신의 책임도 간과할 수 없는 것이다. 신사참배 결의 이후 장로교회는 마치 봇물이 터진 것처럼 아무런 거리낌도 없이 국가에 협조하는 길로 나아가게 되었다.[220]

---

220) 같은 책, 423~424.

요약하면, 총회에서 신사참배를 가결한 이후 장로교회는 적극적으로 일제에 협력하였으며, 강요에 의한 것도 있었지만 자발적으로 일제에 협력하였다는 것이다. 총회에서 신사참배를 가결한 것도 일제의 강요가 주요 원인이기는 했지만 사실은 장로교회의 목사들이 치밀하게 준비를 했다. 이런 사실을 알면서도 총대들이 총회에 다 참석을 했고, 격렬하게 반대하지도 않고 찬성했고, 가결 후에도 스스로 일제의 정책에 참여했다는 것은 신사참배 반대의 의지가 없었던 사람들이 더 많았다는 증거이다.

2) 보수신학과 신신학의 대립

1920년대까지 한국 장로교회의 신학은 정통보수신학이었다.[221]

---

221) 자유주의자들은 1924년에 1,274명이 서명한 "어번 선언"(Auburn Affirmation)을 발표하였다. 이는 1923년 미국 장로교 총회에서 뉴욕제일장로교회 해리 에머슨 포스딕의 설교에 대한 총회의 징계에 대한 거부를 주요 맥락으로 하고 있다. 이들인 기본적으로 도르트회의 결정을 반대하면서 자유주의 노선을 주장하기에 이른다. 하지만 한국교회에는 아직 그 영향이 미치지 않고 있었다. 미국 장로회가 어번 선언으로 표면화된 신학적 갈등에서 메이첸(J. Gresham Machen, 1881~1937)은 '자유주의는 기독교가 아니라 또 다른 종교일 뿐'이라고 외치면서 자유주의에 대한 그 어떤 포용도 단호히 반대했다[김의환, "자유주의 신학이 교회에 끼친 영향", 〈ACTS 神學과 宣敎〉 제8호(아세아연합신학대학교, 2004), 16]. 메이첸은 자유주의 입장을 따르는 '어번 선언'에 동조하는 학교 이사회와 교수들과 결별하고 1929년에 뜻을 함께한 교수들과 더불어 프린스턴(Princeton)을 떠나 필라델피아에 웨스트민스터(Westminster) 신학교를 세웠다. 어번 선언은 구 프린스턴 신학자들이 믿었던 14조항을 믿지 않아도 목사 및 선교사로 활동할 수 있음을 천명한 선언이다. 반면에 메이첸은 이 14조 신앙을 믿지 않는 자유주의를 기독교가 아닌 것으로 천명했다. 여기서 자유주의가 '14조 신앙'으로부터의 자유를 천명한 내용을 보면 다음과 같다. ① 성경 영감, ② 삼위일체, ③ 아담의 타락과 전적 부패, ④ 원죄와 사람의 전적 부패성, ⑤ 중생(重生)의 절대 필요성, ⑥ 예수 그리스도의 피로 말미암은 구속, ⑦ 예수 그리스도를 믿음으로 말미암은 죄책(罪責)으로부터의 완전한 구원, ⑧ 구원의 확신은 모든 신자의 특권, ⑨ 성경에서 그리스도의 중심 되심, ⑩ 교회는 그리스도

장로회신학교의 초기 교수들의 신학이 정통보수요 개혁주의신학이었기 때문에 그들의 신학이 한국장로교회에 그대로 전수되었던 것이다.

> 1920년대 이전에 내한하였던 선교사들의 신학은 대체적으로 보수적이며 복음적이었고, 장로교 선교사들의 경우 전통적 웨스트민스터 신앙고백서(WCF)를 따르는 역사적 기독교 신앙 혹은 개혁주의사상을 신봉하는 자들이었다는 점에는 거의 모든 논자들의 견해가 일치한다. 미국 북장로교 해외선교부 총무였던 브라운(A. J. Brown)의 논평은 이 점을 확인시켜주고 있다. 한국교회의 초기 신학에 대해서는 '철저한 근본주의', '정통적 복음주의', 혹은 '경건주의적 복음주의' 등 다양한 용어가 사용되었지만 자유주의신학을 배격하는 보수주의신학이었음에 틀림없다.[222]

초창기 장로회신학교 교수직을 수행하였던 미국 장로교 선교사들의 신학사상은 자유주의신학을 배격하는 보수주의신학을 가지고 있었다. 그로 인해 한국 장로교는 자유주의를 배격하는 보수주의신학을 가지고 있었다는 것이다. 이들 보수주의의 특징은 성경에 관한 것이었다. 평양 장로회신학교를 설립하고 오랫동안 교장을 역임한 마포삼열 박사는 총회교육부에서 출간한 '표준성경주석' 서문에서 이렇게 말한다.

와 연합된 모든 자들로 구성됨, ⑪ 성령은 우리들의 영속적 위로자이심, ⑫ 성령을 따라 삶, ⑬ 신자와 불신자의 죽은 후 상태와 최종적 부활, ⑭ 심판의 때가 가까움과 그리스도의 전천년적 재림에 관한 것이다. 재림에 대한 신앙은 보수주의와 자유를 극명하게 나누는 기준 가운데 하나이다.
222) 이상규,《한국교회 역사와 신학》, 207.

……이 주석에 있어서의 견해는 우리들이 흔히 보수주의라고 말하는 그것이다. 본 주석의 집필자들은 성경 전부가 신의 영감된 말씀이며 신앙과 행위의 유일무오한 법칙이라고 믿는다. 저들은 성경의 어떤 부분은 신의 말씀이나, 다른 부분은 신의 말씀이 아니라고 믿지 않는다……더욱이 이 주석의 저자들은 모든 성경은 책 중의 책이며 바로 하나님의 말씀이라고 믿을 뿐만 아니라 또한 성경 가운데 가르친 진리의 체계는 웨스트민스터 신앙고백과 장로교 교리문답에서 잘 요약되었다고 믿는다.[223]

여기서 마포삼열은 자신들이 지향하는 보수주의란 성경 전부가 하나님의 영감된 말씀이며 신앙과 행위의 유일무오한 법칙이라고 믿는다는 것이다. 마포삼열 선교사와 함께 한국 보수주의신학을 이끈 곽안련(C. A. Clark, 1878~1961) 박사도 그의 "성경 중심적 복음전도는 그의 목회학을 형성한 본질 중의 하나였다. 그와 그의 모든 선교 동역자들에게 있어서 성경은 모든 복음전도의 중심이었다."[224] 초기 장로교 신학 형성에 공헌한 평양 장로회신학교 조직신학 교수인 이눌서(William D. Reynolds, 1867~1951) 박사 또한 성경 중심의 보수주의 신학자였다. "이눌서에게 있어서 성경은 곧 하나님의 말씀이었다"고 했으며, "근(현)대주의는 '배도하는 길'이요 '사탄의 종교'요 '반기독교적'"이라고 했다.[225] 이런 보수주의에 대항하는 세력 역시 성경의 권위에 대한 도전이었다.

---

[223] 곽안련(C. A. Clark)이 쓴 표준성경주석, 〈마가복음의 서문〉(대한예수교 장로회 종교교육부, 1957) 9f, 신종철《한국장로교회와 근본주의》(서울: 도서출판 그리심, 2003), 201~202, 재인용.
[224] 신종철,《한국 장로교회와 근본주의》(서울: 도서출판 그리심, 2003), 208.
[225] 같은 책, 215.

성경의 권위에 도전하는 자유주의사상은 1930년 이전에도 이미 존재해 있었다. "비록 자유주의신학이 1930년대에 눈에 띠게 노출됐지만 장로교 선교 내의 자유주의 영향은 한국 개신교 선교의 출발 때부터 존재했으며"[226] 보수주의와 함께 병존하고 있었다. 1930년대에 본격적으로 성경의 권위에 도전하는 사건이 일어났는데, 1934년 23회 총회에서 있었던 김춘배 목사의 여성의 치리권에 관한 문제였다. 그러나 사실은 여성의 치리권에 관한 문제보다는 그것을 주장하기 위해서 내세운 그의 성경관이 더 큰 문제로 등장했다. 김춘배 목사의 주장에 따르면, 바울이 여자는 가르치지 말고 조용히 하라는 것은 2천 년 전 한 지방교회의 풍습에 불과한 것이고 진리는 아니라는 것이다. 23회 총회는 다음과 같이 결의하였다.

> 창세기의 모세 저작을 부인한 목사의 자격유무를 묻는 문의와, 성신 중앙교회 김춘배 목사가 (여권문제)라는 제목으로 기독신보에 기고한 바울의 '여자는 조용히 하라, 가르치지 말라'는 것은 2천 년 전의 한 지방교회의 교훈과 풍습에 지나지 않으며, 만고불변의 진리가 아니다라고 주장한 글을 나부열, 부위렴, 염봉남, 윤하영, 박형룡 씨에게 연구 결안하며 다음 총회에 보고토록 하다.[227]

연구결과 김춘배 목사의 자유주의적 성경해석을 문제 삼았고 치리할 것을 건의하였다. 다음 해에 열린 제24회 총회에서는 이 사건에 대한 연구 보고를 이렇게 기록하고 있다.

---

226) 박용규, 《한국장로교사상사》(서울: 총신대학출판부, 2001), 150.
227) 박시영 편집, 《조선예수교장로회 독노회록, 총회록》, 48.

성진 중앙교회 김춘배 목사의 기독신보 기고문 '여권문제' 사건은 본인의 근본의 도가 성경을 해석하려 함이 아니고 이미 여자가 교회에서 가르치고 있음을 감안한 것이며 성경의 권위와 신성을 손상시키려는 의도가 아니었음을 해명하고 교회에 피해가 파급될 우려가 있으면 취소하겠다고 하여 일단락되다.228)

김춘배 목사는 자신의 주장을 취소하고 사과함으로 일단락되었으나 성경의 권위에 대한 도전은 계속되었다.

뒤를 이어 같은 해에 김영주 목사의 '창세기 모세 저작 부인 사건'이 일어났다. 조선주일학교 연합회에서 출간한 〈만국 주일 공과〉 장년부 편에서 김영주 목사는 창세기의 저자가 모세가 아니라 히브리의 신화를 근본으로 삼은 것이라고 했다. 1935년 24차 총회에서 단호하게 "창세기의 모세 저작권을 부인한 김영주 목사께 대하여 교역자로 인정할 수 없다고 결론짓다"229)라고 판결을 내렸다. 이보다 1년 전인 1934년에 일어난 보수주의에 대한 자유주의의 도전으로 '아빙돈 단권 주석 사건'이 있었다.

감리교가 선교 반세기 기념으로 아빙돈 주석(Abingdon Commentary, 유형기 편집)을 간행하였는데 송창근, 채필근, 한경직이 번역진에 가담하였다. 박형룡은 이 책을 "성경을 파괴적인 고등비평의 원리에 의해 해석하였으며 계시의 역사를 종교진화론의 선입견을 가지고 고찰하였다"230)고 평가하였다. 황해노회가 이 주석의 문제성을 총회에 헌의하여 1935년에 열린 24회 총회는 "신생활사 발행

---

228) 같은 책, 51.
229) 같은 책.
230) 박형룡, "한국교회에 있어서의 자유주의", 〈신학지남〉(1964년 9월호), 9.

《성경주석》은 장로교회의 도리에 맞지 않기에 구독치 말도록 하고, 본 교단 소속 집필자는 기관지를 통해 본 집필의 도를 해명하도록 하다"[231]라고 결의했다. 아직 자유주의 신학자들이 정통 보수주의에 밀려 잠시 총회 앞에 자숙하는 모습을 보였으나 그들의 주장이 사라진 것은 아니고 세력을 확대해 나가고 있었다.

자유주의 신학자들은 당시 장로교 보수주의 신학자들을 무식하며 고지식하고 성경을 문자적으로 해석하는 자들이라고 비판했다. 성경을 하나님의 말씀으로 보지 않는 자신들의 신학을 지식적이고 진보적이라고 자평한다. 하지만 어떤 경우든지 성경이 정확무오한 하나님의 말씀이라는 사실에 대해서 양보하지 않는 것이 하나님을 믿고 따르는 신앙인으로서, 신학자로서 갖추어야 할 제일 중요한 신학사상이다. 이 성경 중심의 사상이 변질됨으로 인해서 한국교회는 신사참배에 쉽게 굴복하는 원인을 제공하였다. 성경이 하나님의 말씀이며 철두철미하게 따라야 할 신앙과 행위의 유일무오한 법칙이라고 믿는다는 원칙이 변질됨으로 인해서 하나님만 섬기며 우상에게 절하지 말아야 한다는 최고의 계명이 권위를 잃고 세상과 타협하여 교회의 신앙의 본질을 흐리게 하는 빌미를 제공한 것이다.

한국교회가 일제 신사참배 강요에 굴복하였을 때 가장 비극적인 것은 자유주의자들이 교권을 장악함으로 보수주의신학이 무너지는 계기가 되었다는 점이다. 신사참배에 강하게 반대하는 사람들은 감옥에 갇히거나 일제에 굴복하지 않기 위해서 도피했기 때문에 신학교를 비롯해서 교계를 떠나 있어야 했다. 반면에 신사

---

231) 박시영, 《조선예수교장로회 독노회록, 총회록》, 51.

참배 강요에 굴복하고 일제에 타협하는 자유주의자들이 신학교와 교회를 주도하였고, 한국교회에 자유주의가 폭넓게 활동하게 되는 기회를 제공했다.

> 한국교회는 신학적으로도 산산조각 나버렸다. 1934년 한 목사가(김영주 목사를 말함-譯註) 오경의 모세 저작권을 의심하기 시작하면서부터 1945년 일본 정부에 의해 신학교 과목에서 구약을 제외할 때까지 교회는 중심을 잃고 흔들리고 있었다. 1935년도에는 적에도 교회가 자유주의 흐름의 단권 성경 주석의 번역에 기여한 사람들을 처리해야 한다는 의견에 전적으로 동의를 했었다. 그런데 1940년에는 이들 번역자들 중 다수가 자신들이 소유한 자유주의 지향의 신학교를 세워 바로 그들을 책벌한 그 총회에다 신학교 인준을 위한 청원을 하리만큼 그 세력을 확보하고 있었다. 또 1934년 교회 내에서 여자의 발언에 대한 바울의 교훈을 누군가가 의문시하였을 때 거의 모든 교회가 바울을 옹호하였다. 그런데 1945년에 와서는 그리스도의 재림에 관한 바울의 교훈이 불과 몇 사람에 의해 선포될 뿐 거의 모든 교회가 가르칠 수 없게 되었다.[232]

한국교회가 일제의 신사참배에 굴복하기 이전에는 보수주의가 중심을 이루었지만 보수주의신학을 가진 목회자들이 신사참배 강요로 자리를 지키지 못함으로 인해서 자유주의 신학자들이 한국교회의 중심에 자리 잡고 그들의 신학을 한국교회에 전파하기 시작했다는 것이다. 자유주의가 선교 초기부터 한국교회에 상존하

---

232) 간하배,《한국 장로교 신학사상》(서울: 도서출판 실로암, 1988), 97~98.

고 있었지만 그 세력을 확장하지 못하다가 일제의 신사참배 강요 후 그들과 타협한 자유주의 신학자들에 의해서 확장이 되었다.

3) 한국교회의 시련과 신사참배

한국교회는 일제의 신사참배 강요에 쉽게 무너지고 말았다. 일부에서 신사참배에 불복하고 감옥행을 택하거나 순교에 이르기까지 했지만 대부분의 교회가 굴복하고 협조를 했다. 재일교포 한석희는 그의 책《일제의 종교 침략사》맺음말에서 한국교회가 신사참배에 대하여 굴복한 이유에 대해서 이렇게 기술하고 있다.

> 신사참배 강요가 1937년 중반까지는 학교에 대해서는 강경하면서도 교회에 대해서는 강요할 생각이 없다고 재삼 총독부가 이야기하였던 것은 교회 세력이 강력했기 때문인 것 같다. 1937년 말부터 교회에 대해서도 점차 강경함을 더해간 것은 교파에 따라서는 쉽게 따르고 지도자들이 지위, 명예의 보존에 연연하여 어용단체 임원, 친일영합자로 되는 자가 늘고 또한 학교에 대한 강요로 폐교, 몰수가 성공하여 자신을 갖게 되었기 때문이었을 것이다. 다시 말하면 교회와 학교가 각 교파가 한 덩어리가 되어 강력한 저항운동을 전개하고 거기에 일본의 제교파도 연대하여 저항했더라면 일본에서는 그 정도로 강행되고 있지 않았던 신사참배라고 하는 수단으로는 쉽게 교회를 굴복시킬 수 없었을 것이라고 생각한다. 그러나 역으로 일본 그리스도교 제 교파는 식민지 권력 탄압을 도와 통합 지배했다고 슬퍼해야 할 역사를 남기고 말았다.[233]

---

233) 한석희, 김승태 옮김, 《일제의 종교침략사》(서울: 기독교문사, 1990), 194.

만약에 한국교회가 학교와 각 교파들과 연합하여 신사참배 반대운동을 전개했더라면 이렇게 쉽게 굴복하지 않았을 것이라는 주장이다. 오히려 학교운영에 애착심을 가진 자들과 지위와 명예를 보존하고자 하는 사람들이 늘어났고 그들이 어용단체를 만들고 친일 영합 자가 되었기 때문에 스스로 무너지고 말았다. 차종순 교수는《호남교회사연구》제2편에서 신사참배에 대한 교회의 태도를 일곱 가지 형태로 구별하였다.

신사참배에 대한 교회의 태도는 로마시대의 박해에 대한 태도와 동일한 양상을 나타냈다. 이러한 태도는 최소한 일곱 가지로 구별할 수 있다. 첫째는 선교사들이 말했던 용기와 과감성으로 신사참배를 끝까지 거부하다가 투옥되고, 옥중에서 순교하고, 그 가운데에서 일부 해방과 함께 출옥된 사람도 있었다……두 번째는 신사참배에 동의하는 현실참여적인 목회자들과 결과적으로 어용화되는 모습은 후대의 사람들에게 변절자라는 아픔을 주었다……세 번째는 국내의 오지 및 해외로 망명하거나 몸을 숨기는 도피를 말할 수 있다. 이러한 유형은 세상사를 잊어버린 은둔파와 해외에서 독립을 꾀하는 독립운동파와 자신의 일에 몰두하는 학구파로 대별할 수 있다. 네 번째는 기성교회의 친일화 경향을 반대하면서 한국적인 신학과 사상을 강조하는 지성인들이 있었다. 이들은 기존교회를 거부하는 무교회 운동으로 나타났으며, 기독교의 삶을 구원이라는 측면보다는 현실적인 사회봉사 혹은 윤리적 삶으로 집약시키곤 하였다……다섯째는 도시를 떠나 농촌지역에 거주하면서 신사에 참배하지 않고 농촌계몽을 통한 자립을 도모하는 태도이다. 여섯째는 한국 YMCA 계통에서 일으킨 새로운 신앙운동이다. 남녀차별, 종교차별을 초월하는 새로운 형태의 신앙을 소개하는 운동이었다. 일곱째는 현 세상을 부인하고 내세의 안녕을 바라는 탈속적인 종교말주의자들이다. 이들은 은사를 통한 신비를 강조하다가 교회 안에서 문제를 일으킴으로써 이단 혹은 사이비로 거부된다.[234]

이 일곱 가지 유형을 크게 세 가지로 나누면 마지못해서 용인하거나 도피하는 도피형과 타협을 하고 수용을 하는 타협형과 순교를 각오로 적극 불참하는 항거형으로 나눌 수 있다. 앞서 살펴본 바와 같이 이상규 교수도 이 세 가지 유형으로 나누고 있다.

(1) 교회를 지키기 위해 신사참배에 동참하는 사람들(타협형)

타협형은 일제와 타협하여 교회를 지키고 학교를 운영해야 된다고 주장하는 사람들이다. 이들은 신사참배를 종교적인 문제가 아니라 국민의식문제로 이해를 했다. 천주교와 감리교가 먼저 신사참배는 종교행위가 아니라고 규정을 했고, 장로교회도 대부분 수용을 하였다. 신사참배를 반대하고 저항하는 사람들도 많이 있었지만 일부분에 불과했고 대부분의 교회나 성도들이 일제와 타협을 하고 말았다. 대한예수교(고신) 역사편찬위원회가 펴낸 《한국장로교회사》에서 북장로교 선교사 J. E. Adams(安斗華)의 선교보고서를 인용해서 당시의 상황을 이렇게 기록하고 있다.

> 미 북장로교 한 선교사는 1939년 7월 본국 선교본부에 보낸 선교보고서에서 "절대 다수의 사람들 아마도 90퍼센트, 어떤 한국인들이 추산하는 바에 의하면 98퍼센트나 되는 많은 분들이

---

234) 차종순, 《호남교회사연구》(광주: 호남교회사연구소, 1999), 153~155.

그들의 양심을 누그러뜨려 정부의 요구에 순응하고 있습니다. 확실히 많은 분들에게 양심의 소리는 약한 것이었습니다"라고 했다. 소위 교회의 지도자, 양들을 인도하는 목자라는 분들이 신사참배를 앞서고 독려하니 어린양들이 가련하게도 뒤따라 하게 된 것이다.[235]

박용규는 당시에 일제의 탄압에 의해 200여 교회가 문을 닫고 2,000여 성도가 투옥되었고 50여 명의 교역자들이 순교를 당했다고 했다.[236] 이상규 교수도 2,000여 명이 투옥되고 50명 정도는 순교한 것으로 알려졌으나 밝혀진 순교자는 30여 명에 불과하고 마지막까지 수감되어 있던 중 해방과 함께 출옥한 인사는 20여 명에 달했다고 했다.[237] 그러나 이 숫자는 당시 장로교의 3,000개 교회 35만 성도의[238] 수에 비하면 아주 적은 극히 일부분에 불과하고, 대부분의 교회와 성도들은 타협의 길로 들어서고 말았다. 이들의 주장은 신사참배가 신앙과 관계가 없다고 주장을 하지만 이는 명백하게 신앙의 핵심인 계명을 어긴 것이며 배교를 한 것이다. 최덕성 교수는 일제강점기 말 한국교회의 우상숭배와 친일행각은 신앙의 극심한 변질, 곧 훼절(毁節)을 의미하는 것이 아니라 배교라고 말한다.

그러나 한국교회가 우상숭배를 하고 신앙고백과 신학을 신도교(神道敎) 이데올로기로 바꾸거나 혼합시키고 변질된 교리를 고

---

235) 교단 50년사 총회역사 편찬위원회, 《한국장로교회사》(서울: 대한예수교장로회 총회출판국, 2002), 241.
236) 박용규, 《한국기독교회사 2》(서울: 생명의 말씀사, 2004), 718.
237) 이상규, 《한국교회 역사와 신학》, 28.
238) 박용권, 449~456. 부록1. 1930년대 조선예수교장로회 주요 통계 분석 참조.

백한 것은 이족 침략과 지배를 빌미로 변명될 수 있는 사안이 아니다. 한국교회는 우상숭배를 했고, 교회가 그것을 공적으로 결정하고 솔선수범했다. 신자들에게 그것을 강요했으며, 한국교회는 기독교의 중추적인 교리들을 저버렸다. 또 이단적인 교리를 신봉하고 고백했으며, 당시의 한국교회 안에서 그리스도는 거의 매장되었고, 복음은 폐지되었다. 하나님 말씀이 부재한 상태였고, 오염된 성례가 거행되었다. 독약과 같이 악하고 치명적인 교리와 이교 이데올로기와 혼합된 '신학사상'이 교회를 부패시켰다. 교회는 그 존재가 달려 있는 일치성, 보편성, 사도성, 거룩성을 완전히 잃었다. 한국교회는 교회라는 이름은 가졌지만 하나님의 거룩한 도성이 아니라 우상숭배하는 바벨론이었다. 즉 한국교회는 배교 집단이었다.[239]

신사참배 강요에 저항하지 않고 타협을 한 것은 어떤 이유로도 정당화시킬 수 없는 죄악이며, 잘못된 길로 가는 정도가 아니라 배교의 길을 가는 것이며, 교회가 타협해야 할 일이 아님을 말하고 있다.

교회를 지키기 위해서 신사참배를 했다고 말하는 타협형의 사람들은 어쩔 수 없이 신사참배를 하는 정도로 끝나는 것이 아니라 적극적으로 일제에 협력하는 친일행각을 하는 사람들도 많았다. 그리고 그 친일행각은 단순히 그들에게 협조하는 것이 아니라 기독교의 근간을 뒤흔드는 잘못된 일들을 서슴없이 행하는 것이었다.

---

239) 최덕성, "신사참배거부운동의 교회관", 〈개혁신학과 교회〉 20호(충남: 고려신학대학원, 2007), 26.

일제의 억압이 심해지면서 교회, 노회, 총회가 조직을 통하여 친일을 했던 일들은 다반사로 많았다. 그중에서도 기독교 지도자들이 혹은 자원하며, 혹은 원하지 않았지만 강제에 못 이겨 친일행각을 벌인 일이 비일비재하였다. 그들은 대부분 일제의 협박, 회유 등으로 그렇게 했으리라 믿지만, 후세의 역사에서 동정만으로 그들의 행각이 정당화될 수 없다는 것을 입증하여야 한다. 그들의 그런 행동은 개인의 문제로 끝나지 않고 전 교회와 일반 사회에까지 파급되어, 교회에 환멸을 느끼고 떠나는 사람도 있었고, 비기독교인 민족주의자들도 그들의 친일행각에 역겨움을 느끼는 정도였다.[240]

일제의 억압이 심해졌고 그들에게 대항할 능력이 없어서 어쩔 수 없이 그들의 요구에 끌려갔겠지만 더러는 자원해서 일제에 협력하고 조직을 통하여 협력하기도 했다는 것이다. 이런 친일행각은 어떤 이유로도 미화될 수 없다는 것이다. 이런 행동이 교회의 부흥이나 복음 전파를 가져오는 것이 아니라 오히려 교회에 환멸을 느끼게 하고 교회를 떠나는 사람들이 많게 하였다는 것이다.

일제의 신사참배 강요를 이기지 못하고 타협한 사람들은 명목상은 교회를 지키기 위한 것이고 신앙을 지키려고 한 것이라고 하나 그들의 행위는 더 이상 기독교라고 할 수 없을 정도였다. 한국 장로교는 1943년 5월 5일에 '일본기독교조선장로교단'으로 개정되었다.

---

[240] 김인수, 《한국 기독교회의 역사 (하)》(서울: 장로회신학대학교 출판부, 2004), 250.

전국교회에 보내어진 "일본기독교조선장로교단 실천요목"을 살펴보면 이 교단은 오직 황국(皇國)에 충성을 다하는 단체이었고, 더 이상 기독교는 아니었다. 예를 들면 "국가에의 봉공"이란 첫 항목 아래 "매월정액의 국방헌금", "신사참배 및 전승기원의 여행" 등이 있고, "황민(皇民)의 연성"이란 둘째 항목 아래에는, "각 신도의 가정마다 대마(大麻)를 봉재하고 황도정신을 철저히 할 것" 등이 있으며, "교회의 혁신"이란 셋째 항목 아래에는 목사라는 칭호는 버리게 되고, 교사로 부르면서, "기독교 교사(목사)로서의 교양을 높이고 솔선수범하여 사표가 되는 실을 거두기 위하여", "현 교사의 신학적 재교육운동", "교사양성기관의 정비"를 할 것, "말세, 심판, 재림 등은 세상일적 물질적 해석을 고쳐 그것을 종교적 심령적으로 해석할 것", "구약성서에 나타나는 비기독교적 유대사상을 시정하기 위하여 그 적당한 해석 교본을 편찬할 것", "예배 혹은 집회양식에 대하여는 연구를 진행하여 될 수 있는 한 일본적 풍습을 채용할 것" 등이었다. "일본기독교조선장로교단"이 설립되었음으로 이제 조선예수교장로회는 형식상으로도 없어진 셈이다.[241]

교회가 일본기독교단에 속하게 된 이후 그들의 지시에 따른 교회는 더 이상 개혁주의사상을 따르는 장로교회가 아니었다. 그저 일제에 협조하는 종교단체일 뿐이었다.

(2) 마지못해서 용인하거나 도피하는 사람들(도피형)
일제가 신사참배를 강요했을 때 그것이 불법인 줄 알지만 육신

---

241) 교단 50년사 총회역사 편찬위원회, 《한국장로교회사》, 255~256.

의 고통을 감당할 수 없어서 마지못해 신사참배에 동참하는 척하면서 따라가는 사람들이 있었다. 그런가 하면 투쟁하는 것을 포기하고 공직에서 물러나 초야에 묻혀 개인의 신앙을 지켜 나가려고 하는 사람들도 있었고, 아예 학업을 이유로 외국으로 나가는 사람들도 있었다. 이들에 대한 기록은 많지 않으나 많은 사람들이 여기에 속한다고 생각한다. 김인수는 일제에 타협하는 사람들에 반대하여 교회를 떠난 사람들이 절반이나 된다고 말한다. "이에 반하여 뜻있는 인사들은 지하로 숨어 한때 70만을 헤아리던 개신교인의 숫자가 그 절반으로 줄어들기도 하였다"[242]고 하였는데, 이들 가운데는 신앙을 포기하고 교회를 떠난 사람들도 있겠지만 상당수가 현 상황을 피하여 개인의 신앙을 지키려고 했던 사람들이었을 것이다. 박용규는 이들을 미나미 총독의 시정보고를 인용하여 이렇게 말한다.

> 한국교회를 대표하는 교단들이 속속 신사참배에 굴종했음에도 불구하고 한국에는 끊임없이 바알에게 무릎을 꿇지 않은 의인 40만이 있었다. 어느 해 총독 미나미는 제국회의에서 시정보고를 하면서 "조선 통치는 원활해지고 있는가?"라는 질문을 받았을 때 "조선에는 죽음을 두려워하지 않는 40만의 군대가 있는데 그것은 예수교도들입니다"라고 답했다고 한다. 신사참배 반대자들을 철저하게 투옥하면 할수록 비록 음성적이기는 하지만 반대세력은 여전히 움트고 있었다.[243]

미나미 총독이 지칭하는 40만 중에는 노골적으로 저항하는 사

---
242) 김인수, 《한국 기독교회의 역사 (하)》, 250.
243) 박용규, 《한국 기독교회사 2》, 729.

람들이 포함되어 있었겠지만 개인의 신앙을 지키기 위해서 초야에 묻혀서 신앙을 지키는 사람들이 많이 포함되었을 것이라고 본다.

박윤선은 환난기간 동안 공부를 하기 위해서 미국으로 떠남으로 고의적이지는 않을지라도 도피한 사람 중 한 사람이 되었다. 그는 1943년에 평양신학교를 졸업하고 그해 8월에 도미하여 웨스트민스터 신학교에 진학한다. 그가 미국에서 공부를 마치고 귀국하려고 한 1939년은 한국교회가 신사참배 강요로 인해 고통을 받는 최악의 시기였다. 그는 바로 귀국하지 않고 일본에 머물러 있으면서 귀국하여 신사참배를 하거나 혹은 반대하여 순교의 길을 가거나 계속 외국에 있거나 택일을 해야 했다.

> 박윤선의 앞에는 세 가지 선택이 놓여져 있었다. 첫째, 한국으로 돌아가 신사참배에 대한 일본 정부의 포고에 순응하는 것이다. 그러나 이것은 그의 신학적 신념으로 보아 생각할 수도 없다. 그에게 신사참배는 분명히 우상숭배였다. 둘째, 한국으로 돌아가 신사참배에 반대하는 것이다. 이렇게 되면 분명히 감옥에 갇히고 죽음을 당할 것이 분명했다. 박윤선과 같이 과거의 순교자들을 존경하고 숭배하는 사람이 선택할 수 있는 길일 것이다. 세 번째 길은 피신하여 박해를 피하는 것이다. 이것이 바로 그가 취한 방법이다. 홍치모에 의하면 그는 일본에 정착하면서 목회지를 구하려고 했으나 실패하였다고 한다. 그가 마침내 일자리를 얻은 곳은 만주의 봉천신학원이었다. 후일 박형룡도 이곳으로 갔다. 몇 년 후 박윤선은 계시록 주석을 쓰면서 다른 대안이 없을 때는 죽음을 일부러 택할 필요는 없다고 말하였다.[244]

---

244) 서영일, 장동민 역, 《박윤선의 개혁신학 연구》(서울: 한국기독교역사연구소, 2000),

그는 신사참배가 죄라는 것을 분명히 알고 있었다. 과거의 순교자들을 존경하고 숭배하는 사람이었다. 그러나 다른 대안이 없는데 일부러 죽음을 택할 필요는 없다는 생각을 가지고 그가 신앙을 지키면서 할 수 있는 최선의 길이 박해를 향해 일부러 들어갈 것이 아니라 피신의 길을 택했다는 것이다.

도피형 가운데는 농촌으로 내려가서 농촌운동을 하는 사람도 있었다. 이러한 유형의 사람들은 단순히 농촌계몽운동을 하는 것이 아니라 의식을 계몽하는 운동이었으며 민족운동이었다. 그 대표적인 인물로 김용기 장로를 들 수 있다.

> 김용기 장로는 창씨개명, 신사참배, 동방요배, 그리고 공출을 하지 않음으로써 일본 경찰로부터 참으로 어려운 고문을 많이 당했나. 그렇지만 이상촌 내에 세워진 봉안교회는 신사참배한 목사의 출입을 금하였다……김용기 장로는 봉안 이상촌에서 공출을 거부한 채 고구마를 경작하였으며, 장기저장 방법을 고안하여 이듬해 춘궁기까지 배고프지 않게 지낼 수 있었다. 이들은 버려진 황무지를 개간하는 것을 원칙으로 하여 1940년부터 1945년 사이에는 고양군 은평면 구기리에 두 번째 이상촌을 세우고, 1950년부터 1954년까지 용인군 원삼면 사암리의 5만 평에 세 번째 이상촌을 세우고, 1954년에는 경기도 광주군 동부읍 풍산리 황산마을에 황무지 1만 평을 개간하여 젖과 꿀이 흐르는 가나안으로 만들어 놓았다. 이렇게 세워진 가나안 농군학교에서는 신앙을 바탕으로 환경개선, 농업기술 보급, 정신생활 강화, 각종 협동조합 운영 등을 도모하여 일제 강점기에는 항일 독립운동의 요새가 되었으며 해방 후에는 정신운동의 요람이 되었다.[245]

178~179.
245) 차종순, 《호남교회사연구》, 168~169.

김용기 장로는 농촌계몽운동을 하였지만 사실은 신사참배 강요를 피해서 농촌으로 들어가서 신사참배를 반대하고 일제에 항거하면서 농촌 사람들의 의식을 개혁하여 독립정신을 일깨우게 한 신앙계몽운동을 벌인 것이었다. 교회 내에서 교단을 배경으로 한 조직적인 반대운동은 아니었지만 한 개인을 중심으로 한 신사참배 반대의 한 유형이었다.

(3) 신앙을 지키기 위해 신사참배를 반대하는 사람들(항거형)

신사참배를 반대하여 투옥된 신자가 2,000여 명에 달하고 폐쇄된 교회가 200교회, 감옥에서 순교한 이들이 50여 명으로 알려져 있다.[246] 그러나 "사실은 그중에 30여 명 정도가 옥중에서 순교했거나 출옥 후 고문이나 병약함으로 순교했다. 이 점에 대한 더 정확한 조사가 아직 이루어지지 않고 있다."[247] 김승태는 신사참배 거부항쟁자를 교파별, 지역별로 조사하여 그의 책에 기록하고 있다. 장로교에 소속된 사람은 평북에 고흥봉 목사를 위시해서 24명, 평남에 김선두 목사를 위시해서 20명, 황해에 박경구 목사를 위시해서 10명, 함북에 김무생 목사, 경남에 한상동 목사를 위시해서 31명, 경북에 이원영 목사를 위시해서 20명, 충북에 송영희 목사를 위시해서 2명, 전북에 김가전 목사를 위시해서 5명, 전남에 강순명 목사를 위시해서 46명, 만주에 계성수 목사를 위시해서 26명, 일본에 김은석 목사를 위시해서 8명이라고 했다. 그리고 감리교에 강종근 목사를 위시해서 9명, 성결교에 김기삼 목사를 위

---

246) 김해연, 287.
247) 이상규 편저, 《거창교회와 주남선 목사》(경남: 거창교회, 2009), 31.

시해서 11명, 동아기독교에 김영관 목사를 위시해서 12명, 안식교에 최태현 목사 1명으로 총 229명이라고 한다.[248] 이중에 옥중에서 혹은 풀려나서 그로 인해 순교한 사람이 29명이며, 그중 장로교에 속한 사람이 18명이고 기타가 11명이다. 신사참배 반대로 실형을 선고 받고 복역 중 감옥에서 순교한 장로교 목사는 주기철 목사, 최상림 목사, 허성도 목사, 박연세 목사, 양용근 목사 등 5명이다. 주기철 목사의 순교사는 많이 알려져 있지만 나머지 네 명의 목사는 비교적 잘 알려지지 않고 있다.

---

248) 김승태, 《식민 권력과 종교》, 264~266.

2.
양용근 목사의 목회

1939년 3월에 평양신학교를 졸업한 양용근은 그해 5월 8일에 열린 순천노회 제23회 노회에서 목사안수를 받았다. 순천노회는 1938년 4월 25일에 열린 22회 노회에서 특별회원 오석주, 김상두, 김순배가 제출한 안건을 채택함으로 신사참배를 이미 가결한 상태였다. 이로 인해 남장로교 선교사로 순천노회에 소속되어 있던 변요한, 구례인, 원가리 선교사는 신사참배 결의를 반대하여 회원을 사면한 후였다. 그런 형편에서 23회 노회록에는 간단하게 총회 보고건에 "1) 양용근, 라덕환, 안덕윤 3씨를 목사로 장립한 일과 2) 선교사들이 총퇴진함으로 지방교회들의 어려움을 보고하다"[249]라고 기록하고 있다.

신학교에 입학한 후 조사의 신분으로 1936년 1월부터 1937년 3

---

249) 《순천노회사》, 143.

월 2일까지 광양읍교회에서 시무했다. 광양읍교회를 사면한 후 신풍리교회(애양원교회)에서 1939년 5월 8일에 목사안수를 받고 고흥 길두교회의 담임목사로 부임하기 전까지 조사로 시무했다. 양용근이 목사로서 시무한 기간은 1939년 4월 고흥 길두교회에서 시무하다가 불과 1년도 못 된 1940년 3월에 구례읍 중앙교회로 옮겨서 1940년 11월 15일 일제에 의해서 구금되기까지 시무했다.

조사로서 3년 6개월, 목사로서 1년 6개월 도합 5년 정도 목회자로 시무하였다. 특별히 목사로서는 1년 반 정도밖에 시무하지 못하였기 때문에 남겨진 업적이 많지 못한 아쉬움이 있다.

1) 광양읍교회 시무

광양읍교회는 1908년 미국 남장로회 소속 오웬(Clement C. Owen, 吳基元, 1867~1909) 선교사의 도움으로 읍내리 111번지 소재 목조 건물을 매입하여 창립예배를 드린 교회이다.[250] 양용근은 이 교회에 1936년 1월 9일에 부임하여 1937년 3월 사임하였다.[251] 당시의 신분은 조사였지만 담임목회자가 없어서 평양신학교를 1년 휴학하고 담임 교역자로 시무했다. 그러나 광양읍교회의 교회 연혁에는 양용근의 시무가 누락되어 있고, 그 당시 강병담 목사가 담임목사로 부임한 것으로 기록되어 있다. 광양읍교회에서 분리개척을 한 광양제일교회의 교회 연혁에 의하면 1927년 10월 9일 강병도 목사가 담임목사로 취임했고 양용근이 조사로 사역한 기간까지 사역한 것으로 되

---

250) 광양읍교회 연혁.
251) 진병도, 234.

어 있다. 그러나 당시 강병도 목사는 광양읍교회와 대방교회, 그리고 섬거교회의 동시 목사였다고 기록하고 있다. 강병도 목사가 담임 목사였지만 여러 교회들을 섬기고 있었기 때문에 그 사이 양용근이 담임 교역자로 시무한 것으로 보인다. 당시의 기록들이 6·25전쟁으로 인하여 소실되었으나 당시를 기억하는 성도들과 가족들의 증언을 통하여 볼 때 광양읍교회가 양용근이 평양신학교에 입학하고 난 후 처음 사역지였던 것이 분명해 보인다.

2) 신풍리교회(애양원교회) 시무

양용근이 광양읍교회를 사임한 이유는 담임 교역자로 일하다 보니 신학교 공부를 할 수 없었기 때문이었다. 광양읍교회 담임사역을 위해서 1년을 휴학했지만 계속 휴학할 수 없었기 때문에 3월이 되어서 사임을 하고 학교 공부를 하면서도 사역할 수 있는 부교역자 사역지를 찾고 있었다.

양용근이 신풍교회를 지원한 것은 신풍교회의 나환자들의 처지가 자기 자신과 같다는 생각 때문이었다. 나환자들도 이 세상에 살지만 이 세상에서 죽은 자와 같은 삶을 살고 있고, 양용근 자신도 이미 관동대지진 사건 때 죽은 목숨이었고 목숨은 붙어 있으나 가문도 명예도 이름도 재산도 이미 다 포기한 사람이기 때문에 그들과 같은 처지라고 생각하였던 것이다. 자신의 처지와 같은 신풍리교회의 나환자들을 불쌍히 여기며 돌볼 생각으로 사람들이 가기를 꺼려 하는 나환자들의 교회에 지원을 하게 되었다. 순천 매산고등학교의 교장이었고 자신의 은사였던 원가리 선교사의

추천으로 1937년 3월 31일 신풍리교회에 부임하여 사역을 시작하게 되었다.[252]

신풍리교회는 1925년 여수시 율촌면 신풍리 1번지 터에 한센병 환자 치료 병원과 숙소, 그리고 교회를 건축하기 시작하였고, 1928년 한센병 환자 600여 명이 옮겨와서 교회 이름을 신풍리교회로 바꾸었다. 1935년 비더울프 나병원이라 불리던 병원의 이름을 '사랑으로 양을 키우는 동산'이라는 뜻을 가진 애양원이란 이름으로 바꾸었고, 1982년 2월 28일 애양원교회는 성산교회로 개명을 했다. 양용근이 부임하던 1937년에는 신풍리교회 1대 담임목사인 김응규 목사가 시무하고 있었다. 김응규 목사는 초기 애양원교회의 초석을 만든 목사였으나 노회에 참석하여 일제의 강압에 이기지 못하고 강제로 행한 신사참배 문제로 교회를 사임하게 되었다. 그 뒤를 이어 1939년 7월 14일 손양원 목사가 2대 담임목사로 부임하게 된 교회이다.[253]

양용근의 신풍리교회 시무는 신학생의 신분이었기 때문에 담임목사를 보조하는 조사 직분으로 사역하였다. 첫해인 1937년은 신학교 2학년이었고 그다음 해는 졸업반인 3학년이었다. 조사의 사역은 그 사역의 특성상 당회록이나 기타 특별한 기록이 없다. 그가 신풍리교회의 조사로 가던 1937년 3월 22일의 당회록에는 교회에 조사를 세울 것인가 전도인을 세울 것인가를 논의한 끝에 조사를 세울 것을 결정하였다고 기록하고 있다. 그 기록으로 보아

---

252) 같은 책, 235.
253) 산돌 손양원기념사업회, 《산돌 손양원의 목회와 신학》(서울: 한국기독교역사연구소, 2014), 39.

서 그 결정에 의해서 양용근이 신풍리교회의 조사로 시무하게 된 것으로 보인다. 그가 사임을 하게 되었을 때 담임목사가 공석중이었고, 1938년 11월 29일 당회록에 양용근 조사가 당회에 참석해서 기도했다는 기록으로 보아서 담임목사의 역할을 감당하고 있었던 것으로 보인다.[254]

양용근이 신풍리교회에 시무할 동안 생긴 일은 장로회 총회에서 신사참배를 가결한 일이며, 그로 인해 그가 다니던 평양신학교가 휴교한 후 다시 복교하지 못하고 폐교한 일이었다. 그로 인해 3학년 2학기는 학교에 출석하여 수업하지 못하고 통신으로 공부를 하고 졸업을 하였다.

총회가 신사참배를 가결하던 그날 밤에 신학생이었던 그는 평소 친하게 지냈던 동기 신학생들과 함께 방청석에서 그 광경을 목격하고 울분을 토했다. 미리 배치된 일본 형사들에 의해서 회의장에서 강제로 쫓겨난 후 평양신학교 예배당으로 돌아와서 그날 밤부터 이튿날 아침까지 회개기도와 찬송으로 밤을 새웠다.[255] 그리고 양용근은 손양원, 김형모, 안덕윤 조사와 함께 앞으로 이 난국을 대처해 나갈 방법을 토론하였고, 그 결과 11가지 사항을 함께 결의하고 각자 노트에 적어서 잊지 않고 실천하기로 다짐을 하였다. 그 결의문을 다음과 같이 기록하고 있다.[256]

1. 우리는 순교할 각오로 우상숭배를 반대하는 대열의 선봉장이 된다.

---

254) 신풍리교회 당회록(1938년 11월 29일).
255) 진병도, 342.
256) 같은 책, 342~344.

2. 하나님의 뜻을 이루어드리는 목회를 한다. 하나님의 뜻과 내 뜻이 다를 때 손해를 보더라도 내 뜻을 버리고 하나님의 뜻을 내 뜻으로 삼는다.
3. 기복신앙을 타파한다. 찰나적 이생의 부귀영화를 추구하지 않고 영원하고 참된 진리(말씀)를 추구하는 성도가 되도록 가르친다.
4. 신사참배를 결사반대한다. 하나님보다 더 사랑한 것은 형이상(정신적인)의 것이나 형이하(물질적인)의 것을 막론하고 모두 우상으로 여기도록 교육하여, 오직 하나님만을 기쁘시게 해드리기 위하여 살아가도록 가르친다.
5. 이 세상의 권세는 다 무너질 수밖에 없고, 오직 예수께서 다스릴 때만 영원한 것임을 가르친다. 일제의 권세는 조만간 망할 수밖에 없다는 것을 가르친다. 우상을 만들어서 섬긴 자들의 멸망한 모습을 구약에서 시작해서 신약시대, 그리고 동·서양사를 고증해 가면서 성도들이 확신하고 용감하게 우상숭배를 반대할 수 있도록 교육한다.
6. 미신 타파에 총력을 기울인다. 택일, 궁합, 토정비결, 신수점 등 기타 일체의 복술행위, 자연숭배, 인물숭배, 동물숭배, 어떤 주의에의 심취, 기복신앙 등을 하지 않도록 계몽하고 교육한다.
7. 예수님이 재림하실 때가 가까웠지만 성급한 위기의식을 고조해서 사도(邪道)로 이끄는 사교에 현혹되지 않도록 가르친다.
8. 일제의 탄압정책에 희생되어 가는 동포를 그 위기에서 구출하고 복음으로 구원받는 동포가 되도록 헌신한다. 우리 동포만이 아니라 우리의 원수도 사랑하여 구원받는 성도가 되도록 성령의 전달자가 되기에 신명을 바친다.
9. 삯꾼 목자가 되지 않는다. 사례비는 담당한 교회의 상황을 고려하여 그 최하의 수준이 되도록 하고, 다른 교역자가 여러 가

지 형편으로 보아 기피하는 교회, 싫어하는 곳에 기쁘게 가서 헌신 봉사한다.
10. 날마다 관제로 이 몸을 바치는 정성으로 산다. 스데반이 누린 최상의 복을 우리 같은 천한 종들에게도 주시기를 기도하면서 헌신한다.
11. 즉시 각자의 교회로 돌아가서 이번 총회에서 신사참배를 하기로 결의한 것은 진정한 총회의 뜻이 아니라 일제의 악랄한 계교와 탄압에 의하여 타의적으로 결의된 사실임을 널리 알리고 결코 신사참배에 동참하지 말며 기복신앙에 기울지 않도록 온 정성을 다하여 지도한다.

이런 결의문을 작성하고 다짐한 후에 양용근과 손양원, 김형모, 안덕윤 네 사람은 기념으로 사진을 촬영하였는데, 그것이 "일사각오를 다짐한 후"라는 사진으로 남아 있다.[257]

신풍리교회는 담임목사가 사임함으로 목사안수를 받게 될 양용근이 담임목사로 시무해 줄 것을 성도들이 요청했으나 이미 길두교회에서 담임목사로 청빙을 한 상태였기 때문에 계속 시무할 수가 없게 되었다. 대신 양용근과 평양신학교 입학동기이며 같은 뜻을 가진 기도의 동지였던 손양원 목사를 후임으로 오게 해달라는 부탁을 받고 손양원 목사를 담임목사로 추천하여 허락을 받고 본인은 길두교회로 부임하게 되었다. 당시의 상황을 1938년 11월 29일 당회록에는[258] 양용근 전도사의 사임을 받을 마음이 없지만

---

257) 산돌 손양원기념사업회, 《산돌 손양원의 목회와 신학》 사진집.
258) 신풍리교회 당회록(1938년 12월 29일) 중 일부 "……梁龍根 傳道師 사면건은 本堂會로서 밧을 마음이 업스되 본인의 사정에 依하야 부득불 밧고 우리敎會 사정을 생각하야 梁龍根 助事가 가기로 許諾한 高興敎會의 堂會長인 金政福 牧師에게 우리 堂會 결정

고흥의 길두교회로 가기로 사전에 결정이 되었기 때문에 부득불 허락을 하지만 교회의 사정을 감안하여 다음 해 3월 말까지 시무 후 갈 수 있도록 길두교회의 당회장에게 청원서를 넣기로 하였다고 기록하고 있다. 그 청원대로 다음해 3월 말까지 시무를 하였고 4월 초에 사임을 하고 옮기게 되었다.

3) 길두교회 시무

길두교회는 1915년 2월 15일 전남 고흥군 포두면 길두리에 세워진 교회이다. 길두교회는 해방 후 부임한 박석순 목사의 헌신적인 목회활동을 통하여 주변의 마을에 13개의 교회를 개척하여 복음을 전하였고 면 단위의 시골에서 대형교회로 성장하는 등 지역사회의 복음화에 큰 공을 세운 교회로 알려져 있다.[259]

양용근이 길두교회의 담임 교역자로 오게 된 것은 1939년 4월이었다. 그가 목사안수를 그해 5월 순천노회에서 받았기 때문에 목사안수 받기 이전에 길두교회로 갔고 거기서 목사안수를 받았다.

양용근은 길두교회에서도 오래 목회를 하지 못하였다. 그는 이미 당국의 감시를 받는 몸이었고 수시로 형사들이 드나들어서 그의 설교와 목회를 감시하고 있었기 때문에 오래 머물 수가 없었다. 길두교회에서의 1년간 목회활동도 많은 활동을 할 수 없었지만 그곳에서 한 일은 주로 우상숭배에서 벗어나도록 설교하고 가르친

은 明年 三月까지만 양조사를 우리 敎會에 더 잇게하여주시라는 事由로 請願셔를 보내기로 可決하다……堂會長 元佳理."
259) 길두교회 교회 연혁.

일이다. 양 목사는 우리나라가 살 길은 오래된 미신숭배를 타파하여 오직 하나님만 섬기는 나라가 되는 것이라고 생각했다. 길두교회가 있는 고흥 지방은 바다가 가까운 곳이어서 어업과 농업을 함께하는 지방이었고, 미신에 사로잡혀서 당산제나 무당굿이 성행하는 곳이었다. 그런 곳에 부임한 양 목사는 처음부터 당산제를 지내지 못하게 하고 금줄을 철거하게 하고 봉안전 참배를 거부하게 하였다.[260] 후일 그가 구속되어 실형을 선고받는 계기가 된 고흥 지방 연합사경회 인도가 특별히 기억할 만한 일이다.

1916년 생인 마순안 권사가 길두교회에 처음 부임한 양용근 목사를 만난 것은 23살의 새댁 시절이었다고 한다. 그의 기억에 남는 것은 양용근 목사가 부임하여 당산제를 지내지 못하게 하고 어린애를 낳은 집에서 금줄을 치는 것은 미신이니 치지 말라고 계몽하고 다닌 것이라고 증언한다.[261]

당산제(堂山祭)란 마을의 모든 것을 기원하는 총체적 제의로서 그 부락 주민의 신화적 성취 의례이며 사회적 규범의 역할을 감당하는 제사를 말한다.[262] 이 당제는 계절적인 성격을 강하게 반영하고 있어서 제물을 바치고 거기 절하고 풍물을 울리는 매굿과 함께 진행되는 것이 일반적이다.

당산제를 지낼 날짜가 가까이 오고 당산제 유사(有司)들이 정해지자 양 목사는 유사들을 찾아가서 당산제를 지내지 말 것을 강권하였다. 하지만 부락민이 양 목사의 말을 들을 리 만무했다. 유

---

260) 진병도, 416.
261) 같은 책, 352.
262) 최덕원, 《다도해의 당제(堂祭)》(서울: 학문사, 1984), 13.

사들은 늘 하던 대로 당산나무 아래에 돼지머리와 각종 음식들을 차려 놓고 제사를 드리기 시작했다. 이때 양 목사가 나타나서 제사상을 엎어 버리고 제사를 드리는 것은 하나님 앞에 큰 죄를 짓는 것임을 알려주고, 그들을 위해서 기도를 해주고 제사 지내는 것을 도중에 그만두게 했다. 그때 양 목사가 그들에게 설득한 말을 진병도는 이렇게 기록하고 있다.

> 우리 조선 민족은 일본 놈들에게 망했습니다. 앞으로 지금까지보다 더 무서운 시련이 우리들 앞에 올 것은 뻔합니다. 지금 신사를 지어 놓고 일본 귀신인 천조대신에게 참배하라고 강요하고 있지 않습니까? 우리 민족이 그 우상에게 절하면 지금보다 더 처참하게 망하게 될 것입니다. 우리나라가 망해서 그들의 총칼을 이기지 못해서 우상에게 절할 수밖에 없는 비참한 처지에 놓여서 하나님 앞에 죄를 지을 수밖에 없게 된 것도 억울한데, 우리가 스스로 우상을 찾아내어서 이런 당산 귀신에게 절함으로써 하나님 앞에 더 큰 죄를 자초해서 지을 이유가 도대체 어디에 있답니까? 이 짓을, 바로 이 죄짓는 일만이라도 짓지 않을 수 있는 자유가 우리에게 있지 않습니까? 우상에게 절하는 자는 틀림없이 망합니다. 제가 이렇게 지나치게 보일 정도로까지 여러분이 죄를 더 짓지 못하도록 한 뜻을 부디 알아주시기를 바랍니다.[263]

양 목사는 우리나라 사람들이 살 길은 미신을 타파하고 우상숭배의 죄에서 벗어나는 일이라고 믿었다. 일제의 강요에 의해서 신

---

263) 진병도, 359.

사참배를 하는 것도 억울한 일이고 목숨을 걸고 반대할 일인데 누가 강요하지도 않고 하지 않아도 될 우상숭배를 스스로 하는 것은 어리석은 일임을 알려주었다. 그들을 설득하여 당산제를 지낼 것이 아니라 하나님께 나아와서 예수님을 믿어야 한다고 전도하였고, 이 일로 인해서 많은 사람들이 교회에 와서 예수님을 믿게 되었다.

금줄이란 산모가 아이를 낳으면 삼칠일 동안 타인의 출입을 삼가도록 문 앞에 새끼줄을 꼬아서 아들이면 숯덩이와 고추를 간간이 달고 딸아이면 생솔가지와 숯덩이를 달아서 매는 줄을 말한다. 이것은 나름대로 일종의 풍습이고 또 산모와 아이의 위생을 염려하여 만든 지혜라고 생각되지만 양 목사는 이를 기복신앙이고 미신을 섬기는 토속신앙이라고 생각하여 이 금줄을 치지 못하도록 계몽하고 다녔다. 이 금줄을 치지 못하도록 계몽하고 다닌 속내가 있었는데, 그것은 금줄을 제거할 줄 알아야 일본인들의 금줄인 시메나와(左繩)도 철거할 수 있다고 생각했기 때문이다. 일본 사람들은 새해가 되면 액운과 잡귀의 출입을 막는다고 이 시메나와 금줄을 대문이나 현관문에 친다. 우리의 금줄을 철거하는 것이지만 일본의 금줄도 철거하고 일본의 신사참배도 거부하자는 속내가 깔려 있는 행동이었다.

양 목사는 또 봉안전에 참배하지 말도록 가르쳤다. 봉안전(奉安殿)이란 '어진영'이라고도 하는데 일제 강점기 때 우리나라 백성들을 일본국민(황국신민)으로 만들기 위해서 창씨개명을 강요하고 신사참배를 강요하면서 관공서나 학교 등에 천황의 사진이나 칙어 등을 모셔 놓고 신사참배를 하지 못할 때 대신 참배하도록 한 것을 말한다. 일본은 한국인들을 충실한 노예로 만들기 위하여 학교마다 봉안전을 배치시키고 일본 천황의 얼굴을 기억하게 하고 일본 식민주의 정신을 교육하는 데 이용했다. 길두소학교에도 학교 입구에 봉안전을 만들어 놓고 등하교하는 학생들이 먼저 봉안전에 참배를 한 후에 학교에 들어오게 하였다. 봉안전 참배는 그냥 인사만 하고 지나가는 것이 아니라 '최경례'라고 하여 공손히 인사를 두 번 하고 손뼉을 두 번 치는 등 특별한 참배법이 있다. 아이들이 장난삼아서 하거나 불경하게 하는 것을 방지하기 위해서 교사들이 감시를 했고 잘못하면 즉시 체벌을 가하였다.[264]

양용근 목사는 교회에 다니는 주일학생들에게 봉안전에 절을 하지 말도록 교육을 했다. 그러나 아직 신앙을 잘 모르는 어린아이들에게 그것을 요구하기란 쉬운 일이 아니었다. 그래서 편법을 써서 절을 하려면 하되 우상에게 절한다고 생각하지 말고 아무 의미도 없이 체육시간에 하는 체조처럼 신체적 행위로만 하라고 했고, 가능한 한 절을 하지 않는 방향으로 하라고 교육했다. 이런 교육을 받은 아이들은 절을 하지 않기 위해서 정문으로 나가지 않고 반대편 울타리를 넘어서 등하교를 하기도 했다.[265] 양용근 목사는 우상숭배에 대해서 특별하게 교육을 했다. 우리나라 사람들이 우상숭배 때문에 자유를 누리지 못하고 얽매여서 사는 것을 보고 안타깝게 여겼기 때문이다. 비단 봉안전같이 일본 사람들과 관계된 우상숭배뿐만 아니라 우리나라 민족의 무속신앙에서 오는 우상숭배도 철저하게 금지시켰다.

---

264) 같은 책, 417.
265) 같은 책, 418.

양용근 목사가 순천노회 사건으로 검거되어서 실형을 받게 된 중요 사건인 고흥 지방 연합사경회도 길두교회 시무 때에 있었던 일이다. 1940년 봄 길두교회와 같은 포두면에 소재한 송산교회(전남 고흥군 포두면 송산리)에서 양용근 목사를 강사로 하는 고흥 지방 연합사경회가 열렸다. 이 집회에서 양 목사는 '우상을 숭배하는 자는 멸망한다'는 주제로 설교를 했다. 이 설교는 일본의 신사참배 강요에 대항하여 신사참배를 거부하라는 것이었다. 양 목사는 일본 형사들의 감시가 있다는 것을 알면서도 순교를 각오하고 우상숭배가 큰 죄임을 내세워서 신사참배에 반대해야 함을 강하게 외쳤다. 김해연은 그의 《한국교회사》에서 "그런데 양용근(梁龍根) 목사는 1943년 12월 5일 추운 감방에서 순교한 것이다. 누구보다 양 목사는 고흥 지방 도사경회(都査經會)에서 일본의 신사참배 부당성을 신랄하게 비판하였기에 더욱 많은 고통을 받았다"[266]고 기록하고 있다.

첫날 밤 사경회의 성경 본문은 열왕기상 17장 1~7절이었다. 아합 왕 시대의 우상숭배에 빠진 비상시국이 지금의 시국과 같다는 것을 강조하고, 그 비상시기에 엘리야가 대처한 모습을 소개하면서 엘리야처럼 우상에게 절하지 않고 신앙을 지켜야 한다는 것을 강조했다.[267] 소문을 듣고 찾아온 많은 사람들이 은혜를 받았고, 주변 사람들의 만류에도 불구하고 주제를 바꾸지 않고 계속해서 우상숭배 반대를 외쳤다. 첫날에는 직접적으로 신사참배를 하지 말 것을 강조했다. 그다음부터 형사들의 감시를 인식하고 직접

---

266) 김해연, 286.
267) 진병도, 428.

적으로 신사참배 반대를 외치지 않고 아합 왕의 우상숭배가 큰 죄임을 강조하였으나 성도들은 그 의미가 무엇인 줄 이미 다 알고 있었다. 설교가 위험수위에 오르자 양 목사의 신변을 걱정한 주재소 소장 부인이 간곡한 부탁으로 형사들이 오지 않는 낮 성경공부시간에는 신사참배 반대를 가르치기 위한 우상숭배 죄에 대해서 설교를 하고, 밤에는 예수님의 재림에 관한 설교를 하기로 하였다.[268] 그 결과 후일 그의 재판 판결문에 그리스도의 재림과 천년왕국에 대한 설교를 문제 삼았다.

이 집회에 고흥경찰서 고등계 형사 한 사람이 양 목사의 설교를 감시하기 위해서 참석을 했고, 금지된 내용을 설교하는 양 목사의 설교를 들었으나 상부에 이상이 없는 평범한 설교였다고 보고를 하였다. 그러나 양 목사가 이 사경회에서 설교한 내용이 문제가 되어서 재판을 받을 때 이 형사는 문책을 당하여 파면되었으며, 후일 기독교인이 되어서 교회의 장로가 되었다.[269]

고흥 지방 연합사경회로 인해서 양 목사는 곤경에 빠지게 되었다. 이 사경회에 참석했던 포두주재소 소장이 고흥경찰서에 불려가서 조사를 받았고, 양용근도 곧 소환되어서 조사를 받을 것이라는 소문이 퍼졌다. 더 이상 양 목사가 고흥 지방에 머물러서는 안 된다는 결론을 내리고 구례에 있는 구례읍 중앙교회로 가기로 결정을 하고 급히 후임을 정하고 구례로 떠났다. 교회를 떠나면서 성도들에게 자신이 가는 교회를 알려주지 않았고, 구례읍 중앙교회로 가면서 이름을 양복근으로 바꾸고 부임하였다.

---

268) 같은 책, 439.
269) 같은 책, 467.

4) 구례읍교회 시무

구례읍교회는 1894년 12월 24일 미국을 유람하다가 복음을 듣고 귀국한 고형표 씨가 구례읍 봉동리 280번지에 예배처소를 정한 것에서 출발을 하였다. 1895년 의병의 난으로 인하여 교인은 해산되고 예배당은 일본군이 점거하여 일시 폐쇄되었다. 1904년 미국인 선교사 배유지 목사가 예배당을 다시 찾아 교회 창립예배를 드리고, 1908년 8월 2일 구례읍교회로 명칭을 정했다. 1921년 현재의 장소인 봉동리 471번지에 대지 160평을 매입하여 이전하였고, 1954년 11월 1일 구례중앙교회로 명칭을 변경하여 오늘에 이르렀다.[270]

양용근 목사는 이 교회에 1940년 3월 31일에 부임하여 1943년 12월 5일 광주형무소에서 순교할 때까지 구례읍교회의 담임목사로 시무했다. 양용근 목사가 구례읍교회로 올 때 일본 형사들의 눈을 피하기 위해서 그 이름을 양복근이라고 가명을 썼으며, 교인들에게도 후임지가 어디인지 알리지 않고 떠났다. 그러나 구례는 순천노회 소속 교회였으며 지역적으로 순천과 그리 멀지 않은 곳이었고, 당시 흔하지 않은 목사라는 직분 때문에 금방 신분이 탄로가 났다.

양용근 목사가 구례읍교회로 온 1940년은 이미 대부분의 교회가 신사참배에 굴복을 하고 난 후였다. 1938년 총회는 공식적으로 신사참배를 결의하였고, 그 이듬해인 1939년 총회에서는 국민정신총동원 조선 예수교 장로회 연맹 결성식을 거행하고 일제에 협력

---
270) 구례중앙교회 교회 연혁.

하는 때였다. 1940년은 자유주의자들이 평양신학교를 다시 세워서 총회 인준을 받았다. 총회가 신사참배를 가결하기 이전에 이미 55%의 교회가 신사참배에 동참했으며 동방요배는 96%가 이미 참가하고 있었다. 총회는 총회 시작 전에 국가의식으로 동방요배를 하였고, 신사에 가서 참배 후 총회를 개회하기도 했다. 이제 신사참배에 항거하는 사람들은 소수에 불과했고 그나마 전국에 수배령을 내리고 검거하기 시작한 때였다. 이런 시기에 도피하거나 감옥에 가지 않고 교회를 지키면서 신사참배에 반대하기란 매우 어려운 시기였다. 일본 경찰이 수시로 드나들며 감시를 했고 회유와 협박을 하고 있었다.

구례읍교회에서 일경이 양 목사를 고통스럽게 만든 것은 창씨개명 요구와 가미다나를 교회에 모시라는 요구였다. 창씨개명은 양 목사 자신의 고통일 뿐 아니라 학교에 다니고 있는 자녀들에게 고통을 주는 것이었다. 창씨개명을 하지 않은 아이들은 학교에서 교사들에게 문책을 당하고 체벌을 받아야 했기 때문이다. 창씨개명은 조선사람으로서 부모에게 물려받은 성씨를 바꾸는 것이었기 때문에 자존심이 상하는 문제이고, 창씨개명을 요구하는 일제가 괘씸하기는 하지만 신앙의 문제와는 별개였다. 일경의 회유와 협박에 이기지 못하여 창씨개명을 했는데 그 이름 속에 비밀을 만들어 창씨개명을 하였다. 창씨개명한 이름은 양천정일(梁川正一, 야나까와 세이이찌)였다. 그러나 속뜻은 같은 발음인 양천정일(梁遷征日)로 생각하였다. 여기 양천(梁遷)은 다시 양으로 바꾼다는 뜻이고, 정일(征日)은 일본을 정복한다는 뜻이다. 언젠가는 일본을 정복하고 다시 양씨로 돌아가겠다는 의지를 담은 이름이었다.

가미다나(かみだな, 神棚)를[271] 교회에 걸어놓고 예배드리기 전에 먼저 절을 하고 예배를 시작하라고 강요하는 일본 경찰의 강요는 양 목사로서 절대 수긍할 수 없는 것이었다. 양 목사는 길두교회에 있을 때도 신사참배는 물론 미신을 섬기는 것을 철저하게 금지시켰다. 그런 그가 일본 천조대신의 위패와 신사의 축소판으로 신사를 상징하는 가미다나를 그것도 교회에 모신다는 것은 허락할 수 없는 일이었다. 일본 형사에게 천조대신을 모셔놓고 잠깐 절하고 다른 신인 하나님께 예배를 드리면 그동안 천조대신을 모독하는 일이기 때문에 그렇게 하면 안 된다고 역으로 설득을 하여 일단 돌려보냈다.

양용근 목사가 구례읍교회에 시무한 기간은 3년여에 달하지만 그러나 수시로 경찰의 감시를 받고 경찰서로 불려 다니던 중 11월 15일 구속되었기 때문에 실제로 시무한 것은 1년도 채 안 되는 기간이다. 그는 체포된 후에 각혈을 하는 심한 해소천식으로 인해서 병보석으로 일시적으로 석방되어 있는 동안 목회를 했으나 일본 형사의 심한 감시로 인해 활발하게 다른 목회활동을 하지 못했다. 그러다가 함께

---

271) 가미다나(神棚)는 일본 신도의 한 제의 관습이다. 일반적으로 불교 신자들이 집안에 모신 불상과 그 제단을 부쓰단(佛壇)이라고 하고, 신도에서 신을 모셔두는 선반으로 제단 역할을 하는 것을 가미다나(神棚)라고 한다. 일본인 자신들도 이 둘을 혼용해서 섬기고 있는 것이 일반적이다. 일본의 대부분의 가정에 하나씩 있다. 가미다나를 위한 선반 위에는 나무나 종이로 만든 위패가 놓여 있으며, 각 위패에는 조상이나 집안의 수호신, 또는 그 지역의 수호신 이름이 새겨져 있다. 흔히 아마테라스 또는 곡물의 여신인 이나리, 아니면 두 신의 상징을 모두 모시고 경배하고 있다. 가미다나의 중앙에는 신사를 축소시킨 모형이 놓여 있는데, 대부분의 경우 성스러운 거울, 또는 그 위에 성스러운 경전의 구절을 적어 놓은 길고 가느다란 종이 조각 또는 신사에서 얻어 온 부적을 그 안에 모시고 있다. 이 경우에 가미다나는 소규모로 만든 신사가 되는 것이다. 그곳은 가족의 역사에서 중요한 의미를 가지는 물건들의 저장소이기도 하다[김강희, "미야자키 하야오(宮崎駿)의 〈원령공주(もののけ姫)〉와 고료(御靈)신앙"(석사학위: 계명대학교 교육대학원, 2008), 14].

구속되었던 순천노회원들과 같이 재판을 위해서 1942년 9월에 재구속되었고 그 후로 다시 교회로 돌아오지 못하고 순교의 길을 갔기 때문에 실제 목회 기간은 매우 짧은 시간이었다.

❋ ❋

양용근이 평양신학교에 입학하고 목회를 시작한 1935년은 일제의 신사참배 강요로 인한 교회탄압이 이미 시작된 때이다. 특별히 양용근이 평양신학교를 졸업하고 목사안수를 받은 1939년은 "국가주의에 굴복한 1930년대의 조선예수교"라는 박용권의 주장대로 이미 교회가 일제에게 굴복한 후였다. 1938년 9월 총회에서 신사참배를 가결하였고, 그 이전에 대다수의 교회들이 이미 신사참배를 거행하며 일제에 굴복하고 말았다. 목회를 하다가도 그만두고 도피하는 사람이 많은 이런 시기에 목회자가 되기를 자청하고 나선 것은 보통으로 결심할 수 있는 일이 아니었다. 이런 일제의 강력한 탄압 앞에 교회가 대항하는 모습을 타협형, 도피형, 항거형으로 나누어 살펴보았다.

그리고 그 시기에 양용근 목사가 시무한 광양읍교회, 신풍리교회(애양원교회), 길두교회, 구례읍교회의 목회활동상을 살펴보았다. 일제의 탄압과 감시가 심한 상황에서 그의 목회는 위축될 수밖에 없었으나 담대하게 우상숭배를 하지 말라고 가르치고, 조선의 미신을 타파함과 함께 일본의 우상인 신사참배와 동방요배, 봉안전 참배 등을 하지 말도록 가르쳤다.

VII.
순천노회 사건과
양용근 목사의 수감생활

1.
순천노회 교역자 수난사건

　양용근 목사가 일제에 검거되어 순천경찰서로 압송된 것은 1940년 11월 15일이었다. 그해 3월 30일 구례교회로 옮긴 후 계속해서 경찰의 감시를 받았고, 수시로 경찰서에 연행되어 회유와 압박을 받았다. 이미 길두교회에 있을 때 신사참배 반대에 대한 설교를 했다는 이유로 체포하려고 한다는 것을 알고 이름을 바꾸고 구례읍교회로 왔다. 그러나 그 사실이 구례경찰서까지 전해져서 요주의 인물로 집중 조사를 받았다. 그러던 중 구례경찰서 특별고등계 형사들에 의하여 체포되어 순천경찰서로 압송되었다. 구례경찰서가 아닌 순천경찰서로 연행된 것은 순천노회의 목사와 교역자들이 다 함께 구속되었기 때문이며, 이 사건을 '순천노회 교역자 수난사건'이라고 한다. 일제 말기에 신사참배를 반대하는 사람들을 검거하기 위해 전국에 검거령을 내렸고, 그 일환으로 순천노회에 시무하는 목사 전도사 15명이 같이 구속이 되어 재판을 받고 전원이 실형을 선고받고 복역한 사건이다. 노회원 거의 전원이 구속된 특별한 사건임에도 불구하고 교회사에 많이 알려지지 않은 사건이다.

이 사건이 일제의 기독교 탄압에 의한 수난사건임은 분명하지만 이 사건이 신사참배 반대로 인한 사건인지 신사참배와 관계가 없이 그저 옥고를 치른 사건인지에 대해서는 다른 견해가 있다. 이 사건을 다른 대부분의 사람들은 신사참배 반대 운동의 일환으로 보지만 유일하게 최덕성 교수는 다른 견해로 본다. 그의 글 "순천노회 교역자 수난사건 재평가"[272]와 "'순천노회 교역자 수난사건 재평가'에 대한 김승태의 반론을 읽고"[273]에서 최덕성 교수는 순천노회 교역자 수난사건은 신사참배 반대와 관계가 없는 사건이라고 주장한다. 그 주된 이유는 신사참배 반대로 옥고를 치른 손양원 목사나 이기풍 목사는 순천노회 사건과는 관계가 없는 사람이기 때문이고, 옥고를 치른 교역자들이 신사참배를 반대했다는 기록이 없다는 것이다.

> 순천 교역자 수난사건은 한국교회 수난사의 한 부분이다. 그리스도의 재림신앙과 소망으로 인한 것이다. 귀한 신앙 흔적이다. 그러나 그 사건은 신사참배 거부 항쟁과는 관련이 없다. 신사참배와 동등한 차원에서 상호 견주어 평가할 수 있는 사건도 아니다. 적극적인 저항을 한 것이 아니며, 공개적인 혹은 비밀결사 투쟁을 하다가 발각된 것도 아니다. 한 건의 실적을 올리려

---

272) 최덕성, "순천노회 교역자 수난사건 재평가", 〈한국기독교와 역사〉 제10호(서울: 한국기독교역사연구소, 1999), 171~203.
273) 최덕성, "'순천노회 교역자 수난사건 재평가'에 대한 김승태의 반론을 읽고", 〈한국기독교와 역사〉 제20호(서울: 한국기독교역사연구소, 2004), 231~261.

는 일경에게 우연히 발견되어 뜻하지 않은 수난을 받게 된 사건
이다. 일제의 종교탄압에 대한 순천 교역자들의 대응 태도가 그
시대가 낳은 하나의 뚜렷한 '저항' 유형이라고 하는 주장은 설득
력이 없다.[274]

순천노회 교역자 수난사건은 그리스도 재림신앙과 소망으로 인
한 것이며 신사참배와는 관련이 없다는 주장이다. 그리스도의 재
림을 강조한다고 해서 박해를 했다고 주장하지만 당시 신사참배
반대는 재림신앙과 연관을 가지고 있다. 이근삼은 그의 글 "신사
참배 거부에 대한 재평가"에서 신사참배 반대와 재림신앙의 관계
를 이렇게 말하고 있다.

> 신사참배 저항자들의 담력 있는 행위는 그리스도 재림에 대한
> 확실한 신앙적 희망과 그리스도의 우주적 왕권에 대한 절대적
> 신뢰와 위탁에서 이루어진 것이었다. 그들은 환난 중에서 그리
> 스도 재림의 임박감을 가지고 인내하였다. 재림 시에 그리스도
> 는 모든 세상 왕들을 다 굴복시키고 모든 권세를 가진 만왕의
> 왕으로 임하심을 믿었다. 이런 신앙으로 현재의 환난을 극복하
> 되, 인간 천황을 신으로 섬길 수 없다는 것이었다. 신국의 도래
> 를 믿는 그들에게는 하나님의 영광을 위한 생 외에는 아무것도
> 있을 수 없었다.[275]

신사참배 저항자들은 그리스도의 재림에 관한 확신을 가지고,
재림 시에 그리스도께서 만왕의 왕으로 오실 것이기 때문에 인간

---

274) 최덕성(1999), 201.
275) 이근삼, "신사참배 거부에 대한 재평가", 《한국기독교와 신사참배문제》(서울: 한국기독
교역사연구소, 2003), 16.

천황을 신으로 섬길 수 없다고 했다는 것이다. 최덕성은 순천노회 교역자들이 왜 그리스도 재림신앙을 강조하고 있었는지를 간과한 것 같다. 그리고 일제가 기독교를 탄압한 가장 큰 이유를 간과하고 있는 것 같다. 결국은 그들이 신사참배를 통한 기독교 장악에 걸림돌이 되는 사람들을 제거하려고 했기 때문에 일제 말기에 기독교 박해사건은 주요인이 어디에 있든지 대부분이 신사참배 반대와 연결이 된다고 본다.

최덕성이 순천노회 교역자 수난사건이 신사참배 반대와 관계가 없다고 주장하는 것은 공개적으로나 혹은 비밀결사 투쟁을 한 것이 아니기 때문이라고 했다. 순천노회 사건으로 검거된 교역자들은 신사참배 반대를 위해 공개적으로나 혹은 비밀 투쟁을 했다는 기록은 없다. 그러나 신사참배 반대의 유형에서 비공개적이고 개인적인 투쟁을 한 사람도 있다. 주기철 목사와 같이 조직적으로 반대하지 않고 개인적으로 반대한 유형도 있다. 순천노회 교역자 수난사건에 연루된 15인의 교역자들 중에서 최덕성의 주장대로 신사참배 반대를 하지 않은 사람이 있을지 모른다. 그러나 그들 중에는 신사참배를 노골적으로 반대한 사람도 있다. 그는 순천노회 교역자 수난사건을 신사참배 반대에 넣는 것은 신사참배 반대자들을 폄하하는 것이라고 주장하지만 오히려 사건의 시말을 다 살펴보지 못한 상황에서 순천노회 교역사들 전원이 다 실형을 선고받고 전원이 다 옥고를 치르고 출옥한 분들의 신앙을 폄하하는 다소 성급한 결론이라고 하겠다. 특히 신사참배를 거부하는 신앙의 문제를 공개적 혹은 비밀 투쟁이라는 범주 안에 갇혀서 신앙을 재단하는 학문적 자세라고 하기에 다소 부족한 점이 없지 않다.

1) 순천노회 노회원이 구속된 원인

　순천노회 노회원 전원이 구속된 이 사건의 원인은 순천노회만 가진 특별한 사건에서 기인한 것은 아니고 일제가 한국교회 전체에 가한 박해가 주된 원인이다. 일제 말기인 1937년에 일제는 대동아(大東亞)의 평화를 위한다는 명목으로 중일전쟁을 일으켰다. 이 전쟁에는 일본인뿐만 아니라 그들의 지배를 받고 있는 조선인들의 적극적인 협조가 필요한 상황이었다. 이를 위하여 조선인들을 확실하게 내지인화시키는 작업이 필요했고, 이 일을 위해서 동원한 것이 천황제 이데올로기이다. 일본인뿐만 아니라 조선인들도 모두 천황을 신으로 받들어 섬김으로 하나가 되게 하고자 했다. 그 신앙의 힘으로 부강한 나라를 만들어 가려는 계획 아래 조선의 모든 학교와 교회에까지 신사참배를 강조했다. 신사참배를 하지 않는 학교는 폐교처분을 했고, 교회도 국민의례를 내세워 신사참배를 강조하기에 이르렀다.

　신사참배 강요는 많은 교회들에게 저항을 받았고, 많은 성도들이 신사참배는 계명이 금하고 있는 우상숭배라는 이유로 반대를 했다. 이런 저항에 부딪히자 일제는 신사참배 반대를 주도하는 위험인물들을 검거하기 시작하였고, 1940년 9월 20일 전국의 주요 인물들에 대한 검거를 단행했다. 1940년 9월호의 〈高等外事月報〉에서 이 전국 일제 검거 사건을 "치안상황 고등(기독교 관계)"이라는 제목하에 이렇게 보도하고 있다.

조선예수교도의 불온사건 검거

조선예수교장로회에서는 쇼와 13(1938)년 9월 제27회 총회 때 다년간 현안이었던 신사참배를 결의하고 더욱이 이듬해인 14(1939)년 9월 제28회 총회의 결의에 의해 소속 3천 교회를 들어 국민정신총동원연맹에 가맹하고 총후봉공, 종교보국의 실을 보이는 등, 잘 시국 추이에 각성하여 외국인 선교사의 기반을 벗어나 일본화의 한 길을 걷고 있는 바 이 사이에 당국의 지도를 어디까지나 거부하려는 이른바 비혁신분자는 극비밀리에 불온운동을 전개하고 있다는 용의가 있어서 금년(1940) 4월 이래 평북, 평남, 경남 각도에서 수사에 착수하여, 용의자를 검거 구명(究明)한 결과, 그들 일당은 현재 사회는 악마가 조직한 사회라고 하여 저주, 부인함과 동시에 수년 후에는 예수의 재림에 의하여 지상천국의 신사회가 초래될 것이라고 몽상 요망하고, 그 신사회의 혜택을 향유할 자는 예수의 계명에 서촉되지 않는 충실히 믿는 교도들뿐이라는 생각에 기초하여 우리 국체의 변혁을 목적으로 하는 비밀결사를 조직하고 이를 모체로 하여 전 조선적으로 동지를 획득하여 지상천국을 건설할 기도를 하고 있을 뿐만 아니라, 천황 및 황대신궁에 대하여 불경스러운 언동, 혹은 황군에 관한 조언비어(造言蜚語), 종후 국민에 대한 반관(反官) 내지 반국가적 기운 양성 등의 악질적인 범죄를 감행하고 있는 것으로 대략 판명되었는데, 이제부터라도 이러한 종류의 예수교도의 반국가적 불온분자를 탄압하여 뿌리 뽑지 않으면 도저히 예수교도 지도 단속의 목적을 달성할 수 없으므로 고등법원 검사장 및 본부(총독부) 법무국장과도 협의하여, 치안유지법, 기타 관계 법령을 적용하며 단호하게 처단하기로 결정하고 9월 20일 미명을 기하여 각도에서 일제히 검거를 단행하였는데 그날 중에 보고받은 검거인원은 193명에 이르며, 현재 예의 취조 중이다.[276]

---

276) 김승태 편역, 《신사참배문제 자료집 Ⅱ》(서울: 한국기독교역사연구소, 2014), 517.

이 시기에 순천노회 교역자들이 함께 구속이 되었다가 풀려나서 재구속되었는지는 분명하지 않다. 그러나 이런 전국의 검거열풍이 순천노회까지 이르러 순천노회 노회원들도 11월 15일 구속이 되었다. 신사참배를 반대하다가 구속된 대부분의 주요 인사들이 이 시기에 구속되었다. 이때부터 신사참배 반대자들이 대거 구속되기 시작한 것이다. 주기철 목사는 이미 여러 번 구속된 일이 있었지만 순교를 당하기 전 마지막으로 구속된 시기가 1940년 6월 초였다.[277] 한상동 목사가 구속된 날짜도 1940년 7월 3일이었다.[278] 이기선 목사도 이미 여러 번 구속된 일이 있었지만 마지막으로 구속된 날짜가 1940년 8월이었다.[279] 주남선 목사도 1940년 7월 16일에 구속되었다.[280] 이인재 전도사가 1940년 3월,[281] 최덕지 전도사가 1940년 4월,[282] 조수옥 전도사가 1940년 9월[283]이었고 손양원 목사가 구속된 것도 1940년 9월 25일이었다.[284]

순천노회 노회원들이 구속된 원인이 이렇게 전국에 산재한 조선예수교도의 불온사건 검거 차원에서 이루어졌다고 본다면 제일 중요한 원인은 신사참배를 가결하고 뿐만 아니라 일제에 적극 협력하기로 결의를 하고서도 이에 반항하는 자들을 검거한 것으로 볼 수 있다. 그들을 검거한 이유가 그리스도의 재림과 천년왕국을

---

277) 김요나, 《일사각오》(서울: 도서출판 지혜문화사, 1987), 288.
278) 심군식 외 5인 공저, 《한상동 목사의 삶과 신학》(부산: 고신대학교 출판부, 2006), 24.
279) 허순길, 《한국장로교회사》(서울: 교단 50년 총회 역사편찬위원회, 2002), 266.
280) 같은 책, 280.
281) 같은 책, 282.
282) 같은 책, 283.
283) 같은 책, 286.
284) 차종순, 《애양원과 사랑의 성자 손양원》(서울: The KIATS Press, 2008), 135.

선포한 것이라고 하지만 그 역시 천년왕국의 혜택을 받기 위해서 예수의 계명에 저촉되지 않는 바른 믿음을 가져야 한다는 것을 강조했다는 것은 신사참배를 거부하는 바른 믿음을 가져야 한다고 선동했다는 뜻이라고 볼 수 있다. 천황 및 황대신궁에 대하여 불경스러운 언동을 했다는 것도 역시 신사참배 반대를 뜻하는 것이다.

김춘배 목사도 그의 책 《한국기독교수난사화》에서 '순천노회의 수난'을 기록하고 있는데 일제가 1940년 11월 15일에 순천노회 내 교직자들 거의 전부를 검거한 이유를 다음과 같이 기록하고 있다.

1. 신사참배를 거부한다는 것이다. 이것은 신앙에 관한 문제로 그들은 천황예배를 주장하고 강요하매 교역자들은 이를 거부하고 반항하였다. 신사참배제는 우리의 민족문화를 말살하려는 그들의 이른바 동조동근론(同祖同根論)을 주장하는 방편과 수단이기도 하였다.
2. 교회는 민족주의자들의 집단이라는 것이었다. 그들은 늘 교역자들은 민족사상을 가진 자라고 의심하고 겁을 먹었던 것이다.
3. 선교사와의 관계이었다. 당시 순천에 주재하는 선교사들이 쫓겨 가게 될 때 그들의 사업비에서 얼마를 지방전도비로 쓰라고 일부 교역자들에게 주었다. 이것을 경찰은 미국 선교사가 간첩활동의 자금으로 준 것이라는 엉터리의 조작을 하였던 것이다. 그뿐 아니라 선교사들이 쫓겨 떠날 때 노회 주최로 순천에서 송별회를 열었다. 그들 적국의 선교사를 환송하는 것은 그들의 비위를 거스르는 친미(親美)행위라고 몹시 미워하였던 것이다.[285]

---

285) 김춘배, 《한국기독교수난사화》(서울: 성문학사, 1969), 97~98.

이 글에서도 순천노회 노회원들이 구속된 제일 첫 번째 이유가 신사참배 반대라고 기록하고 있다. 또한 순천노회 사건을 평가하기를, "일본이 이 땅을 통치할 마지막에 교회의 받은 박해가 많고 크건만 노회교역자 거의 전부가 검속되어 고생을 하고 교회 전부가 고난을 당하기는 순천노회가 그 으뜸이라 할 것이다"[286]라고 했다.

김수진은 그의 책 《광주 전남 지방의 기독교 역사》에서 순천 지방 수난사건의 원인을 '원탁회 사건'과 '순천지방 15인 사건' 두 가지로 설명하고 있다. 그는 원탁회 사건에 대해서 이렇게 기록하고 있다.

> 1938년 신사참배를 결의 시행하기는 했지만 순천노회 지도자들은 신사참배를 거부하고자 하는 운동이 일기 시작했다. 특히 순천노회에서 여수 나병원에서 독자적인 반대운동을 하고 있던 손양원 목사 이외에도 3·1독립운동의 제2선에서 재정책임자로 후에는 신간회 간부로 활약한 박용희 목사가 있었던 터였다. 그러던 중 예비검속이 시작되면서 박용희 목사가 시무하고 있던 순천 중앙교회의 황두연 장로가 새벽에 체포되었다. 황두연 장로가 체포된 것은 원탁회 사건의 책임자였기 때문이다. 원탁회는 신사참배 반대를 위해 그가 조직한 비밀결사단체였다. 이 모임은 일주일에 한 번 회원들의 집을 순회하며 주님의 고난에 동참한다는 뜻에서 금요일에 모임을 갖고 성경공부와 친교를 나누었다. 이 모임의 리더였던 황두연 장로는 신사참배가 분명한 죄악이므로 철저히 반대해야 한다는 주장을 하였다. 그러던 어느 날 원탁회 회원 강창원의 일기가 문제가 되어 그 포부도 실현하지 못한 채 덜미를 잡히고 말았다.[287]

---

286) 같은 책, 99.
287) 김수진, 《광주 전남지방의 기독교 역사》(서울: 한국장로교출판사, 2013), 149.

이 기록에 따르면, 순천노회 사건의 발단이 된 '원탁회'는 신사참배 반대를 위해 황두연 장로가 조직한 비밀결사대라는 것이다. 그리고 원탁회 회원 강창원의 일기가 발견되어 문제가 된 것은 "강창원의 일기 속에는 '신사참배는 우상숭배'라는 문구가 있었다. 그는 선교사들이 경영하고 있었던 순천병원의 서무과장으로 봉직하기 때문에 그에 대한 감시가 있었고 그가 원탁회원과 관련이 있다는 것 때문에 원탁회가 문제가 된 것이다"[288]라고 했다.

그는 '순천 지방 15인 사건'을 일제에 의해 축출된 남장로교 소속 선교사들을 순천역에서 마지막으로 작별 인사한 것 때문이라고 했다.

> 순천 지방에서 사역하던 선교사들이 일제의 단압으로 더 이상 버틸 수 없었던 상황이 순천 지방에서 일어나고 있었다. 마지막으로 축출을 당하게 된 변요한(프레스턴) 선교사가 순천역에서 전송을 나왔던 목사, 장로, 전도사들이 그를 보내자 일제는 이 사실을 알고 선교사와 내통하고 모종의 비밀이 있었다는 근거도 없는 사실을 만들어 1940년 9월 20일에 검거를 하였지만 일단 석방을 하였다. 그러나 일제는 이들의 신상을 파악한 후 그 해 11월 15일쯤 다시 구속을 하였다.[289]

미국 남장로교 선교부 선교사들이 일제에 의해서 축출을 당한 이유는 당시 일본과 미국의 불편한 관계 등 정치적인 이유도 있겠지만 신사참배에 반대하여 학교와 병원을 폐쇄한 것이 가장 큰 축출 이유 중 하나였다. 그러므로 목사와 장로, 전도사들이 그 선

---

288) 같은 책, 각주 22번.
289) 같은 책, 150.

교사를 환송하기 위해서 역에서 만난 것을 못마땅하게 여기는 것도 결국 그런 사상을 함께하는 것으로 보기 때문이었을 것이다.

전주대학교 교수인 주명준은 "순천노회 박해사건의 역사적 의의"라는 그의 논문에서 순천노회의 노회원 전원 구속 사건에 대해 일제 36년 동안 이러한 탄압은 순천노회를 빼고는 다시 찾아볼 수 없는 사건이라고 하면서, 일제가 순천노회에 대하여 이처럼 광범위하고 철저하게 탄압하였던 이유를 다음과 같이 서술하고 있다.

> 필자는 이유를 세 가지로 들고자 한다. 첫째는 여수군 율촌면 애양원교회의 손양원 목사와 같은 전국적으로 저명한 신사참배 반대자가 소속되어 있는 노회이기 때문이며, 둘째로는, 아마도 이 점은 가장 큰 이유이기도 하겠으나 순천중앙교회에 시무하고 있는 박용희 목사가 소속되었기 때문으로 추측된다. 그는 당시 한국사회에 있어 가장 저명한 독립운동가요, 반일투쟁가였다. 중앙에서 활약하던 박용희 목사가 서울을 떠나 한국 최남단인 목포를 거쳐 순천노회로 내려온 것은 일경의 탄압을 피하기 위함에서였다. 마지막으로 타 도에 비해서 겉으로 보기에 신사참배로 인한 투옥자들이 없었기 때문에 전남경찰서가 이 기회를 이용해 한 건의 실적을 올리기 위해 저인망식 검거를 하게 된 것으로 추측한다.[290]

요약하자면, 순천노회 노회원들이 전원 구속된 이유는 애양원교회의 손양원 목사와 같은 신사참배 반대자가 있었기 때문이라는 것이다. 당시에 손양원 목사는 경남노회 소속으로 순천노회원

---

290) 주명준, "순천노회 박해사건의 역사적 의의", 〈전주사학〉 제3호(전주대학교 역사문화연구소, 1995), 18~19.

이 아니었고 애양원교회도 순천노회 소속이 아니었지만 지역이 순천노회 지역이라 이렇게 표현한 것 같다. 일경의 눈에는 같은 지역으로 볼 수도 있을 것이다. 또 독립운동가요 반일투쟁가였던 박용희 목사가 소속된 노회이며 타 도에 비해서 신사참배로 인한 투옥자가 없었기 때문에 실적을 올리기 위함이었다는 것이다. 결국 순천노회원들의 구속 사건도 일제가 추진하고 있는 신사참배 반대자들 검속의 일환으로 이루어졌다고 본다. 여기에 순천노회를 지목하게 된 요주의 인물 한 사람을 덧붙인다면 양용근 목사이다.

양용근은 그의 반일적인 행적으로 인해서 이미 일제가 감시하는 요주의 인물이었다. 양용근은 일본 유학 시 관동대지진 사건 때 자경단에 체포되어 처형당하기 직전 기적 같은 하나님의 은혜로 살아났다. 일제는 지진이 나서 많은 피해를 당하자 조선인이 불을 지르고 우물에 독약을 넣었다고 모함하여 무조건 체포하여 무자비하게 처형했다. 처형당하지 않고 살아난 조선인들을 석방하면서 이 사건에 대해서 함구령을 내렸지만 친구들에게 혹은 교회의 설교를 통해서 이 사실을 발설하고 있었다는 것이 일경에 감지되었다. 그는 일본대 법대를 졸업하고서 총독부 근무를 거부하고 고향에 학당을 세우고 한글과 성경을 가르치며 민족운동을 한 경력을 가지고 있었다.

또한 평양신학교 재학 시 손양원 등 학교 동료들과 함께 신사참배 반대를 하고 다닌 것을 이미 파악하고 있었다. 또한 길두교회 시무 시 신사참배 반대를 선동한 설교 내용도 이미 파악하고 있었기 때문에 그의 이러한 불온적인 행동이 일제의 눈에 거슬리고 있었던 것이다. 이들을 재판한 판결문을 통해서 한 가지 더 알 수 있는 사실은 독립만세사건으로 실형을 산 오석주 목사와 김순배 목사가 순천노회에서 노회장과 부노회장으로 활동하고 있었던 것도 또 하나의 이유라고 볼 수 있을 것이다.

김승태 교수는 그의 책 《식민 권력과 종교》 제2절 '장로회 전남 순천노회의 수난사건'에서 순천노회원들이 받은 재판의 판결문을 분석하여 사건의 경위를 서술하고 있다. 이 글에서 그는 순천노회의 교회사적 성격과 의의를 이렇게 기록하고 있다.

> 이 사건은 일제의 종교탄압의 실상을 적나라하게 보여주는 전형적인 기독교 박해사건이다. 이제 이 사건이 가진 교회사적 성격과 의의를 생각해 보면서 글을 마무리하고자 한다. 이 사건의 성격은 당시 사회 및 교계의 동향과 다른 그룹들의 저항운동과 비교할 때 선명하게 드러난다. 우선 이들 피의자들의 일제에 대한 태도를 주목할 필요가 있다. 이들은 모두 일제가 통치하는 현실을 악과 거짓이 지배하며 불의를 강요하고 신앙을 박해하는 상황으로 인식하였다. 그래서 그들이 강요하는 신사참배에 대해서 겉으로는 마지못해 '적응'을 하면서도 그것이 잘못된 것임을 설교를 통하여 공언(公言)함으로써 그 행위가 가진 정치적, 종교적 의미를 '무효화'(無效化)시키고자 하였다. 이는 일제와 타협하여 '순응'하였던 당시 기성교회의 지도자들이나 이를 끝까지 거부하고 기성교회 밖에서 투쟁하였던 경남, 평양 지역 신사참배 거부운동 그룹과는 그 양상을 달리한다.[291]

김승태 교수는 순천노회 수난사건이 신사참배를 거부하고 끝

---

291) 김승태, 《식민 권력과 종교》, 292.

까지 투쟁하였던 경남, 평양 지방의 그룹들과 그 양상은 다르지만 일제와 타협하고 순응하였던 기성교회 지도자들과 달리 교회 안에서 설교를 통하여 신사참배를 거부하면서 신사참배가 가진 정치적·종교적 의미를 무효화시키고자 했던 또 다른 양상의 투쟁으로 보았다.

이상규 교수는 〈기독교사상연구〉 4호에 발표된 그의 글 "주기철 목사의 신사참배 반대와 저항"에서 주기철 목사와 한상동 목사의 신사참배 반대 유형이 서로 다르다고 했다. 두 사람이 다 신사참배를 반대했지만 신사참배를 반대하는 유형은 서로 달랐다고 하면서 이렇게 말한다.

> 주기철의 신사참배 반대와 관련하여 또 한 가지 검토할 것은 그는 신사참배는 반대했으나 신사참배 반대운동은 반대했다는 사실이다. 이 당시 신사참배 반대와 관련하여 두 가지 유형의 견해차가 있었다. 첫째는 신사참배를 반대하지만 전적으로 개인의 양심에 맡겨 개인적으로 반대하도록 해야 한다는 입장이었다. 다른 하나는 신사참배를 개인적으로 반대할 뿐만 아니라 이를 조직화하며 전국적으로 반대운동을 전개해야 한다는 입장이었다. 주기철 목사가 전자의 입장이라면 한상동 목사의 입장은 후자에 속한다. 주기철이 개인의 신념을 강조하였다면 한상동은 조직화된 강요에 대해서는 조직적인 반대로 대응하여야 한다는 입장이었다. 주기철은 조직의 약점을 우려했으나 한상동은 조직의 장점을 이용하려 하였다. 주기철은 신사참배가 우상숭배요 계명을 범하는 죄라는 사실을 강조하고 반대투쟁을 벌였으나, 이를 조직화하고 운동(movement)으로 전개하려 한 시

도나 흔적은 발견할 수 없다.²⁹²⁾

신사참배 반대에 있어서 모든 신사참배 반대자들이 조직적으로 반대운동을 한 것이 아니라 어떤 사람들은 조직적으로 반대운동을 전개하기보다는 개인적으로 반대를 하였다는 것이다. 순천노회 수난사건으로 검거된 사람들의 경우에도 그들이 조직적으로 신사참배 반대운동을 전개한 것은 아니라고 할지라도 개인적으로 신사참배에 반대한 사람들이었기 때문에 김승태의 말처럼 조직적인 반대운동은 아니지만 신사에 참배를 하고 따르는 기성교회의 지도자들과는 구별되는 또 다른 형태의 반대운동이라고 할 수 있다는 것이다.

2) 순천노회 교역자 수난사건으로 구속된 인물들

순천노회 교역자 수난사건은 김승태가 이 사건의 판결문²⁹³⁾을 입수하여 번역하여 알림으로 많은 사람들에게 소개가 되었다. 이 판결문에 의하면 순천노회 사건에 관련된 사람은 박용희 목사 등 15명이다. 이들의 사역과 출감 이후의 활동을 자세히 살펴보는 것이 순천노회 교역자 수난사건을 재조명하는 일에 있어서 중요한

---

292) 이상규, "주기철 목사의 신사참배 반대와 저항", 〈기독교사상연구〉 제4호(고신대학교 기독교사상연구소, 1997), 227.
293) 김승태 편역, 《신사참배문제 자료집 Ⅲ, 재판 기록편》(서울: 한국기독교역사연구소, 2014), 481~498. 이 판결문은 소화(昭和) 17년(1942년) 형공합 제25호로 동년 9월 30일자로 광주지방법원 형사부 재판장 조선총독부 판사 도변미미(渡邊彌美)의 이름으로 된 박용희 등 15인 광주지방법원 판결문이다. 이하 '박용희 등 15인 광주지방법원 판결문'이라고 한다.

일일 것이다. 그러나 여기서는 이 판결문과 《순천노회사》에 나타난 이들의 신분을 보충하여 대강 정리하였다.

(1) 기독교 목사 신본용희(新本容羲; 舊姓 朴) 당 59세(박용희)

박용희는 순천노회 수난사건의 주요인물이다. 그가 15명의 목회자 중 최고형인 징역 3년을 선고 받음으로 보아서 그 죄상이 크다고 일제가 인정을 한 인물이다. 순천중앙교회 목사로 평양신학교를 중퇴하고 가시와기성서학원을 졸업하였다. 경기노회장과 순천노회장을 역임했고 민족운동과 교회활동, 학교설립 등 많은 분야에서 활동한 인물이다.[294]

(2) 기독교 목사 선의재련(宣義在連; 舊姓 宣) 당 45세(선재련)

선재련 목사는 개량서당 교사와 매산학교 교사 등으로 근무하다가 선교사의 도움으로 전도사가 되고, 고학하여 평양신학교를 졸업하고 목사가 되어 광양교회에 시무했으며 순천노회 서기(1938년), 부노회장(1939년), 노회장(1940년)을 역임했다.[295]

(3) 기독교 목사 금촌형모(金村炳模; 舊姓 金) 당 37세(김형모)

김형모 목사는 매산학교와 신흥학교, 숭실학교와 평양신학교를 졸업하고 제22회 순천노회에서 목사안수를 받고 벌교읍교회에 시무했으며, 순천노회 서기(1939년, 1940년)를 역임했으며, 해방 후 순천노회장(1956년)으로 순천 매산고등학교 교장(1947년)으로 활동하게

---

[294] 김승태 편역,《신사참배문제 자료집 Ⅲ, 재판 기록편》, 485.
[295] 같은 책, 486.

된다.²⁹⁶⁾

(4) 기독교 목사 금강상두(金岡相斗; 舊姓 金) 당 46세(김상두)

김상두 목사는 경성중학교를 중퇴하고 평양신학교를 졸업하고 나로도교회에 시무한 목사이다. 순천노회 부노회장(1936년)과 노회장(1937년)을 역임하고 순천노회가 신사참배를 가결하던 해(1938년)에는 노회 특별위원으로 신사참배를 지지하는 안건을 제출한 사람이기도 하다.²⁹⁷⁾

(5) 기독교 목사 송포광국(松浦光國; 舊姓名 羅德換) 당 39세(나덕환)

나덕환 목사는 피어선 성경학교와 일본홍문중학교와 평양신학교를 졸업하고 승주교회에 시무한 목사이다. 해방 후 순천제일교회에 시무하던 중 여순반란사건을 맞아 반란군에게 체포당하여 신분조사를 받던 중에 당당히 기독교 목사라는 것을 밝힘으로 악질분자로 분류되었다. 즉결총살형을 언도 받았으나 끝까지 굽히지 않고 갇혀 있는 사람들에게 예수님 믿고 천당 가자고 전도를 했다. 마침 갑자기 들려오는 비행기 소리를 탱크가 오는 소리로 착각한 반란군들이 급하게 도망 가버림으로 총살을 면하고 자유인이 되어서 더욱 교회에 충성을 했다. 그는 순천노회 제30대(1950년), 40대(1958년), 그리고 48대(1966년) 노회장으로 활동했다.²⁹⁸⁾

---

296) 같은 책, 486.
297) 같은 책, 487.
298) 같은 책, 487.

⑹ 기독교 목사 오산석주(吳山錫柱; 舊姓 吳) 당 55세(오석주)

오석주 목사는 순천성경학교와 평양신학교를 졸업하고 목사가 되어 관리중앙교회 목사로 시무하고 있으며, 순천노회가 신사참배를 가결한 1938년 순천노회 노회장이었다. 신사참배에 찬성에 관한 안건을 제출한 3인 특별회원 중 한 사람이었다. 그는 이미 1919년 만세소동사건에 연좌되어 보안법 위반죄로 징역 6월 처분을 받고 그 형을 마친 바 있다.[299]

⑺ 기독교 목사 금신정복(金信正福; 舊姓 金) 당 61세(김정복)

김정복 목사는 미국 이주 노동자로 응모하여 하와이로 건너가서 기독교에 입문하고 조선에 돌아와 전도사가 되고 평양신학교를 졸업하고 목사가 되어 고흥읍교회에 시무하고 있으며, 순천노회 부노회장(1929년)과 노회장(1930년)을 역임했다.[300]

⑻ 기독교 전도사 삼본춘근(三本春根)이라는 삼본무근(三本戊根; 舊姓 宣) 당 50세(선춘근)

선춘근 전도사(장로)는 고흥공립보통학교와 순천성경학교를 졸업하고 소록도 자혜의원의 간호원과 고흥군 금산면 서기로 근무하고 당오리교회 전도사로 시무하고 있으며, 순천노회 서기(1932년)와 부서기(1935년, 1947년, 1948년) 등으로 활동했다.[301]

---

299) 같은 책, 488.
300) 같은 책, 486.
301) 같은 책, 489.

(9) 기독교 전도사 신본창규(新本敞査; 舊姓 朴) 당 63세(박창규)

박창규 전도사(장로)는 고흥군 도양면 서기로 근무했고, 사직 후 농업에 종사하면서 순천성경학교를 졸업하고 조성리교회 전도사로 시무했다.[302]

(10) 기독교 목사 송강정신(松岡正信; 舊姓名 金順培) 당 44세(김순배)

김순배 목사는 숭실전문학교와 평양신학교를 졸업하고 목사가 되어 여수읍교회 목사로 시무하였다. 1919년에 있었던 조선독립만세소요사건에 연좌되어 징역 6개월을 선고 받고 그 집행을 마쳤다. 순천노회 서기(1933년)와 부노회장(1935년, 1938년, 1940년, 1947년)을 역임하고 노회장은 해방 후에(1957년, 1962년)에 역임했다. 그는 순천노회가 신사참배를 가결한 1938년에 부노회장이었으며, 신사참배 찬성 안건을 제출한 3인 특별위원 중 한 사람이었다.[303]

(11) 기독교 목사(전도사) 임원석(林元錫) 당 31세

임원석 전도사(장로)는 고흥공립보통학교를 졸업하고 고흥군 산림조합 기수보(技手補)와 길두리 개량서당 교사로 근무했으며, 명천교회 전도사로 시무했다.[304]

(12) 기독교 목사 양복근(梁複根)이라는 양천정일(梁川正一; 舊姓名 梁用根) 당 38세(양용근)

---

302) 같은 책, 489.
303) 같은 책, 490.
304) 같은 책, 490.

양용근 목사는 순천 매산학교를 중퇴하고 일본에 건너가 검정고시를 거쳐서 일본대학교 법률과를 졸업하고 귀국하여 평양신학교를 졸업하고 목사가 되어서 길두교회와 구례읍교회 목사로 시무하였다.[305]

(13) 기독교 목사 금안형재(金安亨哉)라는 김형재(金亨哉) 당 59세
김형재 목사는 숭실전문학교를 졸업하고 평양신학교를 중퇴한 뒤 미국에 건너가 버지니아 주 리치몬드 시 연합신학교를 졸업하고 귀국하여 목사가 되어서 두고리교회에 시무했다. 숭실전문학교 조교수로 근무했으며, 선교사들에게 한국어를 가르쳤고 순천노회장(1935년)을 역임했다.[306]

(14) 기독교 목사 동곡수정(東谷秀正; 舊姓名 康秉談) 당 64세(강병담)
강병담 목사는 평양숭실중학교를 졸업하고 전도사가 되어 제주도에 파견되어 3년간 교회를 순회하고 그 후 평양신학교를 졸업하고 목사가 되어 삼상리교회에 시무했다.[307]

(15) 기독교 목사 안본덕윤(安本德胤; 舊姓 安) 당 43세(안덕윤)
안덕윤 목사는 숭일학교 고등과와 순천성경학원을 졸업한 후 평양신학교를 졸업하여 목사가 되어 광동중앙교회에 시무했다. 그 후 전북노회로 이명하여 전북 김제군 죽산면 대창리교회에 부임

---

305) 같은 책, 490.
306) 같은 책, 491.
307) 같은 책, 492.

하여 시무하던 중 6·25사변을 당하여 모두가 피난길에 올랐으나 "목사가 나만 살겠다고 피난을 가면 양과 교회는 누가 지킬 것이오"라고 하면서 교회를 지키다가 후퇴하는 북한군의 총에 맞고 순교를 하였다.[308]

순천노회 사건으로 구속된 목사와 전도사(장로)들의 면면을 살펴보면 참으로 다양한 성격의 사람들임을 알 수 있다. 이들 중에는 민족운동 및 조선독립만세사건으로 실형을 산 사람이 세 명이나 있다. 박용희는 민족운동으로 4년을, 김순배와 오석주는 독립만세 사건으로 각 6개월의 실형을 받고 복역했다.

이들 중에 순교자가 두 명이 있다. 양용근 목사는 그 사건으로 인해 복역 중 옥사했으며, 안덕윤 목사는 해방 후 6·25 동란 중 끝까지 교회를 지키고 신앙을 지키다가 공산군에 의해서 순교를 당했다. 나덕환 목사는 여순반란사건 때 반란군에게 체포되어 당당하게 기독교 목사인 것을 밝히고 복음을 전하다가 즉결총살형을 선고 받고 순교 직전까지 갔으나 기적적으로 살아났다.

특이할 만한 것은 이들 중에 순천노회가 신사참배를 가결했던 1938년 4월 25일 구례읍 예배당에서 열린 제22회 노회에 신사참배 찬성 안건을 제출한 목사 3인이 포함되었다는 사실이다. 당시 노회장이었던 오석주 목사와 부노회장이었던 김순배 목사, 그리고 김상두 목사 3인이 특별위원으로 신사참배에 관한 안건을 제출했던 사람들이다. 그리고 그 자리에서 제출된 안건에 동의한 선재련, 김형

---

308) 같은 책, 492.

재, 김정복, 강병담, 김형모 등의 노회원들도 함께 구속이 되었다. 순천노회 제22회 노회록에는 그 상황을 이렇게 기록하고 있다.

> 특별사항 : 특별위원 오석주 김상두 김순배 3씨가 제출한 안건을 채택하다.
> 1) 국기게양 2) 황거요배 3) 신사참배 4) 조선 총독의 지원병 교육령 개정에 대한 감사전보 5) 주지륙 해군 최고 지휘관에게 위문전보 6) 신사참배에 대하여 총회에 상고할 일 7) 본 노회 각 교회에 공문을 발송하여 신사참배를 지도할 것[309]

이 특별위원이 제출한 안건이 그들 스스로 제출한 것이라고 보지 않는다. 일제의 강요에 이기지 못해서 어쩔 수 없이 제출한 안건이라고 본다. 그러나 이렇게라도 일제에 협조한 사람들을 함께 구속한 이유가 무엇일까? 순천노회 사건이 신사참배와는 관계가 없는 별개의 문제이며 다른 특별한 죄목이 있기 때문에 구속했다면 이들이 포함된 것이 이해가 되는 일이다. 그러나 그들 대부분은 판결문에서 보듯이 겉으로는 신사참배를 가결하고 속으로는 반대하면서 설교를 통하여 암암리에 신사참배 반대를 했던 사람들이기 때문에 당시에 안건을 제출하고 그 안건에 동의했던 모든 노회원들을 다 구속시킨 것이다.

---

309) 《순천노회사》, 142.

3) 판결문을 통해서 본 이들의 신앙관

판결문에는 15인 모두에게 실형을 선고하고 그 이유를 이렇게 기록하고 있다.

……피고인들은 앞에 기록한 순천노회의 목사 혹은 전도사로서 위 노회의 간부 혹은 중견적 지위에 있는 자들인데 모두 그 지도 이념인 소위 말세학에 기초한 세계관과 불경신관(不敬神觀)을 견지하고 이러한 사상에 기초하여 교도들을 지도하여 오는 자들인 바, 그 지도 이념을 살피건대 성서를 유일 절대 지상의 교리로서 신봉하고 성서에 기록되어 실려 있는 사실은 모두 하나님의 말씀으로서 또한 하나님이 미리 아시고 예정하심은 장래에 반드시 실현될 것이라고 맹신(盲信)하고 「여호와」 하나님을 천지만물을 창조하신 유일 절대 최고 지상의 전지전능하신 신으로서 우주에 있는 만물을 지배하고 또 영원히 불멸하는 자로서 모든 신은 「여호와」의 지배하에 있다. 따라서 두렵게도 천조대신(天照大神)을 위시하여 받드는 8백만 신과 역대 천황은 「여호와」 하나님의 명령에 의하여 우리나라에 강림하고 모두 그의 지배 아래 있는 자로서 우리 역대 천황은 「여호와」 하나님으로부터 통치권을 부여하였기 때문에 그 신의(神意)에 의하여 그 통치권을 박탈하는 것이라면 우리나라(일본)의 흥망은 「여호와」 하나님의 신의(神意)에 달려 있다고 망단(妄斷)하고 「여호와」 하나님 이외의 신은 모두가 우상인 바 우상숭배는 십계명의 하나로서 성경의 교리요, 또한 그것 때문에 신사에 참배하지 말 것이라 하는 불경신관을 견지하여 오랫동안에 걸쳐 신사참배를 기꺼워하지 않았지만 당국의 강요에 의하여 마침내 어쩔 수 없었다. 소화(昭和) 13년(1938) 4월 전라남도 구례군 구례면 소재 구례교회에서 개최된 제22회 노회에서 신사참배를 결의하기에 이

르렀지만 이는 본래부터 일시(一時)를 호도(糊塗)하고 어둡게 하려는 궁여지책에 불과한 것으로 피고인들 가운데는 혹은 의연히 신사는 우상이라고 하는 불경신관을 견지하고 있는 자도 있는 동시에, 혹은 피고인 신본용희(박용희)가 제창한 두렵게도 천조대신과 「여호와」하나님과는 이명동일신(異名同一神)이라 하여 신사참배는 교리위반이 아니라 하는 불경신관으로 교도들을 지도하고 표면으로는 신사참배를 긍정하지만 궁극적으로는 의연히 신사를 우상시하는 자도 있다…….[310]

이 판결문에 의하면, 이들의 죄상은 말세학에 기초한 세계관과 불경신관을 견지하고 성서를 유일 절대 지상교리로 신봉하고 여호와 하나님이 천지만물을 창조하신 유일 최고의 전지전능한 신이며 여호와 하나님 이외의 신은 모두 우상이므로 신사참배를 하지 말아야 한다는 신앙관을 가졌다는 것이다. 그런 신앙관에 의거해서 그리스도의 재림과 천년왕국을 강조하고 천년왕국에 하나님 나라의 백성이 되기 위해서는 신앙생활을 똑바로 해야 한다고 가르쳤다는 것이다. 그들 중에는 의연히 신사는 우상이라고 하는 불경신관을 가진 자도 있고, 이명동일신(異名同一神)이라는 교리로 신사참배는 교리위반이 아니라고 하여 표면적으로는 신사참배를 긍정하지만 궁극적으로는 신사를 우상시하는 자도 있다고 했다.

각 사람의 죄상을 설명하면서 각기 동일하게 들어가는 문구는 "우리(일본) 국체를 변혁할 목적으로"라고 했다. 국체변혁은 일제가 만든 치안유지법의 핵심이다. 1941년에 개정된 치안유지법 제1조

---

310) 김승태 편역, 《신사참배문제 자료집 Ⅲ》(서울: 한국기독교역사연구소, 2014), 484.

는 "국체를 변혁하는 것을 목적으로 결사를 조직한 자 또는 결사의 역원 기타 지도자의 임무에 종사한 자는 사형 또는 무기나 7년 이상의 징역에 처하고, 결사에 가입한 자 또는 결사의 목적수행을 위한 행위를 한 자는 3년 이상의 유기징역에 처한다"라고 규정하고 있다. 일제는 신사참배 거부운동을 국체 변혁의 중죄로 다스리고 있었다. 천황을 중심으로 세계를 다스리고자 했던 일제의 야망에 정면으로 도전하는 것이라고 보았기 때문에 신사참배를 반대하는 사람들을 치안유지법으로 다스린 것이다.

또 이들의 공통적인 죄목은 그리스도의 재림과 재림으로 더불어 이루어지는 천년왕국을 설교한 것이었고, 천년왕국에 들어가기 위해서 바른 신앙생활을 해야 한다고 가르친 것이었다. 여기 재판에 회부된 15명의 목사 혹은 전도사가 항상 똑같이 그리스도의 재림이나 천년왕국에 대한 설교만 하지 않았을 것이다. 그런데 재판부는 한결같이 이런 설교만 시비하고 있다. 그리스도의 재림으로 이루어지는 천년왕국은 이 세상의 모든 나라를 망하게 하고 그리스도께서 만왕의 왕으로 다스리실 것이라고 하는 것은 일본의 존속을 거부하고 천황의 지위를 땅에 떨어뜨리는 불경죄에 속하기 때문이다. 신사참배를 반대하여 재판을 받고 실형을 선고 받고 오랫동안 옥고를 치른 손양원 목사도 그의 심문조서에 따르면 심문을 받을 때마다 많은 부분 그리스도의 재림과 천년왕국에 대한 설교를 문제 삼고 있다.

앞서 인용한 이근삼 교수의 "신사참배 거부에 대한 재평가"라는 글에서 신사참배 항거의 이유 중 하나를 "종말론적 희망과 그리스도의 왕권에 대한 인격적 위탁"이라고 했다. 신사참배 거부자들은 그리스도의 재림에 관한 확신을 가지고 현재의 환난을 극복하여 인간 천황을 신으로 섬기기를 거부했다는 것이다. 그리스도의 재림과 그리스도의 왕국의 선포는 천황이 최고의 신이며 최고의 왕이며 모든 사람들이 신으로 받들어야 한다는 그들의 주장을 반대하는 것이다. 천황을 신이 아닌 사람으로 낮추고 보잘것없는 잡신으로 낮추는 것이기 때문에 그리스도의 재림과 천년왕국을 국체를 변혁하는 것을 목적으로 하는 중죄로 취급하고 처벌하려는 것이다.

박용규는 "전천년설과 신사참배 반대운동"이라는 글에서 전천년설과 신사참배 반대운동의 밀접한 관계를 이렇게 말하고 있다.

> 한국 전천년주의 운동은 성경의 무오와 성경의 다른 근본 교리들뿐만 아니라, 일제 식민통치기간(1910-1945) 특별히 1935년부터 1945년 사이에 전국적으로 일어난 신사참배 반대운동과 밀접한 연계성을 갖고 있다. 간하배 교수는 말한다. "왕국의 미래적인 면에 대한 강조는 일본 통치하에 한국교회가 신사참배와 투쟁하는 데 중요한 역할을 했다."[311]
> 신사참배로 인한 심한 박해와 종교적인 압력하에 있는 교인들에게 주님의 왕권 아래 설립되어질 하나님의 천년왕국은 단순히 교리가 아니라 중추적 희망이었다. 이 전천년적 그리스도 재림관, 구체적으로 그리스도께서 천년왕국에 앞서 가시적으로 재림하실 것이라는 가르침은 인간 계획이 아니라, 이미 지상에 초림하셨고 다시 오실 예수 그리스도 자신에 의해 명백하게 제시된 약속이었다…….

이런 확신 때문에 고난 받는 장로교 보수주의자들은 "황제숭배

---

311) 박용규, 《한국장로교사상사》, 271.

로부터 교회를 보호하기 위해 피 흘리며 투쟁하기를 조금도 주저하지 않았다." 따라서 이들은 그리스도가 성도들과 함께 천년왕국을 다스리실 것이라는 확신을 갖고 어떠한 환경에서도 그들의 신앙을 순수하게 보전했으며, 만왕의 왕께 충성을 다했다…….[312]

전천년주의 운동은 단순히 종말론에 대한 설교가 아니라 신사참배를 강요하는 일제에 대항하여 다가올 미래에 이루어질 하나님 나라를 대망하면서 신사참배 반대로 인한 고통을 참고 견디라는 의미에서 강조한 설교라는 것이다.

이 판결문을 통해서 본 이들의 신앙은 유일하신 하나님만 참 신으로 모시는 신관과 그 밖의 다른 신은 다 우상이기 때문에 우상에게 절하는 것은 십계명을 위반하는 중죄에 해당한다고 믿었다. 그리스도의 재림을 기다리는 신앙과 재림과 함께 이루어질 하나님 나라를 대망하고 살아야 한다는 것이다. 아무리 어려워도 우상숭배의 죄에 빠지지 말고 참고 기다리면 그리스도께서 다스리시는 새로운 나라에서 참된 행복을 누리며 살게 될 것이라고 믿었다.

이러한 신앙은 일제가 그렇게 강조하는 천황제 이데올로기에 반항하는 것이고 국체를 뒤흔드는 것이었다. 그렇기 때문에 엄하게 다스리며, 그런 불경이 다른 사람들에게 전파되지 못하게 하기 위해서 가능한 한 그들을 세상으로부터 오랫동안 분리하고자 하였다. 순천노회 사건도 그들을 구속한 것이 1940년 11월 15일이었는데 22개월 동안 구금상태에서 재판을 진행하여 1942년 9월 30

---

312) 같은 책, 274~275.

일이 되어서야 판결을 받게 되었다.

4) 순천노회 교역자 수난사건으로 구속된 자들의 형량과 수감

순천노회 사건으로 구속된 사람들은 한 사람도 빠짐 없이 다 실형을 선고받았고, 다 선고를 받은 대로 수감생활을 한 후 석방되었다. 그중에 양용근 목사는 혹독한 수감생활을 견디지 못하고 수감 도중 죽음을 맞이했다.

그들의 형량은 판결문의 주문대로 3년에서 1년까지의 실형이었다.

> 피고인 신본용희(박용희)를 징역 3년에, 피고인 선의재련(선재련) 동 금강상두(김상두) 동 오산석주(오석주) 동 삼본무근(선무근) 동 신본창규(박창규) 동 김형재 동 양천정일(양용근)을 징역 1년 6월에, 피고인 금촌형모(김형모) 동 송포광국(나덕환) 동 금신정복(김정복) 동 송강정신(김순배) 동 임원석 동 동곡수정(강병담) 동 안본덕윤(안덕윤)을 징역 1년에 각각 처한다. 피고인 양천정일을 제외하고 나머지 각 피고인에 대하여 미결 구류일수 중 330일을 각각 위 본형(本刑)에 산입(算入)한다.[313]

이들이 1년에서 3년까지의 실형을 받았지만 이들은 이미 근 2년이라는 세월 동안 재판을 받지 못하고 미결수로 감금되어 있었다. 그들이 구속되어 판결을 받기까지 22개월이 걸렸는데 판결문에 미

---

313) 박용희 등 15인 광주지방법원 판결문.

결 구류일수 330일만 적용을 받았다. 미결 구금일수의 절반만 적용을 받은 것이다. 1년을 선고 받은 사람도 사실은 2년여 동안 격리된 채 고통을 당하였다. 오랜 미결수 생활에 여러 가지 방법을 동원하여 석방되는 사람도 있었겠지만 한 사람도 풀려나지 않았다. 모두가 미결수로 오랫동안 유치장에서 고생을 한 후에 재판을 받고 선고받은 형량을 다 채우고 해방 전해인 1944년에야 석방이 되었다.

5) 순천노회 교역자 수난사건의 의미

순천노회 교역자 수난사건은 노회원 전원이 구속되었던, 역사에 볼 수 없는 특별한 사건이다. 뿐만 아니라 재판과정이나 수감과정에서 한 사람의 변절도 없이 전원 실형을 선고 받고 전원 옥고를 치른 사건이다. 다만 이들이 조직적으로 신사참배 반대운동을 전개했거나 신사참배 반대를 주장한 기록들이 많이 알려지지 않았다. 그렇다고 이 사건이 일경에게 우연히 발견되어 뜻하지 않게 수난을 당한 사건은 아니다. 신사참배 반대자들을 제거하기 위한 일제의 검거령에 의해서 감시를 당하다가 조사를 받고 계획적으로 체포되어 수난을 당한 사건이다.

이들 중에는 판결문 전문에서 보듯이 겉으로는 신사참배를 찬성하는 것처럼 했으나 암암리에 신사참배를 반대한 사람도 있었다. 양용근 목사는 신사참배 반대뿐만 아니라 옥중에서 동방요배까지 거부하여 그로 인해 순교했다. 나덕환 목사는 여순반란사건 때 반란군에게 체포되어 당당하게 기독교 목사인 것을 밝히고 복음을 전하다가 즉결총살형을 선고받고 순교 직전까지 갔으나 기적적으로 살아났다.[314] 안덕윤 목사는 6·25동란 피난을 거부하고 교회를 지키다가 공산당에게 순교를 당했다.[315]

순천노회 사건으로 체포되어 옥고를 치른 목회자들은 대부분 순천노회 산하 교회에서 다시 목회를 했고, 이들 중에는 순천노회의 임원으로 활동한 사람도 있다. 순천노회는 1952년 고려파가 분열할 때나 1959년 통합과 합동으로 분열될 때 거의 대부분의 교회가 움직이지 않고 통합 측에 그대로 남았다. 신앙 때문에 옥고를 치른 그들이 왜 다른 출옥성도들처럼 고려파나 재건파와 합류하지 않고 그대로 있었는지에 대해서는 특별한 기록이나 주장이 없어서 알 수가 없다. 그러나 출옥 후 이들이 다른 옥중성도들과 함께 새로운 조직에 참여하지 않았다고 해서 이들의 수난을 가볍게 여겨서는 안 될 것이다. 2년이 넘는 세월 동안 재판을 받고 옥고를 치르고 고생을 하면서도 끝까지 신앙을 지킨 사람들이기 때문이다.

---

314) 《순천노회사》, 78.
315) 같은 책, 85.

2. 양용근 목사의 수감생활

양용근 목사는 구례읍교회 시무 중 이른바 순천노회 사건으로 체포되어 재판을 받고 복역 중 모진 고문을 이기지 못하고 옥사했다. 그는 1940년 11월 15일로 순천노회 소속 목사 12명과 전도사 3명이 일제히 검거되었을 때 함께 체포되었다. 3명의 전도사는 장로들이었기 때문에 노회원이었고 순천노회 노회원 전원이 구속수감 되었다. 구속수감된 양용근 목사는 그동안 앓아 온 해소천식으로 인하여 보석으로 풀려났고, 2년쯤 지난 후 함께 구속되었던 순천 노회원들과 같이 재판을 위해서 1942년 9월에 재구속되어서 재판을 받고 수감생활을 하게 되었다.

1) 재판

양용근 목사가 구속되어서 조사를 받은 경찰서는 구례경찰서가 아니라 순천경찰서였다. 경찰서 유치장에 들어가자마자 그는 심한 고문을 당했다. 조사를 하기 이전에 기를 꺾어 두어야 겁을 먹고 순순히 자백을 할 것이라는 생각에 무조건 견디기 어려운 고문을 가했다. 심한 해소천식을 오랫동안 앓아 오던 중이었기 때문에 몸은 쇠약할 대로 쇠약해 있었다. 그런 가운데 고문까지 받아서 취조를 받을 수가 없게 되자 며칠 치료를 한 후에 취조실로 끌고 가서 조사를 받게 했다. 함께 구속되었던 순천노회 노회원들도 2년의 세월을 재판도 받지 못하고 그런 고문과 협박이 상존하는 유치장에서 지내야 했으니 그 고통은 참으로 견디기 어려웠을 것이다.

함께 구속되었던 순천노회 노회원들은 양용근 목사가 병보석으로 풀려나 있는 동안 이미 경찰조사와 검사의 조사를 다 받은 후였다. 그 때문에 양용근 목사의 조사는 그들과 함께 재판을 받게 하기 위하여 빠르게 진행되었다.

심문을 당하는 양용근 목사의 대답은 죄에 대해서 변명을 하여 벌을 면해 보겠다는 것이 아니었다. 오히려 그는 벌을 더 크게 받고 싶어 하는 사람처럼 그가 한 일에 대해서 더 자세하게 설명을 하고 있었다.

양용근 목사를 담당한 검사 하시모토 류이찌(橋本龍一)는 30대 후반으로 동경대학 법학과를 졸업하고 검사가 되었고 주로 사상범을 담당하는 검사였다. 그는 비열한 사람에게는 가혹하게 대하였으나 지조를 굽히지 않는 사상범에게는 오히려 의협심을 발휘하는 검사로 알려져 있었다. 그런 그가 이미 양용근 목사의 기록을 다 읽었고, 이미 그가 저지른 죄에 대해서 순순히 다 시인하고

있었음을 알기 때문에 호기심을 가지고 심문에 임한 것으로 보인다.[316]

첫 심문은 그의 신상조사에서 나타난 그의 이름에 관한 것이었다. 양용근 목사는 양용근 외에 4개의 이름을 더 가지고 있었다. 호적에 기재된 양용환(梁用桓)과 동네에서 부르던 양용군(梁用君)이란 이름을 가지고 있었다. 또 일본대와 평양신학교, 그리고 목사안수 시에 부른 양용근(졸업장에는 梁龍根으로, 판결문에서는 梁用根으로 쓰고 있다)이란 이름을 가지고 있었다. 그리고 길두교회에서 구례읍교회로 옮기면서 사용한 양복근(梁複根)이라는 이름을 가지고 있었다. 일제의 강요에 못 이겨 창씨개명을 한 이름인 양천정일(梁川正一)이란 이름 등 모두 다섯 개의 이름을 가지고 있었다.

검사는 양용근이 이름을 다섯 개나 가지고 있는 것에 대해서 죄를 짓고 당국의 눈을 피하기 위해서 일부러 그렇게 한 것이 아니냐고 추궁했다. 또 창씨개명을 하면서 양천정일(梁川正一)로 한 것은 음이 같으나 한문이 다른 양천정일(梁遷征日)로 써서 양천(梁遷) 즉 양씨로 다시 옮긴다는 뜻과 정일(征日) 즉 일본을 정복한다는 이름으로 바꾼 것이 아니냐고 추궁했다.[317]

이에 양 목사는 사실 검사의 심문대로 길두교회에서 구례읍교회로 옮기면서 양복근으로 바꾼 것은 당국의 감시를 피하기 위한 것이었지만 자신의 이름을 바꾼 것은 인생의 여러 고비마다 새로운 각오로 임하기 위해서 이름을 바꾼 것이라고 대답했다. 그리고 창씨개명은 검사가 지적한 대로 당국의 강요에 의해서 이름을 바

---

316) 진병도, 692.
317) 같은 책, 694.

꾸기는 했지만 다시 제 이름을 찾겠다는 의지와 일본을 정복하되 힘으로 무기로 저항한다는 것이 아니라 그리스도를 믿는 믿음으로 그리스도의 사랑으로 정복하자는 뜻이었다고 대답했다.

두 번째 쟁점은 신사참배에 관한 것이었다.[318] 경찰조서에 기록된 길두교회에서의 양 목사의 행적에 관한 것이었다. 우상숭배 반대를 빙자해서 집집마다 해산 후에 쳐 놓은 금줄을 철거하고, 심지어 포두경찰관 주재소 일본인 소장 집에 설치해 둔 시메나와(금줄에 해당함)까지 철거하다가 발각되어 매를 맞은 것을 알고 지적하였다. 그리고 교인들에게 목숨을 걸고 신사참배를 반대할 것과, 주일학생들에게까지 신사참배는 물론 봉안전 참배와 동방요배, 그리고 황국신민서사까지도 하지 말라고 교육한 일이 사실이냐고 추궁했다.

양 목사는 기독교 신앙의 핵심은 유일신이신 하나님께만 예배를 드리고 그 외에 다른 신에게 절을 하는 것은 우상숭배를 하지 말라는 십계명에 금한 죄가 되기 때문에 신사참배를 할 수 없다고 했다. 일본의 왕은 신이 아니며 한 인간일 뿐이기 때문에 신으로 대할 수 없다고 신사참배 반대 이유를 설명했다. 신사참배뿐만 아니라 봉안전 참배나 동방요배는 물론 그 외에 다른 미신을 섬기는 것도 다 우상숭배에 해당한다고 했다. 그렇기 때문에 기독교인으로서 이런 행위를 용납할 수 없으며 동참할 수 없다는 것을 성경 말씀을 들어 자세하게 설명했다.

세 번째 심문은 양용근 목사가 길두교회에서 행한 말세론과 천

---

318) 같은 책, 703, 732.

년왕국의 설교에 관한 심문이었다. 그리스도의 재림으로 일본이나 이 세상의 모든 나라들이 망하고 그리스도가 만국을 다스리는 왕이 되어서 만국을 심판하실 것이다. 그때 심판을 당하지 않기 위해서는 신앙을 돈독히 하고 충실하게 기독교 교리를 전파해야 한다고 설교한 것을 인정하느냐는 것이었다.

양 목사는 이에 대해 전천년설에 의한 말세론이 아닌 자신이 평양신학교에서 배운 무천년설에 의해서 설명했다. 말세는 그리스도가 재림할 때를 종말이라고 하는 것이 아니라 이미 그리스도의 초림으로 종말이 시작이 되었다. 천년왕국은 숫자로서의 개념이 아니라 상징적인 것임을 설명하고, 예수님이 재림하시기 전에 이미 일본은 망해가고 있다는 것이라고 했다. 유대인을 학살한 독일도 망하고 있고, 우상을 숭배하고 기독교를 박해하는 모든 나라는 기필코 망하게 될 것임이 성경에 명시되어 있음을 설명했다.

일본이 망한다는 양 목사의 주장에 검사는 양 목사가 지금 치안유지법을 위반하고 있다는 사실을 지적하면서 법을 전공한 사람이라면 치안유지법의 무서움을 알고 말하라고 다그쳤다. 일본대학에서 법학을 전공한 양 목사가 치안유지법을 모를 리가 없었다. 오히려 일제가 치안유지법을 잘못 사용하여 기독교를 탄압하고 있음을 알고 있었다.

대정 14년(1925년)에 치안유지법이 입법이 될 때만 해도 이 법은 공산주의자들 즉 사유재산을 부정하거나 국체의 변혁을 목적으로 결사를 한 자나 그 조직을 처벌하기 위해서 제정한 법이었다. 그러나 소화 16년(1941년)에는 종교를 탄압하기 위해서 이 법을 개정하여 시행을 하였다. 이 법의 제7조에는 "국체를 부정하거나 신궁 또는 황실의 존엄을 모독할 수 있는 사항을 유포하는 것을 목적으로 결사를 조직한 자 또는 결사의 역원 기타 지도자의 임무에 종사한 자는 무기 또는 4년 이상의 징역에 처하고, 결사에 가입한 자 또는 결사의 목적수행을 위한 행위를 한 자는 1년 이상의 유기징역에 처한다"[319]고 명시하고 있다. 일본은 1873년에 기독교 금지령을 해제하여 종교자유의 세계적 추세를 따르는 것처럼 했으나 치안유지법이라는 악법을 제정하여 기독교를 박해하고 있다는 것을 검사에게 오히려 추궁했다.

또 하나는 양 목사를 영미 선교사들에게 세뇌된 스파이라고 공격했다.[320] 순천노회가 신사참배를 가결했을 때 선교사들이 일제히 반대를 했고 그로 인해서 순천노회와 관계를 청산했는데, 신사참배를 반대하는 것은 아직도 그들과 결탁이 되어 있는 증거라고 했다. 그러나 양 목사는 그들과 내통할 방법도 없음을 알면서 그런 누명을 씌우는 것은 억지라고 주장하면서 스파이라는 누명을 씌우는 것이라고 항변했다. 그동안 비교적 친하게 대하는 것 같던 검사가 이 대목에서는 돌변하여 아주 극심한 고문을 가하며 스파이 혐의를 인정하고 관계자들의 이름을 말하라고 협박했다.

여기서 주기철 목사가 주장한 조직적인 신사참배 반대운동을 반대한다는 그 마음을 이해할 수 있다. 조직적으로 신사참배를 반대하는 것은 결국 이런 검찰의 모진 고문에 의해서 한 사람이 붙잡혀 가면 모든 조직원들을 토설할 수밖에 없기 때문에 조직적인 반대가 오히려 위험한 것임을 그는 여러 번의 옥고를 치르면서

---

319) 치안유지법(조선총독부법률 제54호, 1941년 3월 8일 전부개정, 1941년 5월 13일 시행).
320) 진병도, 711.

경험했을 것이다.

그리고 구례경찰서에서 보내온 양용근 목사의 신원조사 답신서에 기록된 사항에 대해서 사실여부를 심문하였다. 《섬진강》의 저자 진병도는 그 신분조서 내용을 이렇게 기록하고 있다.

> 첫째 하곡, 추곡을 비롯해 모든 공출 반대 사상을 교인과 주민에게 고취시켰고, 둘째 징병, 징용, 기타 헌신적 황은보답사업에 동참하지 못하도록 교육했고, 셋째 신사참배와 봉안전 참배, 동방요배, 순국용사에 대한 묵념이나 황군의 무운장구를 위한 묵념 등을 반대하도록 했고, 넷째 서낭당, 불당, 무당행위, 복술행위, 미신행위를 막기 위해서 주민들을 사랑방이나 정자나무 아래 등에서 계몽했고, 다섯째 황군 군비보충에 이바지하고자 수집하는 가정의 유기 그릇, 유기 수저와 저 그리고 쇠붙이 수집 등에 응하지 말도록 설교했고, 다른 데서는 헌납한 곳이 많은데 구례읍교회 종탑의 종 헌납을 끝까지 반대해서 지금도 시끄럽게 새벽을 깨우며 괴롭히고 있고, 여섯째 지금은 말세이고 예수 재림이 가까웠으니 일본제국의 멸망이 임박했다고 설교했고, 일곱째 병사나 천수를 다함보다 지금은 순교를 할 때라고 설교할 때마다 외쳤고, 여덟째 징용이나 징병에 가서 희생당한 사람들의 가정이 교인 가정이 아니어도 심방해서 전도를 하되, 대일본제국과 천황 폐하를 모독하는 언사로 적개심을 불러일으키는데 전력을 경주한 가장 악질 불령선인인 개신교 목사라고 적혀있는데 이 모든 기록이 사실이라고 인정하는가?[321]

구례경찰서는 양용근 목사가 부임해 올 때부터 감시를 했으며,

---

321) 진병도, 729~730.

특별히 순천노회 사건으로 구속되었다가 병보석으로 풀려나 있을 때 철저하게 감시를 했다. 그렇기 때문에 양 목사의 행적은 그들의 말대로 일본대제국과 천황을 모독하는 가장 악질적인 개신교 목사였다.

불행하게도 피의자 심문조서서 등의 기록이 남아 있는 손양원 목사의 경우와 달리 양용근 목사의 심문기록은 남아 있지 않다. 양용근 목사의 사모인 유덕현의 생전 증언 등을 종합하여 쓴 그의 평전 《섬진강》의 기록에 의하여 정리할 수밖에 없다. 다행히 양용근 목사가 생전에 편지를 주고받거나 대면하였던 양영기[322] 장로의 미발표 저술인 《순교자 양용근》의 기록에 의하여 검찰조사의 내용을 살펴본다. 그는 양용근 목사의 검찰 심문조서를 이렇게 기록하고 있다.

1) 왜 신사 참배를 거부하는가.
   우리가 믿는 신앙 계명에 위배되기에 할 수 없습니다. 출 20:3-6에 나 외에는 다른 신을 섬기지 말라고 기록된 십계명 위배입니다.
2) 왜 동방요배도 거부하는가.
   인간 천황을 신으로 정하고 경배하라는 것이 곧 우상숭배가 되는 것입니다. 경례는 인격 존재에 대한 존경의 표시인고로 현존한 사람에게만 하는 것입니다.
3) 그러면 두렵건대 일본 대제국의 천황을 인간으로 보는가?
   그렇습니다. 일본 천황께서도 일본 국왕은 되시나 사람의 인

---

322) 양영기(梁永基) 장로는 양용근 목사의 둘째 형님인 양용운의 장남으로 재건교회 창건에 앞장섰으며, 재건교회 장로로서 교회를 섬겼으며, 소천하기 전 《순교자 양용근》이라는 제목으로 저술을 하기 시작했으나 출판하지 못하고 소천하셨다.

격은 틀림없습니다.
4) 그러면 천황도 예수를 믿어야 된다는 논리인가.
예, 일본 천황도 예수를 믿지 않으시면 지옥의 형벌을 받게 됩니다.
5) 당신은 천황 폐하를 모독했으므로 불경죄가 되는 대역자이다.
나는 천황 폐하를 존중합니다. 불경하거나 모독한 일은 없습니다.
6) 그래도 천국이 있다는 말인가.
예, 우리는 천국의 소망을 확신합니다. 예수를 구주로 영접하고 그가 십자가에서 속죄의 피를 흘려 주셨으니 그의 피로 대속을 받아 구원을 받은 것입니다.
7) 12시 사이렌이 불 때에 행하는 묵도도 하지 않는가.
예수 믿는 사람은 예수님이 가르친 대로 예수 이름으로써 하나님께 기도하는 것뿐이며 어떠한 형상이나 이름을 가지고는 기도가 허락되지 않습니다.
8) 조선교회 총회와 순천노회가 공식적으로 가결하고 목사들이 다 시행하고 있는데 당신은 유독 반대하고 안 하는 것이 이해 부족이 아닌가.
총회와 노회가 가결한 것은 엄청난 죄악입니다. 그리고 그들이 결의하고 그들이 시행하고 있는 것은 신앙배반의 파행일 뿐입니다. 만국교회 전통의 신앙진리는 그들을 용서하지 않을 것입니다. 그들이 회개해야 합니다.[323]

하시모토 검사의 마지막 심문은 양 목사를 매우 아까운 인재로

---

323) 양영기, 《순교자 양용근》, 47.

생각하고 회유하는 것이었다. 기소하기 전 마지막으로 양 목사의 결심을 듣고 싶어 했다. 법률을 전공한 사람이기 때문에 지금까지의 진술로 죄가 가볍지 않다는 것을 알고 가정과 교회를 생각해서 다시 한 번 생각하라는 것이다.

그러나 문제는 지극히 간단하다. 지금 한마디 말로 족하다. 즉 '신사참배에 동참하겠다'는 말 한마디가 네가 지은 모든 죄에서 너를 해방시켜 줄 것임을 약속한다. 그 말이 너무 길다면 '예', 혹은 '아니오'라고만 대답해도 된다. 그 '예'나 '아니오'란 단 한마디가 너를 죄에서 자유롭게 할 것이다. 하지만 그렇지 않다면 지은 죗값을 치르는 고난의 길로 가게 해줄 것이다. 신중히 생각하라. '예' 뒤에는 자유와 행복이 뒤따를 것이나 '아니오' 뒤에는 징역살이와 불행이 뒤따를 것이다. 그러나 검사의 말이 채 끝나기도 전에 양 목사는 힘찬 바리톤 음성으로 단호하게 대답하였다. "아니오! 결코 신사참배에 동의할 수 없습니다. 검사께서 나의 앞날을 생각해서 마지막으로 선심을 베푼 그 뜻은 고맙습니다만 나는 고난의 길을 선택하겠습니다. 그 길은 승리의 길이며 죄의 길에서 벗어난 길이기 때문입니다. 방금 검사께서 신사참배에 동의한다면 지은 죄를 용서받고 행복의 길이 열릴 것이니 신사참배에 동참하라고 했습니다만, 검사님께서는 죄에 대한 개념 설정을 잘못하고 계십니다. 그것은 죄가 무죄가 되는 것이며 무죄가 죄가 되는 것이기 때문입니다. 즉 나는 일본형법의 죄인이 됨으로써 하나님 앞에서는 무죄인이 되는 것이며 반대로 일본형법의 무죄인이 됨으로써 하나님 앞에서는 죄인이 되기 때문입니다.[324]

---

324) 진병도, 732.

이러한 증인들의 증언과는 달리 판결문에 의한 죄목에는 다 생략을 하고 길두교회에서의 설교와 고흥 지방 연합사경회에서의 설교만 문제를 삼고 있다. 설교도 그가 하지 않은 전천년설에 의한 천년왕국에 대한 설교만 문제를 삼고 있다. 그 이유가 분명하지 않지만 앞서 이미 2년여에 걸쳐서 오랫동안 심문하여 조서를 꾸민 순천노회 사건의 다른 14인들의 심문조서와 같은 방향으로 대강 정리했다고 보인다. 많은 사람들의 진술을 듣다보니까 그것이 장로교 전체의 교리라고 생각했을 것이다.

또 하나는 양 목사를 심문한 하시모토 검사의 마지막 말에서 실마리를 찾아본다.

> 양 목사 당신은 아무튼 대단한 사람이오. 나는 많은 피의자를 심문한 경험이 있지만 당신처럼 순교의 의지를 불태우고 있는 사람은 처음 보았소. 그 열기에 모든 것이 함께 녹아들까 걱정이오. 그래서 나는 당신을 기소하기로 하겠소. 당신의 말과 같이 기소해야 당신이 승리하겠다기에 나는 당신에게 승리의 잔인 기소를 해드리겠소. 부디 건강에 유의하시오. 법관이 되었더라도 당신은 훌륭할 뻔했소. 심문은 이것으로 끝이오. 재판이 있을 때까지 광주형무소 미결수 감방에서 기다리게 될 것이오. 의무실에 특별히 잘 보살펴 드리라고 말해 두겠소.[325]

이런 호의적인 검사의 말에 따라서 그는 양 목사를 설득하는 데 실패했지만 같은 법학을 전공한 사람으로서 소신을 가지고 자기의 신앙을 지키는 피고에게 최대한의 온정을 베풀어서 최소한

---

325) 같은 책, 734.

의 형량을 선고하기 위하여 다른 피고들의 수준에 따라서 죄목을 축소한 것이라고 생각한다.

검사의 기소와 구형에 의해서 15인 중 박용희 목사는 징역 3년에, 양용근 목사와 7인은 1년 6개월의 징역에, 나머지 7인은 징역 1년의 선고를 받게 되었다. 모든 피고인들에게 미결 구류일수 330일을 각각 본형에 삽입한다고 하였다. 1년을 선고받은 사람은 앞으로 약 1개월 정도를 더 복역하면 되었다. 1년 6개월을 선고받은 사람은 앞으로 약 7개월 정도 복역을 해야 했다. 그리고 3년형을 선고받은 사람은 1년 7개월 정도만 복역을 하면 풀려나게 되었다. 하지만 양용근 목사는 구속된 후 병보석으로 풀려나 있었기 때문에 고스란히 1년 6개월을 더 복역해야만 했다.[326]

그들은 다 상고를 포기했다. 경제적인 여력도 없었고 시국사범이어서 상고해 보아도 소용이 없다는 생각 때문이었다. 더 중요한 것은 복음을 전하는 목회자로서 마땅히 해야 할 일을 했기 때문에 구차하게 감형을 받고 싶은 생각이 없었기 때문이었다.[327]

2) 수감생활

양용근 목사의 미결수로서 수감생활은 다른 사람들처럼 길지 않았다. 함께 구속된 순천노회원들은 2년을 넘게 재판도 받지 못하고 미결수로서 수감생활을 했다. 그러나 양 목사는 병보석으로 풀려나 있다가 함께 재판을 받게 하기 위해서 재구속되었기 때문

---

326) 같은 책, 777.
327) 같은 책, 777.

에 한 달도 채 못 되는 기간 동안 조사를 받으며 미결수로 수감생활을 했다.

미결수로서 한 달여의 기간은 심한 해소천식을 앓고 있던 그에게 심한 고통의 시간이었다. 건장한 사람도 받기 힘든 심한 고문과 매질을 병들고 허약한 사람이 견딜 수가 없었다. 너무나 많은 구타를 당하여 그의 몸은 만신창이가 되었다. 유현덕 사모가 면회를 신청했지만 보름간이나 면회를 시켜 주지 않은 것이다. 그 이유는 처참하게 된 몸으로 가족들에게 면회를 시켜 보여주지 않기 위하여 상처가 치료될 때까지 보름간이나 이런저런 이유로 면회를 시켜 주지 않은 것이다. 구속 수감된 지 보름 만에야 면회가 허락이 되었다. 그것도 5분이라는 짧은 시간이었다. 고문으로 난 상처가 대강 아물기는 했지만 그 몰골은 차마 볼 수 없을 정도로 처참한 모습이었다.

그런 모진 고문을 당하면서도 양 목사는 자신을 고문하는 사람들에게 대항하지 않았고 미워하지도 않았다. 오히려 양 목사 자신의 영광을 위해서 그 사람들에게 죄를 짓게 하는 것이 미안하다고 생각했다. 반항도 하지 않고 순수하게 죄를 인정하고 오히려 더 큰 죄를 스스로 자인하는 양 목사였지만 그들은 계속해서 겁을 주며 고문을 가하였다. 모진 고문과 계속되는 심문 때문에 그의 병든 몸은 아무것도 할 수 없는 상태였다. 그런 가운데서도 양 목사는 같은 방에 있는 사람들에게 복음을 전하였고 그들을 감동시켰으며, 예수님을 믿게 하고 세례를 베풀기도 했다.

미결수로 수감되어 있으면서도 신사참배를 위시한 모든 우상숭배에 대해서 철저하게 거부하고 신앙을 지켰다. 정오가 되면 사이렌 소리가 울리고 모든 감방의 수감자들이 당국의 지시대로 일어서서 일본이 있는 동쪽을 향해 일본의 천황에게 인사를 올리는 동방요배를 했다. 그러나 양 목사만은 꼼짝하지 않고 그냥 자리에 앉아서 기도를 드리고 있었다. 동방요배 상황을 감시하는 간수에게 들키면 식사를 넣어 주지 않아 굶어야 했다. 그러나 식충이처럼 먹으면서 우상숭배를 하는 죄인이 되는 것보다 차라리 굶어서 맑은 정신으로 기도하는 것이 낫다고 하며 동방요배를 거부했다. 신사참배나 동방요배를 반대한다는 죄목으로 끌려와서 벌을 받고 있는 사람이 동방요배를 한다는 것은 우스운 일이며, 신사참배나 동방요배를 하려고 했다면 벌써 검사에게 말하고 풀려났지 여기에 있겠느냐고 했다.

　양용근 목사는 간수들 사이에서 화제의 인물로 지목되어 있었다. 그 이유는 "첫째는 미결수 가운데 눈에 띄게, 그리고 철저하게 동방요배 시간에 동방요배를 거부하는 죄수였기 때문이었다. 일어서서 동방요배를 하는 척이라도 하면서 안 하는 사람도 있었지만 양 목사는 그 시간에 방 안의 다른 죄수들은 다 기립해서 동방요배를 할 때 그대로 앉은 채 하나님께 기도하는 자세를 취하고 있었다."[328] 그뿐 아니라 소리 내어 찬송을 부른다든가 옥중에서도 끊임없이 전도를 하는 목사였기 때문이다. 간수들 중에는 그런 양 목사를 좋게 여기고 봐주는 사람도 있었지만 대부분은 질이 나쁜 개신교 목사로 지목하고 있었다.

　양용근 목사의 광주형무소에서 기결수 생활은 판결을 받은

---

328) 같은 책, 749.

1942년 9월 30일부터 순교한 1943년 12월 5일까지 1년 3개월여의 기간이었다. 만기 출옥을 3개월 앞두고 모진 고문과 병약한 몸으로 더 이상 버티지 못하고 순교의 길로 가셨다. 두고 온 가족이나 교회나 가문이나 나라를 조금만 더 생각을 했더라면 풀려나서 더 좋은 일을 할 수 있는 기회들이 많았겠지만 양 목사는 그런 기회들을 다 거절하고 순교의 길을 작정한 사람처럼 고지식하게 신앙을 지키려고 했다.

  기결수 생활에서 가장 큰 문제가 된 것도 동방요배 거부였다. 감방 안에서는 아침저녁으로 점호가 있었는데 먼저 인원을 점검한 다음 동방요배와 전몰군경에 대한 묵념, 그리고 황국신민서사를 낭독하게 했다. 양 목사는 이를 단호히 거부하며 사람들의 눈을 의식하지 않고 공공연하게 이에 불응하였다. 이로 인해서 개인적인 구타를 당하고 독방에 처해지는 것은 참을 수 있었다. 양 목사와 함께 수감생활을 하는 같은 방 동료들까지 단체로 벌을 받아야 하는 것이 문제였다. 형무소 당국이 동방요배나 묵념이나 황국서사시 낭독을 하지 않거나 소홀히 하는 감방은 단체로 연대책임을 지고 벌을 받도록 규정하고 있었기 때문이다.

  양 목사가 감방 동료들에게 피해를 주지 않기 위해서 선택한 방법이 단식투쟁이었다. 간수에게 말한 단식 이유는 자신이 신사참배 반대와 동방요배 반대로 치안유지법을 위반하였다고 해서 재판을 받고 1년 6개월의 실형을 받아 복역 중인 사람임을 주지시켰다. 그런 자신을 감옥에 와서 다시 그것을 죄로 여겨 폭행을 가하고 특별감방 형벌로 다스리는 것은 일사일벌의 법칙에 어긋난 불법이며, 동일한 범죄로 이중처벌을 받게 하는 것은 불법임을 항의

하기 위하여 단식을 한다고 선언했다.[329)]

그러나 그런 양 목사의 주장이 받아들여질 리가 없었다. 일제는 이미 치안유지법을 개정하여 그 법을 어기는 자에게 더 큰 형벌을 내리게 했다. 양 목사와 그 일행은 치안유지법이 개정되기 이전의 법을 적용하여 낮은 형량을 선고했으나 지금부터의 범죄는 새로 개정된 치안유지법에 의하여 높은 형량으로 처벌할 수 있었다. 개정된 치안유지법은 "국체를 변혁하는 것을 목적으로 결사를 조직한 자 또는 결사의 역원 기타 지도자의 임무에 종사한 자는 사형 또는 무기나 7년 이상의 징역에 처하고, 결사에 가입한 자 또는 결사의 목적수행을 위한 행위를 한 자는 3년 이상의 유기징역에 처한다"[330)]라고 되어 있으므로 이제 이 법을 어기면 사형에까지 처할 수 있게 하여 매우 중요하게 다루고 있었다.

동방요배나 묵념이나 황국서사시 낭독에 응하지 않는 것은 명백하게 이 치안유지법을 어긴 것이라고 볼 수 있다. 양 목사의 이런 행위는 현행범으로 다시 기소하여 사형에 처할 수 있는 위중한 범죄였다. 다행히 단식 8일째 되던 날 양 목사를 주시하고 그의 신분을 살펴본 형무소장이 특별한 배려로 양 목사의 주장을 받아들였고, 동방요배를 하지 않아도 처벌하지 않겠다는 약속을 하였다. 그로 인해 양 목사는 단식을 풀고 보식을 하며 치료를 받을 수 있었다. 그 후로 양 목사는 동방요배에 동참하지 않아도 구타나 다른 처벌을 받지 않았다.[331)] 그러나 소장의 입장을 생각해서 남들

---

329) 같은 책, 795.
330) 치안유지법(조선총독부법률 제54호, 1941년 3월 8일 전부개정, 1941년 5월 13일 시행) 제1장 1조.
331) 진병도, 798.

이 보지 않는 뒷자리에 서서 표가 나지 않도록 행동했다.

감옥생활에서 문제가 된 또 하나는 그가 만나는 사람들에게 전도를 한다는 것이었다. 그와 한 방에 있는 죄수들에게는 물론 소장을 비롯한 모든 근무자들에게 항상 복음을 전했다. 종교의 자유가 법으로 보장된 나라에서 포교활동을 하는 것은 문제가 되지 않지만 그의 전도에 제일 먼저 등장하는 우상숭배 금지에 관한 것이 문제였다. 하나님 외에 모든 신은 우상이며 거기 절하는 것은 가장 큰 죄악이라고 가르쳤다. 일본의 왕을 천황이라고 하여 현인신이라고 숭배하는 것은 죄라고 가르치며 신사참배나 동방요배를 해서는 안 된다고 가르쳤기 때문이다.

감옥에 수감 중인 죄수들이나 그들을 감독하는 간수들도 이미 양용근 목사에 대해서 소상히 알고 있었기 때문에 그가 하는 말에 다들 귀를 기울였다. 같은 방에 수감되어 있던 다섯 명의 수감자들은 다 양 목사의 전도에 감화되어 예수님을 믿게 되었고, 감방 안에서 학습을 받고 세례를 받았다. 나라도 빼앗기고 더러는 약소국 민족이라는 이유로 억울한 옥살이를 하던 그들에게 양 목사의 설교는 소망을 주었다. 일본이 곧 망한다는 말은 그들에게 더없이 기쁜 소식이었다. 당시의 많은 목회자들이 일본은 곧 망할 것이고 새로운 세상이 올 것이라고 선언했지만 사실 그로부터 채 2년도 안 되어서 일본이 망할 줄은 꿈에도 몰랐을 것이다.

재판을 받는 과정에서도 많은 유혹이 있었지만 수감생활 중에도 유혹이 있었다. 법대를 나온 양 목사의 인품이 아까워서일 수도 있고 해소천식으로 고생을 하는 것이 너무나 불쌍해 보여서일 수도 있었을 것이다. 동방요배 거부로 수시로 말썽을 부려서 다른 수감자에게 악영향을 주기 때문일 수도 있었을 것이다. 소장은 양 목사에게 신사참배를 약속하면 가석방으로 풀어줄 것이며, 그것으로 다시 수감되는 일 없이 완전히 석방되게 해주겠다고 회유를 했다.[332] 그러나 그런 회유에 넘어갈 사람이 아니었다. 그럴수록 자신이 처한 고통스런 상황을 더욱 감사하게 생각하며 유혹에 굴하지 않았다.

신사참배가 우상숭배가 아니고 국민의례이기에 신사참배를 하는 것이 죄가 아니며 백성으로서 당연히 해야 할 일이라고 노회가 결의하고 총회가 결의하여 시행하고 있었다. 대다수의 목회자들도 죄의식 없이 시행하고 있는 신사참배였다. 그런 신사참배를 지금 하라는 것도 아니었다. 그냥 말로서 한마디만 앞으로 하겠다고 하면 그 지긋지긋한 감옥에서 나와서 아픈 몸도 치료하고 얼마든지 더 많은 일을 할 수 있었는데 왜 그 일에 그렇게 고집을 부렸을까. 왜 그런 기회를 일부러 거부했을까. 그렇게 철저하게 계명을 지켜야만 하는 것일까. 많은 생각을 하게 하는 대목이다.

---

332) 같은 책, 844.

3.
양용근 목사의 순교

　양용근 목사는 평소 스데반을 좋아한다고 했고 스데반처럼 살고 싶다고 했다. 한 편의 설교를 남기고 순교했던 그의 삶을 따르고자 했던 것이다. 스데반은 베드로처럼 한 번 설교에 3천 명이나 회개케 했던 그런 명설교를 한 것도 아니었다. 바울처럼 전 세계를 다니면서 복음을 전하고 많은 교회들을 개척하여 많은 업적을 남긴 것도 아니었다. 그러나 그는 예수 그리스도의 복음을 알지 못하고 자기의 기득권을 챙기기에 급급했던 유대교 지도자들을 향하여 강하게 복음을 외치고 장렬하게 순교했다.

　양용근 목사의 삶도 스데반과 같았다. 많은 설교를 남긴 것도 아니고 많은 업적을 남긴 것도 아니다. 짧은 목회활동을 통해서 내놓을 만한 것은 별로 없다. 그러나 그는 하나님을 사랑하는 그 사랑의 열정과 하나님만이 참 신이시라는 믿음과 다른 신을 섬기는 것은 우상숭배라는 말씀 앞에 절대 순종해야 한다는 믿음으로 순교의 길을 마다하지 않았다.

양용근 목사가 순교를 하게 된 직접적인 원인은 수감생활 중에도 동방요배나 황국신민서사 제창을 거부했기 때문이다. 신사참배에 대해서는 그것이 죄라고 인식하여 많은 사람들이 적극적으로 반대했으나 신사참배 외에 동방요배나 황국신민서사 제창 등은 언급하지 않는다. 앞서 살펴본 《일제강점기 종교정책사 자료집》의 1938년의 통계에 의하면, 총회에서 신사참배 가결을 하기 이전에 이미 신사참배에 참여한 교회가 55%인 반면에 동방요배에 참여한 교회는 96%라고 했다.[333]

신사참배는 아직 반대하는 교회들이 많이 있었지만 동방요배는 거의가 이미 참가했다. 신사참배 반대자들의 증언이나 기록에도 동방요배 반대에 대한 기록은 없다. 손양원 목사는 초등학교(칠원공립보통학교) 시절 궁성요배 거부로 퇴학을 당했지만 맥래 선교사가 학교 당국에 항의하여 복학하였다고 한다.[334]

최훈 목사는 신사참배는 반대하나 동방요배는 가하다고 한 사람들이 있었다고 했다. 그들은 "동방요배는 산 임금에게 절하는 것으로 평민이 황제를 대할 수 없으니 다만 거리 관계이지 가까이서 하나 먼 곳에서 하나 산 임금에게 절하는 것은 무방하다고 하였다."[335] 그는 신사참배 거부와 함께 동방요배도 거부한 사람들에 대해서 "김린희 전도사, 박신근 집사, 최덕지 전도사, 이광록 집사 등은 신사참배는 물론 동방요배, 묵도, 국기배례, 국민서사시까지 극구 반대하고 옥중에서 겪은 고문과 옥고도 극심했던 것이

---

333) 김승태 편역, 《일제강점기 종교정책사 자료집》, 279.
334) 이만열, "손양원 목사의 순교신앙과 한국교회", 《산돌 손양원의 목회와 신학》(서울: 산돌 손양원 기념사업회, 1914), 9.
335) 최훈, 《한국교회 박해사》(서울: 예수교문서선교회, 1979), 73-74.

다"[336]라고 했다. 감옥에 신사는 없었기 때문에 감옥에서 신사참배 거부로 인해서 다시 처벌을 받지는 않았다. 그러나 동방요배나 황국신민서사 제창 등의 국민의례는 매일같이 행하였다. 동방요배 반대자들은 감옥에서도 차별대우를 받아야 했다. 급식제한이나 독방 감금, 그리고 고문들이 행하여졌기 때문에 모진 고난을 당해야 했다.

동방요배가 죄라고 지적하는 사람도 많지 않다. 신사참배까지 국민의례라고 하는 사람들이 많기 때문에 왕에게 인사하는 동방요배는 국민이 국가의 왕에게 인사를 하는 것으로 그것까지 문제가 될 것은 없다는 생각에서이다. 그러나 박윤선 목사는 이것이 죄임을 지적하고 있다.

(二) 皇居遙배

日本은 그 郡王을 神視하는 國體니, 所謂 [天皇]을 가리켜 現人神, 現御神이라고 한 것이다. (官瀨睦夫著 東洋哲學의 根本思想 三八六頁) 이것은 疑心 없는 日本國體思想이다. 그러므로 皇居遙배는 神이라고 일컫는 者에게 절함이니, 聖經의 말씀을 違反하는 과실이다. 聖經은 하나님께만 드릴 만한 過渡한 尊崇 있는 拜禮를 被造物에게 支拂함을 禁하셨다(계 19:20, 행 14:11-16, 10:25-26). 행 12:21-24, 겔 8:16 參照. 사람들이 말하기를 皇居遙拜는 罪가 아니다. 그 理由는 一曰, 그것을 行한 사람이 하고 싶어서 한 것이 아니고 國家의 强要에 못 견디어 한 까닭이며, 二曰, 그것을 한 者가 그것을 君臣間의 人事로만 알고 한 까닭이라고 한다. 그러나 此는 聖經이 말하는 罪觀을 알지 못하고 하는 말이다. 罪라고 하는 것은 意志行爲에 屬하나니 遙배를 한 者가

---

336) 같은 책.

비록 强壓에 두려워서 行하였을지라도(마 26:67-75), 亦是 自意志 의 行動인 限에 있어서는 罪됨을 免치 못한다. 그뿐 아니라 그 遙배하는 사람이 그것을 君臣間의 人事로 알고 하였다고 해도 그것은 그 敬禮의 對象이 國策으로 因하야 神化된 事實(행 14:1-18)의 內幕을 모르고 同參함이니, 그의 遙배는 적어도 誤법的 과실이다(레위기 四～五章).[337]

궁성요배(동방요배)가 죄가 아니라고 하는 사람의 주장은 국가의 강요에 의한 것이고, 군신 간의 인사로 알고 했기 때문이라고 주장한다는 것이다. 그러나 비록 강압에 의하여 했을지라도 자의식으로 행하였기 때문에 죄이며, 경례의 대상이 국책으로 인하여 신화되었기 때문에 죄라는 것이다.

이어서 박윤선은 일제하에서 강요된 묵도(默禱)도 죄이며, 국기경례도 죄이며, 국민서사시도 죄라고 했다. 이런 것들을 죄가 아니라고 선전하는 것도 죄이고 남에게 알려주지 않은 것도 죄라고 했다.[338]

양용근 목사가 감옥에서 죽음을 맞이하게 된 직접적인 원인은 그가 전도한 사람들과 함께 동방요배를 죄로 알고 거부했기 때문이다.[339]

일제는 매월 8일을 대조봉대일[340]로 감옥 안에서도 특별행사를 실시했다. 1943년 11월 8일, 모든 수감자들을 광장에 모이게 하여

---

337) 박윤선, 《성경주석 요한계시록》(부산: 고려신학교 출판부, 1949), 242~243.
338) 같은 책, 243~244.
339) 진병도, 878.
340) 대조봉대일(大詔奉戴日): 1941년 12월 8일 태평양전쟁이 발발한 이래, 매월 8일을 대조봉대일로 정하고 특별의식을 거행했다.

동방요배 등 국민의례를 하고 소장의 훈시 등의 순서가 있었다. 양 목사는 이미 소장으로부터 이런 행사에서 동방요배를 하지 않아도 제재를 가하지 않도록 약속을 받았다. 그래서 양 목사와 같은 방 동료들은 전혀 상관하지 않고 그날따라 맨 중앙 앞줄에 서서 행사에 참석하고 있었다. 그런데 양 목사에게 선처를 베풀던 그 소장이 바뀌고 다른 소장이 부임을 해왔다. 소장이 바뀐 것을 보았으나 양 목사 일행은 지난번처럼 동방요배 구령이 났는데도 꿈쩍 않고 그 자리에 서 있었으며, 묵상의 구령이 났는데도 고개를 숙이지 않고 뻣뻣하게 서 있었다. 국가봉창이나 황국신민서사 때도 함께하지 않았다.

그동안 소장의 명령으로 양 목사 일행이 명령에 따르지 않아도 눈감아 주던 간수들이 기다렸다는 듯이 가지고 다니던 곤봉을 휘두르며 사정없이 그 여섯 사람을 내려치기 시작했다. 여섯 사람은 초주검이 되도록 맞았고, 여섯 명 모두가 실신을 한 상태로 많은 피를 흘리고 있었다. 그대로 방치해 둔다면 모두 목숨을 잃을 지경이었다. 양 목사는 연약한 몸이라 상처가 더 심했다. 의식은 불명상태였고, 입술에는 찰과상이 나 있었고 왼쪽 허벅지가 약 10센티미터 정도 찢어져 있었고 머리에는 피가 흘렀고 갈빗대가 석 대나 부러진 상태였다.[341] 그대로 두면 바로 숨을 거둘 지경이었다. 그러나 소장은 치료를 하지 말라는 명령을 내렸고, 각각 30일간 독방에 넣으라고 명령하였다.

소장의 명령에도 불구하고 의료진의 도움으로 우선 치료를 받

---

341) 진병도, 880.

앞으나 양용근 목사는 그 추운 11월의 날씨와 열악한 독방의 고통에서 상처로 난 육신의 아픔을 더 이상 견디지 못하고 독방에 들어온 지 근 한 달 만에 목숨을 거두고 말았다. 간수가 아침밥을 가져와서 독방 안으로 디밀었지만 아무런 기척이 없어서 문을 열고 보니 이미 숨을 거둔 후였다.

1943년 12월 5일 새벽이었다. 3일 후면 독방신세가 면해지고 3개월 후면 자유의 몸이 되는데, 20개월만 지나면 그토록 바라던 일본이 망하고 나라가 해방이 되는데 그 사이를 견디지 못하고 하나님 나라로 떠났다. 그가 순교하기 전날 밤 마지막으로 부른 찬송이 "예수 나를 오라 하네"라는 찬송이었고, 이 찬송은 7년 후 그의 기도의 동지이자 친구였던 손양원 목사가 부르며 순교한 찬송이 되었다.[342]

구례읍교회에서 청년 시절을 보내고 후에 목회자가 된 정규오 목사는 그의 회고록 《나의 나 된 것은》에서 양용근 목사의 순교를 기록하고 있다.

> 구례에 부임했을 때 구례읍교회의 목사는 양용근 목사였다. 광양 출신인 양 목사는 일본에서 대학을 졸업하고 평양신학을 졸업하신 신앙과 덕망과 지식을 겸전(兼全)하신 수준 높은 목사였다……예상한 바가 아닌 것은 아니지만 교회에 탄압의 폭풍이 불어왔다. 1940년 9월 20일, 순천노회 안에 시무하는 목사는 예외 없이 모두 구속 체포된 것이다. 이유는 미국 선교사들과 내통하는 스파이들이라는 것이었다. 순천경찰서를 거쳐서 광주검찰청에 송치된 목사들과 일부 장로들은 1941년 11월 거의 모두 4

---

342) 같은 책, 906.

년 내외의 징역살이를 해야 했다. 평소에 심한 천식 해소증으로 고생하던 양 목사는 옥고를 견딜 수 없어 1943년 12월 5일 마침내 광주형무소에서 순교하셨다. 순교 비보가 전해졌으나 일꾼이 부족했던 교회는 구례의원을 경영했던 김완식 공의, 김완수 선생, 정흥모 군 등과 친척들이 합심하여 시신을 운구하여 안장했다.[343]

의료진에 의해 비공식적으로 양 목사의 순교 소식을 전해들은 사모와 구례읍교회 성도들이 광주형무소로 달려왔으나 형무소 측은 이 사실을 부인하고 시신을 내주지 않았다. 나중에 안 사실이지만 양 목사는 시마자끼 외과 과장이 확인한 대로 12월 5일 오전 1시 반경에 숨을 거두었으나 머리를 위시해서 얼굴, 다리, 허벅지, 그리고 갈비뼈가 석 대나 부러진 상태로 되어 있는 시신을 가족에게 공개할 수가 없어서 의도적으로 지연시키고 있었던 것이다."[344] 시신의 상태가 구타의 흔적이 그대로 남아 있었기 때문에 시신을 화장하든지 형무소 당국이 스스로 처리하려고 했다. 그러나 유족들의 강력한 항의로 3일이 지난 후에 시신을 인수 받게 되었다. 구타로 인해 상처로 멍이 든 그의 몸은 차마 볼 수가 없을 정도였다. 그의 나이는 이제 38세였다.

---

343) 정규오, 《나의 나 된 것은》(광주: 광신대학교출판부, 2014), 47~49.
344) 진병도, 907~908.

❋ ❋

　양용근 목사는 순천노회 교역자 수난사건에 함께 구속되어 재판을 받고 수감생활을 하던 중 옥중에서 순교하였다. 순천노회 교역자 수난사건은 순천노회에 속한 교역자 전원인 15명의 목사와 전도사(장로)들이 함께 구속이 되어서 재판을 받고 전원 실형을 선고 받고 전원이 선고 받은 형량대로 감옥살이를 한 사건이다. 혹자는 이 사건을 신사참배와 관련이 없는 사건으로 보기도 한다. 그러나 당시 일제의 교회에 대한 신사참배 거부자 체포정책이나 재판의 판결문에 나타나 있는 내용 등을 통해서 신사참배와 연관된 사건임을 살펴보았다. 특별히 양용근 목사의 경우에는 신사참배는 물론 감옥에서 동방요배까지 거절함으로 그로 인한 체벌로 순교했음을 살펴보았다.

　양용근 목사의 구속과 재판과 수감생활, 그리고 순교의 상황들을 통해 일제의 끈질긴 협박과 회유에도 굴하지 않고 끝까지 신앙을 지킨 그의 신앙의 절개를 살펴보았다. 양용근 목사는 많은 사람들이 교회를 지킨다는 명분 아래 신앙을 버렸을 때 신앙의 중요함을 알고 순교를 하면서까지 위대한 믿음을 끝까지 지켰다.

VIII.
양용근 목사의
신사참배 반대와 그 영향

1. 양용근 목사 신사참배 반대

　양용근 목사는 평양 지방이나 경남 지방의 신사참배 반대자들처럼 조직적으로 신사참배 반대운동을 하지는 않았다. 그러나 그의 목회를 통해서, 설교를 통해서 그가 신사참배 반대뿐만 아니라 동방요배까지 반대한 사람이라는 것을 알 수 있다. 양용근 목사의 생애를 세상에 널리 알리려고 하지 않았던 유족들이나 역사학자들의 무관심 때문에 그의 삶은 많은 사람들에게 잘 알려지지 않았다.
　그의 학식과 인품을 볼 때 얼마든지 세상과 타협하면 많은 혜택을 누리며 살기에 충분한 사람이었다. 그럼에도 불구하고 끝까지 일제의 회유와 협박에 굴하지 않고 순교의 길을 택한 것은 그가 하나님께 받은 은혜와 하나님 한 분만 섬겨야 한다는 확고한 신앙 때문이었다. 그랬기에 신앙을 방해하는 신사참배와 동방요배 강요에 반대했다.

1) 목회를 통해 본 신사참배 반대

양용근 목사의 목회활동은 1936년 1월 광양읍교회 조사로 시무한 것을 시작으로 해서 1943년 12월 순교할 때까지를 다 합쳐도 8년 정도이다. 이 중에서 신학교를 다니면서 조사 생활을 한 3년을 빼면 1939년 4월부터 길두교회와 구례읍교회에서 담임목사로 시무한 것은 5년여이다.

1940년 11월부터 시작된 체포, 구금, 일시석방, 재판, 수감 생활을 빼면 담임목사로서의 시무 기간은 2년도 채 안 되는 기간이었다. 그것도 일제가 패망을 앞두고 최후의 발악을 하면서 교회를 탄압할 때였고, 교회는 이미 일제의 강압에 이기지 못하고 신사참배를 가결하고 타협의 길을 가고 있을 때였다. 이런 시기에 그가 자유롭게 할 수 있는 일은 별로 없었다.

그는 교회를 개척하거나 교회를 부흥시키거나 남들이 알아줄 만한 위대한 업적을 남기지는 못하였다. 다만 우상숭배를 타파하고 오직 하나님만을 섬기는 성도로 만들기 위해서 설교하고 가르치는 일만 할 뿐이었다. 그가 담임하는 교회에 신사참배나 가미다나(神棚, 일본 천조대신의 위패)가 침투하는 것을 온몸으로 막았다. 그의 목회에 핵심이 되는 일은 우상숭배의 죄로부터 벗어나게 하는 일이었다.

일제가 강요하는 신사참배나 동방요배 등도 당연히 거부해야 하겠지만 강제로 하지 않아도 되는 토속신앙인 미신숭배에 빠지지 않게 하는 일이 우선임을 알았을 것이다. 우리나라가 가지고 있던 온갖 우상들을 우선 섬기지 못하게 하는 일이 더 나아가서 일본 신을 섬기라는 일제의 강요에 맞설 수 있는 길이라고 믿었기 때문일 것이다.

2) 설교를 통해 본 신사참배 반대

양용근 목사의 설교는 한 편도 남아 있지 않다. 양용근 목사 사모의 머릿속에 기억되는 설교와 살아 있는 지인들의 머릿속에 남아 있는 흔적들을 되살려 기록한 몇 편의 설교가 진병도가 기록한 양용근 목사 평전 《섬진강》에 기록되어 있을 뿐이다. 그리고 일제가 형을 선고하기 위해서 빌미로 내세운 길두교회에서의 설교와 송산교회에서 열린 고흥 지방 연합사경회에서 했다는 설교 내용이 전부이다.

판결문에 기록된 설교는 만왕의 왕이신 그리스도의 재림이 가까이 왔다는 것과 재림 후 있을 칠년 환난과 천년왕국에 대한 설교였다. 천년왕국에 참여하기 위해서는 바른 신앙을 가져야 한다는 것이다. 판결문에 기록된 설교 내용은 일제가 형을 선고하기 위해서 부분적으로 발췌한 것이고, 그 내용이 열다섯 사람 모두가 대동소이한 것으로 보아서 적당히 짜 맞추기 한 것으로 보인다. 판결문을 본 양 목사는 자신은 평양신학교에서 무천년설을 배웠기 때문에 전천년설이 중심이 된 칠년 대환란이나 천년왕국에 대해서 설교하지 않았다고 했다.

여기에서 일제가 중요하게 여기는 것은 그리스도께서 만왕의 왕으로 재림을 하시고 그때는 일본도 망할 것이고 일본 천왕도 그 아래서 심판을 받아야 한다는 대목일 것이다. 그 내용이 그들에게는 치안유지법의 주요 죄목인 "국체를 변혁하는 것을 목적으로" 선동하는 것이며, "신궁 또는 황실의 존엄을 모독할 수 있는 상황을 유포하는" 큰 죄목이 되기 때문이다. 양용근 목사를 비롯한 15인의 설교가 죄가 되는 것은 그리스도의 재림 설교가 국체변혁과 황실의 존엄을 모독하는 죄에 해당되기 때문이다.

그 외의 설교는 본문이나 제목만 몇 편 알려져 있지만 그것으로 내용을 깊이 알 수는 없다. 다만 그의 설교에 대해서 진병도는 이렇게 평가하고 있다.

> 양용근 목사는 길두교회에 부임한 후 성경을 위주로 하는 설교만 하였다. 그는 남달리 법과대학을 나온 이른바 인텔리 목사였지만 예화조차도 성경 안에서만 찾아서 할 정도로 성경 내용만으로 설교를 하였다. 그리고 양 목사가 주장한 설교의 대주제는 말씀대로 살라는 것과 우상숭배를 하지 말라는 것과 순교할 각오로 살아가라는 것이었다. 첫째 요지인 말씀대로 살게 하기 위하여 그는 말씀을 잘 분석해서 가르쳤다. 그는 주일학교 아이들에게도 알기 쉽게 자세히 성경을 가르치기로 유명하였다. 둘째 요지인 우상숭배를 금지하는 것, 셋째 요지인 순교할 각오로 우상숭배하는 것에 대해 철저한 저항을 하였다.[345]

말씀대로 살 것, 우상숭배를 금할 것, 순교할 각오로 살 것 이 세 가지가 양용근 목사의 설교의 핵심이었다는 것이다. 여기서 말씀대로 사는 것, 우상숭배를 금하는 것은 철저하게 신사참배와 그에 따르는 모든 우상숭배에 따르지 말 것을 호소하고 있다.

---

345) 같은 책, 379.

3) 광주지방법원 판결문에 나타난 신사참배 반대

양용근 목사의 판결문에는 '주문'에서 순천노회 사건으로 구속된 사람들의 형량을 선고하고 '이유'에서 형을 선고한 이유를 설명하면서 앞부분은 전체의 죄를 지적하는 부분과 각 사람의 죄를 지적하는 각론 부분이 있다. 각론 부분에서 양용근 목사에 대해서는 설교 시에 그리스도의 재림과 재림으로 이루어지는 천년왕국에 대하여 설교한 것을 죄로 지적하고 있다.

앞에서 '설교를 통해 본 신사참배 반대'에서 살펴본 대로 예수 그리스도의 재림과 천년왕국의 설교가 국체변혁과 황실의 존엄을 모독하는 죄에 해당되기 때문이라고 했다. 이는 바로 신사참배 반대와 연결된다는 것을 살펴보았다. 그리고 전체의 죄상을 설명하는 부분에서는 "「여호와」하나님 이외의 신은 모두가 우상인 바 우상숭배는 십계명의 하나로서 성경의 교리요, 또한 그것 때문에 신사에 참배하지 말 것이라 하는 불경신관을 견지하여"[346]라고 하였다. 이들이 모두 신사에 참배하지 말라는 불경신관을 가진 자라고 함으로써 이들이 신사참배를 하지 말라고 하는 사상을 가진 자들임을 지적하고 있다.

4) 유훈을 통해 본 신사참배 반대정신

양용근 목사는 가족이나 교회 앞에 특별한 유훈을 남기지 않

---

346) 박용희 등 15인 광주지방법원 판결문.

고 순교했다. 순교를 각오하고 살았지만 감옥 안에서 유서를 쓰거나 특별한 저서를 남기지 않았다. 가족들과의 서신 왕래는 있었을 것이지만 남아 있지 않다. 그의 목회와 삶을 통해서 그가 신사참배 반대를 통해서 남기고자 한 교훈을 찾는다.

첫째, '오직 성경'의 정신이다. 그의 판결문의 판결 '이유'에서 "그 지도 이념을 살피건대 성서를 유일 절대 지상의 교리로서 신봉하고 성서에 기록되어 실려 있는 사실은 모두 하나님의 말씀으로서 또한 하나님이 미리 아시고 예정하심은 장래에 반드시 실현될 것이라고 맹신하고"[347]라고 한 것처럼 성경에 기록되어 있는 말씀은 모두 하나님의 말씀으로 믿었고, 성경에 기록된 모든 예언들은 그대로 이루어질 것을 믿는 신앙이었다.

이 신앙은 앞서 살펴본 대로 미국 장로교 선교사들이 가졌던 신앙이며, 조선예수교장로회신학교(평양신학교) 교수들이 가졌던 신앙이다. 장로교 독노회가 출범할 때 채택한 '대한 장로교 신경'에서도 "1. 신구약성서는 하나님의 말씀이시니 믿고 행함을 본분의 확실한 법례인데 다만 이밖에 없느니라"[348]고 했다. 이것이 양 목사를 비롯한 신사참배 반대자들이 가진 신앙이다.

신사참배 반대운동이 있기 전에 이미 성경이 하나님의 말씀임을 부인하는 목사들이 있었다. 신사참배 반대자들이 수감되고 혹은 신앙을 지키기 위해 피신하는 동안 성경을 하나님의 말씀으로 믿지 않는 자유주의자들이 한국교회를 점령하기 시작했고, 현대의 교회 내에도 이런 목회자들이 많이 있다. 많은 목회자들이 하

---

347) 박용희 등 15인 광주지방법원 판결문.
348) 박시영 편집,《조선예수교장로회 독노회록》, 9.

나님의 말씀인 성경을 뒤로하고 도덕적이고 철학적인 이야기들을 강단에서 서슴없이 선포하고 있다. 성경이 하나님의 말씀임을 확실히 믿는 개혁주의자들이 다시 한 번 신사참배 반대의 정신으로 돌아가서 오직 성경의 진리를 선포해야 한다는 교훈을 주었다.

둘째, '우상숭배 반대'의 정신이다. 역시 판결문의 '이유'에서 "여호와 하나님 이외의 신은 모두가 우상인 바 우상숭배 금지는 십계명의 하나로서 성경의 교리요, 또한 그것 때문에 신사에 참배하지 말 것이라 하는 불경신관을 견지하여……"[349]라고 한 것처럼 신사참배의 반대는 십계명에서 엄금하고 있는 하나님 외에 다른 신에게 절하지 말라는 우상숭배 반대정신에서 나온 것이라고 할 수 있다.

그의 목회에서 살펴본 대로 그는 신사참배 반대에 앞서 한국의 토속신앙에서 오는 온갖 미신들을 타파해야 한다고 가르쳤다. 금줄을 철거하고 당산제를 드리지 못하게 하고, 스스로 금할 수 있는 우상숭배를 먼저 타파하는 것이 일본의 신에게 절하지 않는 길이라고 생각했다. 현대는 과거와 같은 미신이 많이 없어졌다. 그러나 다른 우상들이 많이 생겨났다. 다른 종교들이 많이 들어왔고, 그런 타 종교에도 구원이 있다고 말하는 목사들이 많아졌고, 자신을 교주라고 하는 이단들도 교회라는 이름으로 많이 출현했다. 하나님보다 돈이나 가족이나 세상의 명예를 더 좋아하는 것도 우상이다. 이런 우상숭배에 빠지지 않고 오직 하나님께만 영광을 돌리는 정신으로 무장해야 한다는 교훈을 주었다.

---

349) 박용희 등 15인 광주지방법원 판결문.

셋째, '기복신앙 반대'의 정신이다. 총회가 신사참배를 가결했을 때 양 목사는 함께 신학을 공부한 신앙의 동지들과 함께 신사참배 반대의 각오를 결의했다. 그 결의문 3항을 보면 "기복신앙을 타파한다. 찰나적 이생의 부귀영화를 추구하지 않고 영원하고 참된 진리(말씀)를 추구하는 성도가 되도록 가르친다."[350]고 되어 있다. 양 목사가 이 세상의 부귀영화를 추구했더라면 그가 가진 학식으로 훨씬 더 부귀영화를 누리며 살 수 있었을 것이다. 일본대 법대의 졸업장은 당시로서는 그가 출세하면서 살 수 있는 조건이 되었을 것이다.

그러나 그는 고난의 길을 자처하며 하나님 나라를 위해서, 민족을 위해서 사는 고통의 길을 택했다. 진리의 말씀을 따라가는 삶이 이 세상의 부귀영화보다 더 중요한 일임을 알았기 때문이다. 현대의 많은 교인들이 진리의 길을 따르지 않고 기복신앙에 매달려서 이 세상의 부귀영화를 바라보고 교회에 다니고 있다. 이런 시대에 다시 한 번 순교의 정신을 일깨워서 하늘에 속한 신령한 복을 위하여 살아야 한다는 교훈을 주었다.

넷째, '불의와 타협하지 않는' 정신이다. 많은 교회들이 일제와 타협하고 협조하여 교회를 지키고 사업을 확장할 때 신사참배 반대자들은 일제와 타협하지 않고 어떠한 불이익을 당한다고 하더라도 신앙을 지키기 위해서 힘썼다. 양 목사도 불의와 타협하지 않고 끝까지 바른길을 가고자 했다. 그가 재판을 받을 때, 또 형무소에서 수감생활을 할 때 조금만 타협을 했더라면 그런 고생도 하지

---

350) 진병도, 342.

않고 쉽게 살 수 있는 유혹들이 많았지만, 그러면 육신은 편안하고 육신의 생명은 연장이 되겠지만 영원한 생명이 죽는다는 것을 알고 불의와 타협하지 않았다.

작금의 교회는 세상과 많은 타협을 하고 있다. 세상 사람들이 좋아하는 설교를 하고, 세상 사람들이 좋아하는 프로그램을 만들고 적당히 타협을 하면서 교회의 성장을 추구하고 있다. 그런 현대 교회를 향하여 불의와 타협하지 말고 오직 진리의 길을 가야한다는 교훈을 주었다.

다섯째, '재림 고대'의 신앙이다. 신사참배 반대자들의 죄목에 공통적으로 들어가는 대목이 그리스도의 재림과 심판에 대한 설교를 했다는 죄목이다. 양용근도 그의 판결문에 의하면 가장 큰 죄로 지목하는 대목이 이 재림신앙에 관한 것이었다.

(2) 소화 15년(1940) 음력 정월경 전라남도 고흥군 포두면 송산리 교회에서 개최된 고흥 연합사경회 석상에서 피고인 임원석 등 다수의 교도들에게 대하여 그리스도의 재림과 그밖의 것에 대하여 설교를 할 때 「그리스도의 재림은 수많은 징조에 의하여 가까워졌는데 그리스도는 사람의 아들로서 성신으로서 신랑으로서 만왕의 왕으로서 심판의 왕으로서 재림하실 것이라」는 뜻을 말하여 재림에 의하여 천지창조부터 공중재림에 이르기까지의 경과를 설명하고 「공중재림에서는 혼인자리 상급을 주는 심판 등이 행하여지는데 그동안에 지상에서는 불신자만 남아 7년간의 대환란과 12종의 재앙이 있고 7년 후에 그리스도는 지상에 24장로 이스라엘 12파 12사도 등 다수의 성도와 함께 재림하여 천년왕국을 건설하고 신자는 에덴을 회복하는데 이 왕국에서는 의식주의 부지유도 없고 또 신자는 공중지상을 자유자재

로 교통할 수 있다」는 등 취지의 설교를 하며 「신자는 신앙을 돈
독히 하여 그리스도의 재림에 의하여 반드시 건설될 천년왕국
의 실현을 대망해야 한다」고 종용하고 이로써 어느 것이나 그
목적하는 사항의 실현에 관하여 선동을 하고.[351]

양용근 목사는 평양신학교 이눌서 교수에게서 무천년설을 배
웠다고 말하였고 자신의 판결문을 보고 이를 지적한 바가 있었다.
그러나 전천년설이건 무천년설이건 어려운 시대를 사는 기독교인
들에게 그리스도의 재림신앙으로 설교를 한 것은 당연한 일이었
을 것이다. 그리스도의 재림신앙만이 신사참배를 거부하고 살아
갈 수 있는 믿음을 주는 것이기 때문이다. 신앙의 동지들과 신사
참배를 반대하는 다짐을 할 때 "예수님이 재림하실 때가 가까웠지
만 성급한 위기의식을 고조해서 사도(邪道)로 이끄는 사교에 현혹
되지 않도록 가르친다"[352]고 했지만 당시로서는 그리스도의 재림
을 대망하게 하는 것이 유일한 소망이었다.

현대의 교회는 시급한 종말론이나 시한부 종말론이 휩쓸고 간
이후 그리스도의 재림을 기다리면서 사는 신앙이 희미해졌다. 그
러나 교회는 그리스도의 재림을 기다리며 소망하며 사는 사람들
이 모이는 곳이다. 그리스도의 재림의 신앙이 없는 믿음은 믿음이
라고 할 수 없다. 이런 시대에 그리스도의 재림을 소망하며 살라
는 교훈을 주었다.

양용근 목사가 신사참배 반대와 순교를 통해서 우리에게 준 교
훈은 결국 교회를 지키느냐, 신앙을 지키느냐에 있어서 신앙을 지

---

351) 김승태 편역, 《신사참배문제 자료집 Ⅲ, 재판 기록편》, 491.
352) 진병도, 342.

켜야 한다는 교훈이다. 신사참배자들이 주장하는 것은 자신들도 어려운 시기에 교회를 지켰다는 것이다. 비굴하게 일제와 협력을 해서라도 교회의 문을 닫지 않고 오히려 교회를 부흥시키는 일에 일조했다고 주장한다.

 그러나 성경이 하나님의 말씀임을 거부하고 우상을 숭배하고 기복신앙을 조장하고 사탄의 세력과 협조하며 영원한 천국이 아닌 이 세상의 부귀영화를 위해서 존재하는 교회는 교회가 아니다. 그들은 교회를 지킨 것이 아니라 하나님과 관계없는 종교단체를 지켰을 뿐이다. 현대의 많은 교회들이 진리의 말씀을 거부하고 하나님보다 이 세상을 더 사랑하며 다른 복음을 전하는 종교단체로 전락하고 있다. 이런 시기에 양용근 목사의 순교는 변질된 교회를 지킬 것이 아니라 참된 신앙을 지켜야 한다는 교훈을 준다.

2.
양용근 목사의 순교와 그 영향

1) 한국교회 신앙의 역사

  양용근 목사의 순교는 한국교회에 많은 영향을 주지 못했다. 짧은 목회활동과 그나마 일제의 감시와 협박 속에서 살았기 때문에 자랑스러울 만한 업적을 남기지 못했다. 그나마 그에 대한 기록들이 소실되고 역사의 무관심 속에 묻혀 있었기 때문이다. 그러나 그가 가지고 있던 신앙은 위대한 믿음 앞에서 진실한 고백을 해야 하는 성도의 모범이 되는 모습이다. 많은 사람들이 세상과 타협하며 외형적인 교회의 부흥을 성공의 빌미로 잡고 있을 때 그것이 바른길이 아니라는 것을 보여주는 참된 목회자의 모습일 것이다.

  그에게는 동시대의 다른 순교자들처럼 화려한 기념관이나 기념사업도 없다. 그를 알리는 책이나 논문도 많이 나와 있지 않다. 그러나 그에게는 다른 순교자 못지않은 하나님께 대한 바른 믿음이 있다. 참된 진리를 위해 목숨까지 바치는 진실된 믿음이 있다. 이 참된 믿음이 앞으로 교회 앞에 바른 모범을 보여주게 될 것이다.

2) 양용근 목사의 후손들

양용근 목사가 순교할 때 그에게는 2남 2녀가 있었다. 양영욱, 양영철, 양영숙, 양영자 이 네 자녀가 있었다. 그들은 아직 어린 나이였다. 장남 영욱이 12세, 장녀 영숙은 5세였다. 이들은 아버지 없는 세상에서 어렵게 살아야 했으나 힘든 삶 가운데서도 신앙으로 성장하였다. 네 남매는 모두 어려움을 극복하고 교수로, 재독 사업가로, 약사로, 선교사 사모로 보람된 삶을 살고 있다.

특별히 장녀 영숙은 아버지의 유언을 따라 93세까지 장수하신 어머니를 모시고 살았으며, 약사가 되어서 약국을 경영하였고 남편과 함께 충현교회 장로와 권사로 헌신했다. 특별히 어려운 교회를 돕는 일에 앞장섰고 많은 어려운 신학생들에게 장학금을 주었다. 비록 한국교회가 그들이 어려움을 당할 때 많은 도움을 주지 못했지만 그들은 오히려 교회를 향해 손을 내밀고 어려운 사람들을 도와줌으로 그리스도의 사랑을 실천하였다.

양 목사에게는 세 명의 형님이 있었다. 형님들의 자녀들은 본인 자녀들보다 장성하여 옥중에 있을 때 서신을 왕래하기도 하였기에 그들은 작은아버지인 양 목사의 신앙을 본받으며 자랐다. 당시 양 목사의 영향을 받은 조카들은 대부분 재건교회를 따랐다.

재건교회는 고려파에 비해서 그 규모가 작았기 때문에 교회사가들이 별로 취급을 하지 않지만 고려파가 분리해 나가기 이전에 따로 분리해 나간 교단이다. 1948년 2월 18일 50여 교회가 경남 동래군 기장면 대변리에서 임시 중앙위원회를 소집하고 중앙위원회 규약을 통과시켰다.[353] 이것이 '예수교 재건교회 중앙위원회'[354]이다.

재건교회의 중심인물은 최덕지였다. 출옥 성도들 가운데 "김린희 전도사, 박신근 집사, 최덕지 전도사는 신사참배는 물론 동방요배, 묵도, 국기배례, 국민서사시까지 극구 반대하고"[355] 극심한 고통을 당한 사람들이다. 이들 중 김린희 전도사는 3·8 이북에서, 최덕지 전도사는 3·8 이남에서 재건교회를 창설하였다.[356] 재건교회에 참가한 사람들은 옥중에서의 신앙노선도 달랐지만 출옥 후 교회 재건운동 방향도 달랐다. 그 특성은 다음과 같다.

㉠ 신사참배한 기성교회는 하나님께서 내어버린 사단의 회(會)라고 단정하고 거기에서는 구원받을 수 없으니 끊어 버리고 재건교회로 돌아와서 회개하고 바로 믿어야 구원을 받는다고 역설하였다(계 2:9, 3:9).

㉡ 신사참배로 더러워진 성전은 미련 없이 내어버리고 새 성전을 건축해서 예배를 드려야 한다고 했다. 이는 일본의 천조대신을 위하여 귀신을 섬기던 마귀당이 되었으니 그 성전에서 예배드리는 것을 하나님이 아니 받으시고 그 성전은 헐어 버리라고 하였다고 하면서 내어버려야 한다는 것이다(왕상 9:6-7).

---

353) 최훈,《한국교회 박해사》, 100.
354) 같은 책, 74.
355) 같은 책, 74.
356) 같은 책.

ⓒ 신사참배한 교역자나 교인들과는 인사도 교제도 할 수 없다고 하여 심지어는 부모, 형제, 친척, 친구 간에도 교제를 단절하였다. 이들과 인사하고 교제를 하는 경우에는 동참죄를 범한다고 해서 재건교회 자체 내에서 치리까지 단행하였던 것이다(고전 5:9~13; 요이 1:10~11).[357]

철저하게 교회를 다시 세워야 한다는 주장이다. 기성교회에서 나와야 하며, 우상숭배를 한 교회는 버리고 다시 건축하며, 신사참배를 한 사람과는 인사도 하지 말아야 한다는 것이다. 이런 재건교회 운동에 양용근 목사의 조카들이 참여하여 교회를 세우고 신앙생활을 했다.

큰형 양용이의 둘째 딸 양영금은 시집간 김해 집에서 재건교회를 시작했고, 장남 양영식은 광양군 옥곡면 대죽리에 재건대죽교회를 개척했다. 둘째 형 양용운의 장남 양영기는 양영금과 함께 재건운동을 시작했으며, 양용이가 세운 오사교회를 재건교회로 만들었다. 또 서울 성동구에 재건성동교회를 개척했으며, 중구에 재건동산교회를 개척하여 건축하여 장로로 헌신했다.

양용운의 셋째 딸 양영례는 1972년 자신이 다니던 재건오사교회 주일학생들에게 국기경례는 1, 2계명의 우상숭배 죄에 해당하므로 국기경례를 하지 말라고 가르쳤다. 이로 인해서 광주지방 경찰청 순천지청에 구속 기소되어 재판을 받고 8개월 징역형에 집행유예 1년 6개월 선고로 구속된 지 4개월 만에 출옥했다. 국기경례를 거부한 아이들 중에는 중·고등학교를 자퇴한 아이들도 있었고

---

357) 같은 책, 85.

초등학생들은 체벌을 받았다.[358] 그 후 양영례는 결혼하여 순천에 재건순천교회를 개척하여 남편과 함께 장로와 권사로 헌신하고 있다. 큰형 양용이의 넷째 딸 양송자는 경남 하동군 갈사리로 출가하여 갈사교회(고신 측)를 개척하여 권사로 봉사했다. 그 외에도 4형제의 자녀들과 그 친손이나 외손들도 재건교회에서 혹은 고신교회와 다른 교단 교회에서 목사, 장로, 권사, 집사로 순교자의 후손이라는 자부심을 가지고 순교정신을 받들어 교회를 섬기고 있다.

❈ ❈

양용근 목사의 신사참배 반대의 정신을 목회와 설교와 재판의 판결문과 유훈을 통해서 알아보고 그 영향을 살펴보았다. 그의 목회는 당시의 형편에 따라 우상숭배를 금지하고 오직 하나님만 섬길 것을 가르치는 것이었다. 그의 설교의 중심도 말씀대로 살 것과 우상숭배를 금하고 순교의 정신으로 살자는 것이었다.

양용근 목사가 신사참배 반대와 순교를 통해서 우리에게 준 교훈은 결국 교회를 지키느냐 신앙을 지키느냐에 있어서 신앙을 지켜야 한다는 것이다. 그의 신앙을 본받은 후손들은 가장 철저하게 신앙을 지키고자 했던 재건교회를 개척하여 섬기면서 철저하게 신앙을 지키려고 했고, 다른 교단의 교회에 출석하는 후손들도 그 정신을 이어가려고 노력하였다.

---

358) 양영기, 《오사교회 팔십년사》, 97~99

IX.
결론

❀ .. 지금까지 '일제 신사 참배 강요와 양용근 목사의 순교사에 관한 고찰'이라는 주제로 살펴보았다. 이를 위해 먼저 서론적으로 연구의 동기와 연구사, 그리고 연구의 목적과 방법을 밝혔다. 또한 순교와 신사참배에 대한 성경적·교회사적 고찰을 시도했다. 이런 토대가 없이 양용근을 연구하는 것은 무리가 따르기 때문에 선행 연구가 있었다.

이런 배경 속에서 본론으로 들어가 양용근의 출생과 일제하 한국교회의 역사적 배경을 서술했다. 후일 양용근을 순교의 제물로 부른 시대적 배경을 제시한 것이다. 다음으로 양용근의 일본 유학과 그의 생애에 있어서 중요한 전환점이 된 관동대지진 사건을 조명했다. 계속하여 양용근의 귀국 후 활동과 평양신학교 수업을 밝혀 주었다. 양용근의 목회와 일제의 기독교 탄압을 기술했다. 신사참배와 동방요배를 거부하고 투옥된 후 순교한 정황을 상술했다. 그리고 양용근의 신사참배 반대와 그 영향을 기술하였다. 이런 연구에 대해 종합적인 평가를 서너 가지로 내릴 수 있을 것이다.

첫째, 그동안 알려지지 않은 한 목회자의 목회여정과 순교에 대해 연구했다는 점이다.

양용근 목사는 이 땅에서 38년이라는 비교적 짧은 생으로 삶을 마감했다. 목사로 안수 받은 후 목회를 한 기간도 3년여에 불과하다. 조사와 전도사를 합해도 교역과 목회는 8년에 미치지 못한다. 짧은 기간의 목회 이면에는 그가 순교했기 때문임을 웅변하고 있다.

목회자로서의 양용근은 알려지지 않았다. 물론 순교자로서의 양용근에 대해서도 무명에 가깝다. 한국교회 역사를 연구한 사가

들이 많이 배출되었다. 이들을 통한 신사참배와 순교에 대한 연구물도 적지 않은 실정이다. 그럼에도 이 문제로 순교한 양용근에 대해서는 거의 알려지지 않은 것이 현실이다. 신사참배 문제로 순교한 대표적인 인사로 주기철을 말하면서도 양용근은 그저 이따금 이름만 끼워 넣는 정도에 불과하다. 그가 어떻게 순교를 했는지, 그리고 그때까지 어떤 삶을 살았는지에 대해 연구가 전무하다시피 했다.

양용근은 슬하에 2남 2녀를 남겼다. 이들은 순교자의 후손답게 신앙생활을 잘 계승했다. 그럼에도 이 땅에서의 삶은 녹록하지 않았다. 일본에서 대학까지, 그것도 법학을 전공한 부친이 목회와 순교의 길을 가지 않았다면 가족들의 외적인 고단한 삶은 면했을지 모를 일이다. 따라서 양용근의 순교가 상처로 남은 자녀도 있다. 그리 생각하지 않았더라도 경제적 어려움 등은 자녀들에게 아버지의 순교에 대해 깊이 들여다볼 여유를 허락하지 않았다.

신사참배 문제로 순교한 주기철과 이 문제로 옥고를 치렀지만 살아남아 산 순교자로 기록된 한상동과 달리 양용근은 지역적인 면 등 여러 가지 요인 속에 소외되고 말았다. 주기철은 이 문제로 순교한 인사의 대명사로 통하고 있다.

반면 양용근은 그야말로 이름도 없이 빛도 없이 순교한 목회자로 남아 있었다. 본 연구로 말미암아 양용근의 목회와 그의 순교가 역사에 드러나게 됨은 긍정적인 일로 평가될 것이다. 신사참배 문제로 인한 순교자 양용근은 유명한 순교자가 아니라 무명한 순교자였다. 이로 인해 묻히거나 잠들 수 있는 역사를 조명했다는 것은 중요한 일로 사료된다.

둘째, 양용근은 신사참배는 물론 동방요배까지 거부하다가 순교했다는 점이다.

양용근이 신사참배 반대뿐 아니라 동방요배까지 반대하다가 순교했다는 점을 확인했고, 그 의미가 무엇인가를 추적했다는 것이다. 한국교회 역사를 통해 신사참배를 반대하다가 순교했거나 옥고를 치른 인사들은 익히 알려져 왔다. 그러나 양용근은 이런 인사의 대열에 합류하지 못했다. 말하자면 한국교회와 교회사가들에 의해 조명을 받지 못했던 것이다.

이에 여러 요인들을 제시했지만 그중 하나가 양용근이 동방요배를 반대한 인사란 차별성이 있기 때문이다. 깊은 연구가 필요하지만 양용근의 순교 요인은 신사참배 반대에 부가한 동방요배까지 거부했다는 것이다. 이번 이 연구를 통해 동방요배 문제에 대한 역사적·신학적인 연구가 첨가됨으로 양용근의 순교에 대해 보다 더 세밀한 접근이 이루어졌다. 이를 토대로 양용근과 그 당시의 역사에 대한 보다 발전된 연구물이 나올 수 있는 토대가 마련됨도 긍정적인 요인이 될 것이다.

신사참배를 거부하고 옥고를 치렀으나 출옥한 지도자들은 신학교 설립과 교단까지 만드는 등으로 자신들의 입지를 넓혔다. 물론 하나님 나라 확장을 위한 불가피한 선택이었을 것이다. 그렇다 하더라도 동방요배까지 거부하다가 순교한 양용근과 같은 인사에 대한 무관심은 후대들에 의해 연구가 필요한 대목이 아닐 수 없을 것이다. 특히 이들이 순교자들의 후손에 대해 등한시했던 것은 이런 점들을 더하고 있다. 본 논고에서 양용근이 신앙적인 문제 즉 신사참배 거부와 동방요배까지 거부하여 성경 절대 신앙을 사수하다가 순교했다는 것을 밝힌 것은 역사적 성과라고 생각한다.

셋째, 양용근의 순교가 호남 지방의 재건교회운동의 정신적 동기가 되었다는 점이다.

1945년 해방 이후 한국교회는 난국을 맞이하게 된다. 바로 신사참배 문제로 인한 영적 쇄신과 친일 청산의 문제가 대두되면서였다. 신사참배를 반대한 인사들을 중심으로 1946년에 고려신학교가 설립되었다. 이 학교를 중심으로 하여 1952년에는 노회가 설립되고, 마침내 1956년에는 고신교단이 형성된다. 이는 신사참배 문제 즉 신앙의 문제로 인한 한국 장로교회의 최초 분열이 된다.

그리고 신사참배 거부로 옥살이를 경험했던 최덕지를 중심으로 하여 재건파가 형성된다. 신사참배 문제를 거부한 인사들을 중심으로 하여 출현한 성격에서 고신교단과 함께할 수 있었으나 몇 가지 점에서의 차이를 좁히지 못하고 결국 재건교단을 형성한다. 이 재건파는 신사참배를 거부하고 설립된 고신교단보다 더한 보수성을 인정받고 있을 정도이다.

양용근이 직접 재건교단에 몸담은 바는 없다. 그러나 양용근 형제의 자손들이 예외 없이 재건교단의 형성에 관여했거나 몸을 담았다. 시간이 흐르면서 고신교단으로 일부 이적한 자손들도 있지만 현재까지도 재건교회에 몸담고 신앙생활하고 있다. 이는 양용근의 순교가 호남 지방과 일부 경남 지방의 재건교회운동에 영향을 주었다는 것을 반증하는 일이라 여겨진다. 양용근은 순교의 제물이 되었지만 그의 신앙과 정신이 후손들과 후배들에게 계승되어 재건교회운동의 활성화에 기여했고, 이 교단이 신사참배 거부운동의 당위성을 한국교회에 교훈으로 남기는 데 일조한 것은 긍정적인 면으로 사료된다.

넷째, 이를 통해 한국교회사 연구의 지평을 넓혀주었다는 점이다.
한국교회 역사는 알렌이 입국한 1884년을 공식연도로 삼고 있다. 물론 그 이전에도 선교사들의 접촉과 활동이 있었지만 알렌이 이 나라에 들어와서 복음을 전한 것을 기점으로 삼고 있다. 그 후 한국교회의 역사는 오늘에 이르기까지 4기로 나누어 생각할 수 있다. 제1기는 1884년부터 1910년까지로 정립기라고 집약할 수 있다. 제2기는 1910년부터 1945년까지로 성장 및 수난기라고 할 수 있다. 제3기는 1945년부터 2000년까지로 재정비 및 선교기라고 할 수 있다. 제4기는 2000년 이후 오늘까지로 개혁과 쇄신 및 선교기라고 할 수 있다.

이런 역사가 노정되는 중에 한국교회 사가들은 신사참배 문제에 관한 문제에 대해서도 연구에 몰두했다. 이에 대한 결과물들이 한국교회 역사에 기술되고 당대의 역사가 밝혀지게 된다.

그러나 신사참배 거부와 나아가 동방요배까지 거부하고 순교한 양용근에 대한 지면 배려는 거의 전무하다시피 했다. 언급을 한다고 해도 순교자의 명단을 열거하면서 삽입하는 정도에 불과했다. 그나마 신사참배를 반대했다는 정도에 머물고 있다. 동방요배 거부에 대한 연구는 관심을 가지지도 못하였고 밝히지도 않았던 미흡함을 보인 것이다. 이 연구에서 양용근과 그 시대 상황에 대한 연구와 고찰은 한국교회사의 지평을 넓혀 주었다고 판단된다. 이 부분에 관한 최초의 연구이기에 후학들에게 연구를 더할 수 있는 지표를 연 것이다.

한국교회는 신사참배 반대 신앙과 순교자의 역사만 언급할 일이 아니라고 본다. 양용근과 같은 순교자의 삶을 연구하고 추적하여 그 신앙뿐 아니라 신앙에 기초한 그 삶을 계승시키는 작업이 필요한 시기라 본다. 지금 교회가 세상을 판단하고 염려하는 것이 아니라 교회가 세상을 따라가고 있는 현실이다. 그만큼 교회의 세속화가 가파르게 나타나고 있다.

이런 즈음에 양용근과 같은 순교자의 신앙과 삶을 동시에 계승한다면 한국교회가 쇄신되고 개혁되며 변화를 통해 하나님 나라 확장에 그만큼 열매가 나타날 것이라고 확신하는 바이다.

참고문헌

1. 단행본(한글)

《관보》.〈조선교육령〉. 칙령 제229호. 1911. 8. 23.
간하배.《한국 장로교 신학사상》. 서울: 도서출판 실로암, 1988.
강덕상·김동수·박수철 옮김.《학살의 기억 관동대지진》. 서울: 역사비평사, 2005.
강덕상 외 7인.《관동대지진과 조선인 학살》, 서울: 동북아역사재단, 2013.
강만길.《한국현대사》. 서울: 창작과 비평사, 1985.
강민수.《호남지역 장로교회사》. 경기도: 한국학술정보주식회사, 2009.
교단 50년사 총회역사 편찬위원회.《한국장로교회사》. 서울: 대한예수교장로회 총회출판국, 2002.
김기원.《기독교 사회복지론》. 서울: 대학출판사, 1998.
기독교사상연구소.《기독교사상연구 제4호》. 서울: 도서출판 영문, 1997.
김남식.《신사참배와 한국교회》. 서울: 새순출판사, 1992.
김수진.《일제의 종교탄압과 한국교회의 저항-순천노회 수난사건을 중심으로》. 서울: 쿰란출판사, 1996.
_____.《한국장로교총회창립 100년사》. 서울: 홍성사, 2012.
_____.《광주 전남지방의 기독교 역사》. 서울: 한국장로교출판사, 2013.
김승태.《한국기독교와 신사참배문제》. 서울: 한국기독교역사연구소, 2003.
_____.《한말·일제강점기 선교사 연구》. 서울: 한국기독교역사연구소, 2006.
_____.《식민 권력과 종교》. 서울: 한국기독교역사연구소, 2012.
김승태 편역.《일제강점기 종교정책사 자료집》. 서울: 한국기독교역사연구소, 1996.
_____.《신사참배문제 자료집 Ⅰ 국내 신문 기사편》. 서울: 한국기독교역사

연구소, 2014.

_____. 《신사참배문제 자료집 Ⅱ》. 서울: 한국기독교역사연구소, 2014.

_____. 《신사참배문제 자료집 Ⅲ》. 서울: 한국기독교역사연구소, 2014.

김영재. 《한국 교회사》. 서울: ㈜ 개혁주의신행협회, 2002.

김요나. 《일사각오》. 서울: 도서출판 지혜문화사, 1987.

김응종. 《아날학파의 역사세계》. 서울: 아르케, 2002.

김인수. 《한국 기독교회의 역사 (상)》. 서울: 쿰란출판사, 2012.

_____. 《한국 기독교회의 역사 (하)》. 서울: 쿰란출판사, 2012.

김춘배. 《한국기독교수난사화》. 서울: 성문학사, 1969.

김해연. 《한국교회사》. 서울: 성광문화사, 1997.

김후련. 《일본 신화와 천황제 이데올로기》. 서울: 책세상, 2012.

류대영. 《초기 미국 선교사 연구》. 서울: 한국기독교역사연구소, 1991.

_____. 《개화기 조선과 미국 선교사》. 서울: 한국기독교역사연구소, 2013.

매산 100년사 편찬위원회. 《매산백년사》. 전남 순천: 아름원색, 2010.

민경배. 《일제하의 한국기독교 민족·신앙운동사》. 서울: 한국기독교서회, 1991.

_____. 《한국기독교회사》. 서울: 연세대학교출판부, 2008.

박규태. 《일본의 신사(神社)》. 파주: 살림, 2005.

박시영 편집. 《조선예수교장로회 독노회록》. 경남: 경남백년클럽, 2012.

_____. 《조선예수교장로회 독노회록, 총회록》. 경남: 경남백년클럽, 2012.

박용권. 《국가주의에 굴복한 1930년대 조선예수교장로회의 역사》. 서울: 도서출판 그리심, 2008.

박용규. 《한국장로교사상사》. 서울: 총신대학교출판부, 2001.

_____. 《한국기독교회사 1》. 서울: 생명의 말씀사, 2004.

_____. 《한국기독교회사 2》. 서울: 생명의 말씀사, 2004.

박윤선. 《성경주석 요한계시록》. 부산: 고려신학교출판부, 1949.

_____. 《성경주석 요한계시록》. 서울: 영음사, 1981.
백낙준. 《한국개신교사》. 서울: 연세대학교출판부, 1993.
산돌 손양원기념사업회. 《산돌 손양원의 목회와 신학》. 서울: 한국기독교역사연구소, 2014.
서영일·장동민 역. 《박윤선의 개혁신학 연구》. 서울: 한국기독교역사연구소, 2000.
서원모·김유준. 《츠빙글리와 불링거》. 서울: 두란노아카데미, 2011.
서정민. 《한국교회 논쟁사》. 서울: 도서출판 이레서원, 1994.
소재열. 《호남선교이야기》. 광주: 도서출판 말씀사역, 2004.
순천노회 사료편찬위원회. 《순천노회사》. 전남: 순천문화인쇄사, 1992.
신종철. 《한국장로교회와 근본주의》. 서울: 도서출판 그리심, 2003.
심군식 외 5인 공저. 《한상동 목사의 삶과 신학》. 부산: 고신대학교 출판부, 2006.
양영기. 《오사교회 팔십년사》. 광양: 재건오사교회, 2000.
양낙흥. 《한국장로교회사》. 서울: 생명의 말씀사, 2008.
오덕교. 《종교개혁사》. 서울: 합동신학대학원 출판부, 2007.
이기백. 《한국사 신론》. 서울: 일조각, 1993.
이만열. 《한국 기독교 수용사 연구》. 서울: 두레시대, 1998.
_____. 《산돌 손양원 목사 자료선집》. 서울: 한국기독교역사연구소, 2015.
이상규. 《한국교회의 역사적 흐름》. 서울: 총회출판국, 1995.
_____. 《헬라 로마적 상황에서의 기독교》. 서울: 한들출판사, 2006.
_____. 《한국교회 역사와 신학》. 서울: 생명의 양식, 2007.
이상규 편저. 《거창교회와 주남선 목사》. 경남: 거창교회, 2009.
_____. 《교회의 역사》. 서울: 도서출판 영문, 2010.
_____. 《한국 교회사의 뒤안길》. 경기도: 킹덤북스, 2015.
_____. 《교회 쇄신운동과 고신교회의 형성》. 서울: 도서출판 생명의 양식, 2016.
이덕주. 《초기 한국 기독교사 연구》. 서울: 한국기독교역사연구소, 1995.

이영헌. 《한국기독교회사》. 서울: 컨콜디아사, 1982.
이은선. 《칼빈의 신학적 정치 윤리》. 서울: 기독교문서선교회, 1997.
이정순. 《모리스 몬시뇰이 드라우트 신부에게 보낸 서한, 1935. 6. 12》. 서울: 영원한 도움의 성모 수녀회, 1994.
임희완. 《루터 칼빈 웨슬리 다시 읽기》. 서울: 도서출판 그리심, 2006.
장동민. 《대화로 풀어보는 한국교회사 1》. 서울: 부흥과개혁사, 2013.
_____. 《대화로 풀어보는 한국교회사 2》. 서울: 부흥과개혁사, 2013.
_____. 《박형룡의 신학연구》. 서울: 한국기독교역사연구소, 1998.
장희근. 《한국장로교회사》. 서울: 아성출판사, 1970.
정규오. 《나의 나 된 것은》. 광주: 광신대학교출판부, 2014.
조경현. 《초기 한국 장로교 신학사상》. 서울: 도서출판 그리심, 2011.
조현범. 《조선의 선교사, 선교사의 조선》. 서울: 한국교회사연구소, 2008.
신병도. 《섬진강: 순교자 양용근 평전》. 서울: 쿰란출판사, 2010.
차종순. 《호남교회사연구》. 광주: 호남교회사연구소, 1999.
_____. 《애양원과 사랑의 성자 손양원》. 서울: The KIATS Press, 2008.
최덕원. 《다도해의 당제(堂祭)》. 서울: 학문사, 1984.
최 훈. 《한국교회 박해사》. 서울: 예수교문서선교회, 1979.
한영우. 《역사학의 역사》. 서울: 지식산업사, 2002.
허순길. 《한국장로교회사》. 서울: 대한예수교장로회(고신) 역사편찬위원회, 2002.

2. 단행본(외국어)

Brown, Francis. Driver, S. R. & Briggs, Charles A. *The Brown-Driver-Briggs Hebrew and English lexicon*. Peabody, Mass.: Hendrickson, 2012.

Clark, C. A. *The Korean Church and Nevius Methods*. New York: F. H. Revell, Co., 1930.

Cohen, Morris R. *The faith of a liberal: selected essays*. New York: H. Holt and Company, 1946.

Ebeling, G. *Luther; An Introduction to his Thought*. Philadelphia: Fortress Press, 1970.

Goldingay, John E. *Daniel: Word biblical commentary*, vol. 30. Dallas: Word Books, 1989.

Johnson, Thomas Cary. *The Presbyterian Church in The United States*, USM. vol. XI, (1900)

Kittel, G. ed. *The Theological Dictionary of the New Testament*, vol. IV, trans. by G. W. Bromiley. Michigan: WM. B. Eerdmans Pub. Co., 1967.

Koehler, L. and Baumgartner, W. *The Hebrew and Aramaic Lexicon of the Old Testament*. New Yotk: E. J. Brill, 1995.

Luther, M. "Lectures on Galatians". Luther's Work vol. 26. Saint Louis: Concordia Publishing House, 1963.

Schnabel, E. J. *Acts: Exegetical Commentary on the New Testament*. Michigan: Zondervan, 2012.

Sweet, T. Watson. *The Story of Southern Presbyterians*. Richmond, Virginia, John Knox Press, 1960.

国学院大学日本文化研究所.《神道事典》. 東京: 弘文堂, 1999.

小室直樹.《日本人のための宗教原論》. 東京: 德間書店, 2000.

3. 번역서

Augustinus. *The City of God*. 조효연, 김종흡 공역.《하나님의 도성》. 서울: 크리스챤다이제스트, 2002.

Berkhof, Louis. *Systematic Theology*(1941). 권수경·이상원 공역.《(벌코프) 조직신

학》. 경기: 크리스챤다이제스트, 2009.

Bienert, Wolfgang. and Mehlhausen, Joachim. 《교회사 연구 방법과 동향》. 강원돈 역. 서울: 한국신학연구소, 1994.

Bishop, Isabella Bird. *Korea and Her Neighbours*. 이인화 역, 《한국과 그 이웃 나라들》. 서울: 살림출판사, 2012.

Brown, Arthur Judson. *The Mastery of the Far East*. 류대영·지철미 역. 《극동의 지배》. 서울: 한국기독교역사연구소, 2013.

Brown, Jeorge Thompson. *Mission to Korea*. 천사무엘·김균태·오승재 역. 《한국 선교 이야기》. 서울: 도서출판 동연, 2010.

Cairns, Earle E. *Christianity through the centuries: a history of the Christian church*. 엄성옥 역. 《세계교회사. 상, 고대 및 중세 편(B.C.5~A.D.1517)》. 서울: 은성, 1995.

Calvin, J. 《다니엘 I》. 서울: 성서교재간행사, 1982.

_____. 《사도행전 II》. 서울: 성서교재간행사, 1982.

_____. *The Institution of the Christian religion*. vol. I. 원광연 역. 《기독교강요. 상》. 고양: 크리스챤다이제스트, 2003.

_____. *The Institution of the Christian religion*. IV. 원광연 역. 《기독교강요. 하》. 고양: 크리스챤다이제스트, 2003.

Carr, E. H. *What is history?*. 박종국 역. 《역사란 무엇인가?》. 서울: 육문사, 2007.

Drobner, H. R. 《교부학》. 하성수 역. 경북: 분도출판사, 2003.

Eusebius. *the Ecclesiastical History*. 엄성옥 역. 《유세비우스의 교회사》. 서울: 은성, 2001.

Foxe, J. *Christian martyrs of the world*(1570). 엄종섭 역. 《세계 기독교 순교사》. 부산: 제일문화사, 1990.

_____. *Foxe's Book of Martyrs*. 엄성옥 역. 《순교사》. 서울: 은성출판사, 2002.

Haenchen, D. E. 《사도행전 II》. 서울: 한국신학연구소, 1994.

Hefley, James & Hefley, Marti. *By their Blood: Christian martyrs of the twentieth century*. 엄성옥 역. 《현대순교사 (상)》. 서울: 은성, 1992.

Hudson, Winthrop S. & Corrigan, John. *Religion in America*. 배덕만 역. 《미국의 종교》. 서울: 성광문화사, 2008.

Hughes, P. E. *The Book of the Revelation*. 오광만 역. 《요한계시록 주석》. 서울: 여수룬, 1993.

Kuiper, B. K. 《세계 기독교회사》. 김해연 역. 서울: 1980.

Montet, E. *Histoire litteraire des Vaudois du Piémont*(1885). 최복태 역. 《그리스도교 이단의 교회사적 이해》. 서울: 크리스천헤럴드, 2004.

Porteous, Norman. *Daniel*(1979). 박철우 역. 《다니엘》. 서울: 한국신학연구소, 1994.

Schaff, Philip. *History of the Christian church*. vol. 1. 이길상 역. 《교회사전집 1: 사도적 기독교》. 고양: 크리스챤다이제스트, 2004.

Smith, James K. A. *Who's Afraid of Postmodernism?*, 박삼종·배성민 공역. 《누가 포스트모더니즘을 두려워하는가?: 포스트모더니즘 삼총사, 교회에 오다!》. 파주: 살림, 2009.

Swanstrom, Roy. *History in the making*. 홍치모 역. 《역사란 무엇인가》. 서울: 성광문화사, 1993.

Young, Edward J. *The Prophecy of Daniel: A Commentary*(1949). 정일오 역. 《다니엘 I》. 서울: 기독교문서선교회, 1999.

Underwood, L. H. *The Call of Korea*, 한동수 역. 《와서 우릴 도우라》. 서울: 기독교문서선교회, 2000.

渡邊信夫.《カルヴァンの『キリスト教綱要』について》. 이상규·임부경 공역. 《기독교강요란 어떤 책인가?》. 서울: SFC 출판부, 2009.

末木文美士,《일본 종교사》. 백승연 역. 서울: 논형, 2009.

한석희, 김승태 옮김. 《일제의 종교침략사》. 서울, 기독교문사, 1990.

4. 논문

권상덕. "레이놀즈와 깔뱅의 성서관 비교 연구." 〈기독교문화연구〉 제15호. 한남대학교 기독교문화연구원, 2010.

김강희. "미야자키 하야오(宮崎駿)의 〈원령공주(もののけ姬)〉와 고료(御靈)신앙." 석사학위: 계명대학교 교육대학원, 2008.

김길성. "한국장로교회 신학 100년의 회고와 전망," 〈개혁논총〉 제22호. 개혁신학회, 2012.

김문길. "關東大震災에 있어서 朝鮮人虐殺事件에 關한 연구." 〈사회과학논총〉 제10호. 부산외국어대학교 사회과학연구소, 1995.

김승태. "최덕성 교수의 '순천노회 교역자 수난사건 재평가'에 대한 반론." 〈한국기독교와 역사〉 13호. 한국기독교역사연구소, 2000.

김영재. "한국교회사 연구 방법론." 〈한국기독교역사연구소소식〉 제13집. 한국기독교역사연구소, 1993.

김인수, "초기 한국장로교회 선교사들 간의 갈등 문제." 〈장신논단〉 제18호. 장로회신학대학교 기독교사상과 문화연구원, 2002.

미하엘벨커, "21세기 초의 개혁주의 문화 신학의 개념." 〈한국개혁신학〉, vol. 9(1). 이승구 역. 한국개혁신학회, 2001.

박용규. "평양 장로회신학교 1901~1910." 〈신학지남〉 267호 2001년 6월호.

박형룡. "한국교회에 있어서의 자유주의." 〈신학지남〉 1964년 9월호.

송현강. "레이놀즈의 목회사역." 〈한국기독교와 역사〉 33호. 한국기독교역사연구소, 2010.

우아미, "신도(神道) 문화와 연중행사에 관한 연구." 석사학위: 경희대학교 교육대학원, 2011.

이만열. "改新敎의 傳來와 日帝下 敎會와 國家." 한국기독교사회문제연구원 편. 《國家權力과 基督敎》. 서울: 민중사, 1982.

_____. "손양원 목사의 순교신앙과 한국교회." 《산돌 손양원의 목회와 신학》. 서울: 산돌 손양원 기념사업회, 1914.

이근삼. "신사참배 거부에 대한 재평가." 《한국 기독교와 신사참배 문제》. 서울: 한국기독교연사연구소, 2003.

이장형. "한국기독교 초기 윤리학교과서 문헌해제 및 한국적 수용과정 연구." 〈기독교사회윤리〉 제18호. 한국기독교사회윤리학회, 2009.

이재근. "매코믹신학교 출신 선교사와 한국복음주의 장로교회의 형성, 1888~1939." 〈한국기독교와 역사〉 35호. 2011.

임희국. "초기 내한 선교사들의 한국문화 이해." 〈선교와 신학〉 13집. 장로회신학대학교 세계선교연구원, 2004.

장준기. "미국 남장로회 신학 연구." 〈光神論壇〉 제18호. 광신대학교 출판부, 2009.

조경현. "한국 초기 미북장로교 선교사들의 신학의 뿌리." 〈교회사학〉 7호. 2007.

_____. "한국 초기 미북장로교 선교사들과 평양 장로회신학교." 박사학위: 총신대, 2005.

조흥윤. "초기 개신교 선교사들의 한국샤머니즘의 이해-선교인류학 관점에서." 〈동방학지〉 제125호. 연세대학교 국학연구원, 2004.

주명준. "순천노회 박해사건의 역사적 의의." 〈전주사학〉 제3호. 전주대학교 대학원, 1995.

지승준. "일제시기 참정권운동 연구: 國民協會·同民會·時中會 계열을 중심으로." 박사학위: 중앙대학교 대학원, 2011.

차성환. "한국 초기 개신교 선교사들의 종교성과 근대적 삶의 형성." 〈신학사상〉 73집. 한국신학연구소, 1991.

차하순. "랑케의 역사방법과 이론." 《랑케와 부르크하르트》. 서울: 탐구당, 1998.

최덕성. "신사참배거부운동의 교회관." 〈개혁신학과 교회〉 20호. 고려신학대학원, 2007.

_____. "순천노회 교역자 수난사건 재평가," 〈한국기독교와 역사〉 10호. 〈한국기독교역사연구소〉, 1999.

_____. "'순천노회 교역자 수난사건 재평가'에 대한 김승태의 반론을 읽고." 〈한국기독교와 역사〉 20호. 한국기독교역사연구소, 2004.

최성철. "문화사로서의 역사: 요한 호이징하에서의 '역사'와 '문화' 그리고 '문화사'." 〈역사학보〉 174집. 서울: 역사학회, 2002.

한성민. "乙巳條約 이후 일본의 '韓國倂合' 과정 연구." 박사학위: 동국대학교, 2016.

홍치모. "초기 미국 선교사들의 신앙과 신학." 〈신학지남〉, 1984.

_____. "敎會史와 世俗史: L. W. Spitz의 論議를 中心으로." 〈논문집〉 제5집. 總神大學校, 1985.

양용근 목사의 생애와 목회 그리고 순교

예수 나를 오라 하네

1판 1쇄 인쇄 _ 2018년 4월 10일
1판 1쇄 발행 _ 2018년 4월 16일

지은이 _ 양향모
펴낸이 _ 이형규
펴낸곳 _ 쿰란출판사

주소 _ 서울특별시 종로구 이화장길 6
편집부 _ 745-1007, 745-1301~2, 747-1212, 743-1300
영업부 _ 747-1004, FAX 745-8490
본사평생전화번호 _ 0502-756-1004
홈페이지 _ http://www.qumran.co.kr
E-mail _ qrbooks@gmail.com / qrbooks@daum.net
한글인터넷주소 _ 쿰란, 쿰란출판사
등록 _ 제1-670호(1988.2.27)
책임교열 _ 박은아·최찬미

© 양향모 2018 ISBN 979-11-6143-141-3 93230

책값은 뒤표지에 있습니다.
이 출판물은 저작권법에 의해 보호를 받는 저작물이므로 무단 복제할 수 없습니다.
파본(破本)은 구입처에서 교환해 드립니다.